LA
MARTINIQUE

DEPUIS

SA DÉCOUVERTE JUSQU'A NOS JOURS

Par PARDON

CHEF DE BATAILLON DU GÉNIE

L'histoire : c'est l'étude du passé pour servir de guide au présent et à l'avenir.

PARIS
CHALAMEL, LIBRAIRE, 5, RUE JACOB, 5.

1877

LA MARTINIQUE

LA
MARTINIQUE

DEPUIS

SA DÉCOUVERTE JUSQU'A NOS JOURS

Par PARDON

CHEF DE BATAILLON DU GÉNIE

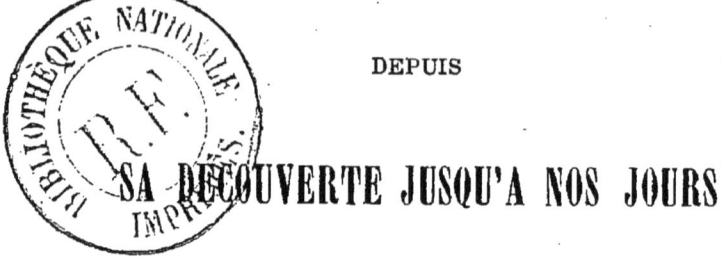

> L'histoire : c'est l'étude du passé
> pour servir de guide au présent et
> à l'avenir.

PARIS

CHALAMEL, LIBRAIRE, 5, RUE JACOB, 5.

1877

AVANT-PROPOS

Pendant un séjour de plus six ans dans nos deux plus importantes colonies des Antilles, la Martinique et la Guadeloupe, on a pu faire une étude sérieuse sur leur histoire, celle des habitants primitifs, tracer l'origine et la marche de la colonisation par les Européens jusqu'à nos jours.

On verra par ce récit, puisé aux meilleures sources, combien a été lente l'amélioration morale et matérielle des habitants, et que de souffrances ils ont endurées avant d'arriver à leur situation actuelle : car rien n'a manqué dans les dures épreuves qu'ils ont eues à traverser ; les plus grands fléaux se sont abattus sur ces îles, gracieusement assises à l'entrée de la mer des Antilles, et que la nature a dotées d'une riche et belle végétation.

Ces contrées n'ont aucune ressemblance d'aspect avec l'Europe : le ciel est différent par ses riches teintes de pourpre et d'azur reflétées sur les eaux transparentes qui baignent le rivage de ces îles.

Les côtes en sont généralement élevées, et du milieu s'élancent des pics audacieux traversant les nues dont ils bravent la foudre. Plus bas, règne une végétation luxuriante qui frappe les regards : c'est un fouillis indescriptible de palmiers, de cocotiers, de bananiers et d'autres végétaux, reliés par des lianes, et donnant asile à des oiseaux aux plus riches couleurs. Ce pays ressemble au paradis terrestre, disait Christophe Colomb, lorsqu'il en fit la découverte ; cette expression caractérise bien le sentiment qu'on éprouve lorsqu'on y arrive pour la première fois.

Si le ciel, si les eaux et la végétation diffèrent de ce que nous voyons en Europe et même en Afrique, que dire des habitants qui varient du blanc mat au noir terne en passant par une gradation presque insensible ? Tous ces détails sont donc curieux à connaître pour ceux qui aiment à voyager à travers un livre où l'on trouvera la sincérité et l'exactitude dans les descriptions.

LA MARTINIQUE

DEPUIS

SA DÉCOUVERTE JUSQU'A NOS JOURS

CHAPITRE I.

Des colonies de la France. — Leur importance comparée aux colonies anglaises. — L'Algérie ne peut les remplacer. — Leur utilité pour le commerce, la marine militaire et commerciale. — La mauvaise politique nous les a fait perdre en partie. — La France sait coloniser comme les autres nations.

Pendant que nous étions les maîtres du continent par les armes, sous le premier empire, les Anglais étaient devenus, par leur puissante marine, les maîtres incontestés de la mer ; ils s'étaient emparés de toutes nos colonies qu'ils rendirent en partie vers 1816. Ainsi ils nous rendirent dans les Indes : Pondichéry, Chandernagor et Karikal avec quelques comptoirs ; en Amérique, la Martinique, la Guadeloupe, la Guyane et Terre-Neuve ; sur la côte d'Afrique : le Sénégal, l'île de Gorée et l'île de la Réunion ; mais ils ne nous rendirent pas l'île de France qu'ils appelèrent Maurice, Ste-Lucie et Tabago qui nous appartenaient avant la guerre de 1793.

Pendant le temps qu'ils furent maîtres de nos colonies, ils firent tout ce qu'ils purent pour les désorganiser, dans l'intention évidente de les reprendre plus facilement ; au nombre des moyens qu'ils employèrent, il faut compter celui des emprunts forcés ; puis le monopole du commerce. Ils obligeaient les colons à transporter leurs productions en Angleterre où elles se vendaient à des prix inférieurs aux prix de revient ; enfin ils détruisirent en grande partie les établissements maritimes et militaires pouvant servir à les défendre.

Ce que nous possédons en fait de colonies est bien peu de chose en comparaison de ce que nous avions autrefois sous Louis XIV, et ce que possèdent aujourd'hui l'Angleterre, l'Espagne et même la Hollande ; c'est donc une raison de plus pour encourager toutes les tentatives d'amélioration ayant pour but d'augmenter la population et les diverses cultures de ces pays.

Si l'Angleterre jouit d'une grande supériorité commerciale et industrielle dans le monde, elle le doit en grande partie à ses immenses débouchés des colonies où elle trouve des marchés considérables ; car, si l'on jette un coup d'œil sur ses possessions, on voit en première ligne les grandes Indes, pays riches en productions de toutes sortes, avec une population immense de cent cinquante millions d'habitants ; elle a en outre des colonies répandues sur la surface entière du globe dont la population est de dix millions.

Pour ne parler que de celles d'Amérique, on voit que sa part est assez belle : elle a la Jamaïque, la Barbade, la Trinité, les Lucaies, St-Christophe, la Dominique et douze autres îles dont l'énumération serait trop longue, plus la Guyane anglaise ; et enfin la nouvelle Bretagne, pays immense, presque aussi grand que l'Europe, dans lequel se trouve englobée notre ancienne possession du Canada, restée française par le cœur, les mœurs et le langage.

On se sent vraiment pénétré de douleur en voyant la France réduite à de si petites possessions, lorsqu'on pense que la grandeur acquise par l'Angleterre a été en partie faite à nos dépens, et par une guerre acharnée qui a durée deux siècles.

Imitons donc ces fiers insulaires dans leur esprit pratique, soyons constants, persévérants dans nos entreprises, ne refusons pas notre concours au pouvoir quand il le demande dans un but utile ; que l'on se garde d'éparpiller nos ressources de tous côtés ; enfin dotons largement le service colonial qui nous le rendra avec usure par des transactions commerciales plus développées.

L'Algérie, dont la colonisation est si lente et si pénible, pourra bien nous donner quelques produits d'Amérique, mais jamais elle ne produira le sucre, le café, le cacao, les bois de teinture qui viennent si bien ; notre marine trouve du fret pour y transporter les produits de France, et en retour elle rapporte du sucre, du café, du cacao et le reste ; puis c'est une école de navigation pour notre marine.

Voilà pourquoi les colonies sont utiles et doivent être protégées, encouragées dans leur existence, et non abandonnées à des théories absurdes, à des changements brusques comme ceux opérés en 1793 et en 1848. La philanthropie a des droits, sans doute, mais il faut en toutes choses une juste mesure.

Les motifs qui déterminèrent les gouvernements d'autrefois à former des établissements lointains, furent de procurer aux produits du sol et de l'industrie de la France des débouchés certains constamment ouverts ; et en retour de pouvoir assurer aux productions coloniales, dans la métropole, un marché étendu et rémunérateur à l'abri de la concurrence du commerce étranger. Toutes les nations d'alors gardaient soigneusement les portes de leurs marchés par des tarifs protecteurs pour réserver le travail et le commerce à leurs nationaux ; c'était le système de la protection.

Pour les colonies, l'échange des produits avait encore pour but de les obliger de s'approvisionner directement en France des objets manufacturés dont elles avaient besoin pour leur consommation, sans pouvoir elles-mêmes créer des objets manufacturés, et de limiter la production aux produits du sol colonial. En outre, on réserva à la navigation nationale le transport de tout ce qui servait aux échanges du commerce entre les deux pays.

Telle fut la base, en principe, du commerce de la France avec ses colonies des Antilles, au commencement de la colonisation, lorsqu'elles dépendaient des compagnies coloniales, et plus tard, sous Colbert, lorsque l'État en eut l'administration directe. Cette législation commerciale subit avec le temps des modifications commandées par les circonstances : le commerce étranger put, vers 1763, entrer dans quelques ports des Antilles pour y apporter certaines marchandises et en exporter d'autres dans les limites fixées par le gouvernement. Cette législation dura jusqu'en 1790, cessa pendant la guerre, pour être reprise à la paix de 1814. Elle fut modifiée ensuite, en 1826, et plus tard, en 1848, par la liberté accordée aux noirs.

Il faut le dire, le cœur serré, il y a bien de la différence entre l'importance de nos possessions actuelles et celles d'autrefois ; que nous reste-t-il ? presque rien ; les Anglais nous ont pris tout ce que nous avions, en nous suscitant avec leur or des guerres en Europe, souvent pour des motifs qui n'intéressaient pas l'honneur des nations payées par eux ; mais dans le but d'attaquer plus facilement notre marine, et d'envahir celles de nos colonies qui seraient à leur convenance, et par ce moyen de placer dans l'étendue des mers des stations fortifiées pour arriver au commerce universel.

Dans le dernier siècle, notre marine était au premier rang, elle luttait avec avantage contre celle de l'Angleterre ; aujourd'hui que pouvons-nous faire ? Suivre nos anciens ennemis à la remorque, en Chine ou ailleurs, c'est chose triste ; car ils nous abandonneraient là où il faudrait donner un homme et un schelling, comme ils l'ont fait au Mexique. Cependant nous ne les avons pas abandonnés devant Sébastopol ! Ceci prouve que nous sommes faciles à des entraînements coûteux ; que notre politique n'est pas assez nationale et qu'il est temps de travailler pour nous mêmes, sans trop nous inquiéter des autres peuples, qui ont été et qui seront toujours jaloux de la France.

Lorsqu'un pays, comme le nôtre, a environ cinq cents lieues de côte dans la Manche et sur l'Océan, deux cents lieues sur la Méditerranée et autant en Algérie, avec des ports de mer considérables, il lui faut une marine militaire respectable pour les défendre ; mais pour avoir cette force navale, il faut pouvoir la recruter dans la marine du commerce qui se trouve naturellement chargée de lui fournir des matelots, et il faut encore à cette marine militaire des stations éloignées pouvant servir à son instruction : ceci est élémentaire et n'exige aucune démonstration particulière.

Par conséquent, à divers point de vue, nous devons avoir des colonies, et tâcher d'en augmenter le nombre, soit pour maintenir notre influence commerciale et l'étendre, s'il est possible, soit pour avoir une marine militaire qui soit assez forte pour faire respecter notre pavillon sur les mers.

Une mauvaise politique, suivie à diverses époques, nous a fait perdre une grande parties de nos possessions d'outre-mer ; il est à désirer qu'une meilleure direction nous en fasse obtenir de nouvelles. Déjà, le gouvernement de France s'est préoccupé de cette intéressante question ; il est venu en aide aux Antilles privées de bras, en leur accordant des subventions pour recruter et transporter des Indiens et des Chinois, engagés à temps pour travailler sur les plantations, et en créant en Cochinchine et dans l'Océanie des établissements qui seront une source de prospérité pour le commerce et la navigation de la France.

C'est bien à tort qu'on accuse la France de ne pas savoir coloniser ; car les entreprises faites, à diverses époques, sous Louis XIV et Louis XV, prouvent le contraire ; d'ailleurs, notre caractère facile, loyal et expansif, nous fait supporter par les étrangers, et nous trouvons des amis là où les autres peuples ne trouvent que des indifférents ou des ennemis. Ainsi, Dupleix était soutenu par les Indiens contre les Anglais ; et dans l'Amérique du Nord, nous étions les amis des peaux rouges contre ces mêmes Anglais. Ce qu'on peut nous reprocher justement, c'est le manque de suite dans nos desseins politique et l'amour du changement.

Il était nécessaire d'exposer aux yeux du lecteur les considérations précédentes, qui exigent que la France ait une puissance maritime proportionnée à sa situation dans le monde, à la protection qu'elle doit à ses intérêts maritimes, à son commerce et à ses établissements lointains. Son devoir est aussi de faire respecter notre pavillon sur mer ; car, aujourd'hui plus que jamais, le respect n'est acquis qu'aux puissances qui ont le prestige de la force ; le droit et la justice ne servant plus de règle de conduite aux puissances, qui y substituent leur ambition, leur jalousie et le désir de s'agrandir sans scrupules.

CHAPITRE II.

Situation géographique des Antilles. — Leur découverte en 1492. — Les naturels. — La Martinique. — Son administration. — Les villes de Fort-de-France, St-Pierre, la Trinité et autres.

Les Antilles forment un immense archipel entre les deux continents américains, depuis le 10e degré jusqu'au 25e degré de latitude nord, et entre le 62e et le 87e degré de longitude ouest. Les Antilles donnent leur nom à cette partie de mer qui est la continuation de l'Océan Atlantique ; les Anglais les appellent Indes occidentales (West Indies) pour les distinguer des Indes orientales ; les Français les appellent aussi de ce nom.

La mer des Antilles contient plus de trois cents îles qui se divisent en grandes et petites Antilles, en îles du vent et îles sous le vent.

Les grandes Antilles sont : Cuba, Haïti, la Jamaïque et Porto-Rico. Les petites Antilles sont innombrables.

Il y a des géologues qui pensent que ces îles sont des parties d'un ancien continent, détruit par un grand bouleversement ; d'autres prétendent que ces îles sont des produits volcaniques et doivent leur existence à des feux souterrains. Ce qui est certain, c'est qu'elles ont presque toutes des volcans en activité ou éteints, comme à la Guadeloupe, la soufrière, et à la Martinique, les trois pitons du carbet.

Ce fut à son premier voyage que Christophe Colomb découvrit cet immense archipel ; il aborda à San Salvador le 12 octobre 1492, et, quelques jours après à Haïti, où il commença son premier établissement. En 1493, il découvrit la Désirade, la Dominique, Marie-Galande, la Guadeloupe, Antigoa, St-Christophe, Porto-Rico, ainsi que plusieurs autres îles. La Martinique et le reste de l'archipel ne fut reconnu que dans les expéditions suivantes.

Ces îles étaient habitées par deux espèces de naturels ; ceux des grandes Antilles étaient doux, timides ; au contraire, ceux des petites Antilles étaient d'un caractère cruel et féroce, ils mangeaient les corps de leurs ennemis. Ces hommes, du reste, très-bons et hospitaliers, dont les maisons étaient ouvertes, prétendaient qu'il était juste de manger son ennemi.

Arrivé à Cuba, Christophe Colomb désigna tous les insulaires sous le nom d'Indiens, ceux de la terre ferme comme ceux des grandes et petites Antilles. Ces derniers appartenaient à deux races différentes. Les Espagnols pensaient que les insulaires des grandes Antilles descendaient des Arrouacks ou peuple de la Guyanne, à cause de la ressemblance physique et du langage. Les uns et les autres se peignaient le corps de roucou, ils avaient les narines ouvertes, les cheveux longs, les dents sales, et les yeux assez vifs ; en somme, leur aspect paraissait hideux aux Européens, qui, cependant, ne dédaignaient pas leurs femmes, au rapport de Vespuce, auxquelles ils s'abandonnaient sans retenue et sans bornes. Les Caraïbes pouvaient avoir plusieurs femmes, c'était l'usage, et une femme pouvait avoir deux maris. Ils croyaient à l'immortalité de l'âme et qu'ils en avaient trois, une dans la tête, une au cœur et la troisième dans les bras. Jaloux à l'excès de leur liberté, on ne pouvait les réduire en servitude ; ils préféraient la mort à la captivité. On en vit s'éteindre de tristesse et de douleur plutôt que de consentir à servir un maitre. Les querelles des Caraïbes se vidaient souvent par le duel ; mais celui qui tuait son adversaire était obligé de quitter le pays ou de se battre avec tous les parents de celui qui avait été tué. Il ne reste plus guère de cette race dans les petites Antilles ; les sujets sont rares, ils ont été détruits par la cupidité et la cruauté des Européens. Les Anglais détruisirent totalement ce qui restait à St-Vincent et à la Dominique, malgré le traité qui leur en garantissait la possession.

Colomb revint visiter les petites Antilles en 1502, et depuis cette époque, il n'est guère question en

Europe de ces îles. On était occupé de plus grandes découvertes faites sur le continent américain par Fernand Cortez et Pizarre. Le premier s'était élancé sur le Mexique, aux riches mines d'or, à la tête d'aventuriers, et parvint à le conquérir facilement. Pizarre, lui, s'empara du Pérou. Il n'est donc pas étonnant que devant d'aussi grands succès on se soit peu occupé des petites Antilles. Ce ne fut qu'en 1625 que quelques Anglais et quelques Français vinrent se réfugier à la Martinique et y vécurent en paix avec les naturels qui leur donnèrent généreusement l'hospitalité.

L'île de la Martinique, ainsi nommée, parce qu'elle fut découverte le jour de la St-Martin, a 16 lieues de longueur et 45 de circuit. Elle a des caps élevés, qui s'avancent dans la mer, ce qui lui donne une forme irrégulière. La surface est hérissée de monticules ou mornes ; plusieurs portent l'empreinte d'anciens volcans. Parmi ceux-ci, on remarque les trois pitons du Carbet dont les sommets sont toujours couverts de nuages.

L'île est entourée de baies profondes et sablonneuses, et n'offrant guère de sûreté pendant les ouragans qui sont terribles et fréquents dans ce pays. Soixante-quinze rivières, qui deviennent des torrents en temps de pluie, arrosent le pays. Les principales sont : le Galion, le Macouba, la rivière Salée, la Lézarde, les rivières de Monsieur et de Madame.

Les côtes sont entourées de bancs de madrepores et peu accessibles ; elles sont souvent visitées par des raz de marée d'une grande violence.

La superficie de la Martinique est de 99,000 hectares et sa population actuelle de 139,000 habitants. Le sol y est très-fertile, on y voit tous les produits des tropiques : les palmiers, les lataniers, les aloès et des essences de bois de grande valeur. On y cultive la canne à sucre, le café, le coton, le cacao, les arbres à épices, le maïs, le manioc, la banane, etc.

La plupart des animaux domestiques ont été introduits dans l'île. Les animaux indigènes sont : la sarigue, l'agouti, le rat musqué, les perroquets, les perruches, l'oiseau mouche, le colibri, le flamand, l'iguane et les serpents.

Les deux cinquièmes du sol sont cultivés. On estime le chiffre de ses importations à trente millions et celui des exportations à vingt millions ; ce qui produit un mouvement commercial d'environ cinquante millions par an.

Le climat des Antilles est chaud et humide et convient peu aux Européens ; les maladies y sont fréquentes, surtout pendant la saison de l'hivernage où les chaleurs sont excessives. Sous leur influence se développent la fièvre jaune, le tenesme, les maladies de l'estomac, du foie et la folie par suite de l'irritation nerveuse. Mais la fièvre jaune est la plus terrible des maladies ; on a vu des hommes périr en 24, 48 heures, dans des souffrances atroces. Depuis quelques années le choléra se montre aussi dans ce climat Il y a des années où des navires sont obligés de rester au port par suite de la perte d'une partie de leurs équipages par les maladies.

Le gouvernement et l'administration de la Martinique et de la Guadeloupe sont semblables. Il existe pour chacune de ces îles un gouverneur qui commande et administre. Il a sous ses ordres un commandant militaire, un ordonnateur, un contrôleur et un directeur de l'intérieur. A côté du gouverneur, il existe un conseil de gouvernement et d'administration, un conseil général.

Maintenant, on va faire connaître les villes principales de la Martinique, leur population et leur importance relative.

Fort-de-France, appelée sous les Bourbons Fort-Royal, est le siége du gouvernement, d'un évêché et d'une Cour. Cette ville est située sur la côte Ouest de l'île. Son port est l'un des plus grands et des plus sûrs des Antilles ; les fondements en furent jetés en 1672 par le gouverneur de Baas. Elle est défendue par le fort St-Louis et le fort Desaix ; au Nord de la ville, il existe un canal, qui, en l'enfermant, communique du port à la rivière Madame. Il y a plusieurs ponts sur ce canal ; celui qui conduit au fort Desaix s'appelle le pont Fénelon. Les monuments sont peu remarquables, parce que les tremblements de terre les renversent trop souvent. Les rues sont larges et droites, les maisons sont généralement construites en bois avec le soubassement en pierre. La population est d'environ 12,000 habitants, tant blancs que gens de couleur. Cette variété de couleur de la peau est fort curieuse à observer.

Saint-Pierre, située à 28 kilomètres de la ville de Fort-de-France, est bâtie en amphithéâtre sur la côte Ouest, formant dans cette partie une baie ; elle est appuyée à plusieurs mornes élevés ; la rade est ouverte aux vents du Sud et de l'Ouest. Des étrangers y trouvent des ressources de tous genres. C'est l'entrepôt et le centre du commerce de la colonie pour ses importations et ses exportations ; autrefois elle était le trait d'union des autres colonies et de la Métropole; mais elle est bien déchue depuis la perte de St-Domingue, de Ste-Lucie, de la Dominique, de St-Christophe de Tabago et autres possessions enlevées par les Anglais. La population de St-Pierre est d'environ 25,000 âmes, composée de blancs, de gens de couleurs et de noirs.

La Trinité est située sur la côte Est de l'île, au fond d'une baie. Son port est sûr, mais les roches de madrepores en rendent l'accès difficile ; sa population est de 5 à 6,000 habitants.

Il existe encore d'autres petites villes de moindre importance dont on se contentera de faire l'énumération : Case Pilote, le Carbet, le Prêcheur, la

Grande-Anse, Marigot, Ste-Marie, le Robert, le Français, le Vauclin, le Marin, le Diamant, Anse-d'Arles et le Gros-Morne, situé au centre de l'île et dans une altitude élevée.

CHAPITRE III.

1826. Dénambuc colonise St-Christophe. — 1635. Colonisation de la Martinique. — 1638. Duparquet, gouverneur. — 1642. Edit sur les colonies. — 1646. Duparquet mis en prison, mécontentements, révolte, combat et amnistie. — 1647. Le général de Thoisy est chassé de la Guadeloupe, revient à la Martinique, s'embarque pour St-Christophe. — 1650. Duparquet achète la Martinique, de Poincy St-Christophe. — Introduction de la canne à sucre. — Les engagés et la traite des noirs.

En écrivant cette histoire on a suivi, pour plus de simplicité, l'ordre chronologique des faits, la marche naturelle du temps et des événements qui se sont succédé depuis la découverte du Nouveau-Monde.

1626. Sous le règne de Louis XIII, le capitaine Dénambuc, navigateur normand, partit de Dieppe avec un seul vaisseau pour l'Amérique ; il aborda à l'île de St-Christophe qu'il trouva propre à former un établissement. A son retour il obtint de Richelieu des lettres-patentes qui l'autorisaient à créer une compagnie de colonisation et de commerce pendant vingt ans. Un an après, Dénambuc retourna à St-Christophe avec des colons pour cultiver l'île; mais à son grand regret, il trouva des colons anglais installés sur la partie Ouest de son île. En homme sensé, il s'entendit avec eux en divisant la surface de St-Christophe en deux parties ; les Anglais vivant et cultivant de leur côté, tandis que les Français en faisaient autant du leur.

Le capitaine Dénambuc eut beaucoup de difficultés à surmonter au commencement de son établissement, par suite de manque d'expérience des cultures et des effets du climat ; mais homme de tête et de courage, il parvint à les surmonter.

Il eut à combattre les Espagnols qui voulaient le chasser, et les Anglais qui ne voulaient plus observer les conventions passées avec eux, il triompha heureusement des uns et des autres.

1635. A cette époque, voyant son établissement prospérer, il s'occupa d'en former un autre à la Martinique ; et, pour arriver à son but, il prit une centaine de Français, braves, bien acclimatés et pourvus de tout ce qui était nécessaire à former un premier établissement. Il aborda avec eux dans cette île, sur la côte occidentale, le 15 juillet 1635, dans un lieu appelé le Carbet, à environ deux kilomètres de l'emplacement où s'éleva plus tard la ville de St-Pierre.

Laissant cette colonie naissante sous le commandement de son lieutenant nommé Dupont, il retourne à St-Christophe où l'appelaient les affaires de cette colonie. Aussitôt après son départ, les naturels ou Caraïbes se révoltent contre Dupont, brûlent les cases et les provisions ; et, pour en finir avec ces étrangers d'un seul coup, appellent à leurs secours ceux de la Dominique, de St-Vincent et même de la Guadeloupe, éloignée de trente lieues ; ils viennent au nombre de 1,500, attaquer le fort St-Pierre où les colons s'étaient réfugiés. Les Caraïbes perdant du monde et ne pouvant venir à bout de prendre le fort, finirent par se disperser. Dénambuc, prévenu par Dupont de ce qui se passait à la Martinique, envoya un renfort de cinquante hommes commandés par Delavallée. A la vue de ce renfort les pauvres naturels, convaincus de leur impuissance dans une lutte à armes inégales, demandèrent la paix aux nouveaux venus.

1638. Dupont, après avoir fait la paix, voulut en porter lui-même la nouvelle au gouverneur de St-Christophe, en s'embarquant sur un petit bâtiment qui fut jeté à la côte à St-Domingue ; il fut pris par les Espagnols qui le gardèrent pendant trois ans. Dénambuc, croyant que Dupont avait péri en mer, donna le commandement de la Martinique à son neveu Duparquet, jeune homme de la plus grande espérance, et dont le frère avait été tué pendant la guerre entre les Français et les Espagnols.

Cette nomination fut confirmée par le roi et la compagnie ; Duparquet reçut une Commission de lieutenant-général pendant trois ans seulement. La Compagnie le nomma en outre Sénéchal de l'île avec une redevance de trois livres de tabac par habitant.

La Compagnie de colonisation et de commerce, en demandant au roi la concession des îles, s'était engagée à la fournir de missionnaires pour le service religieux des habitants et pour la conversion des naturels. A leur arrivée, on procéda à leur installation avec beaucoup de pompe pour frapper l'imagination des Caraïbes qui n'y comprirent pas grand chose, tant leur simplicité était grande. Puis, soit de gré ou de force, les missionnaires finirent par en convertir un certain nombre; mais ces conversions n'étaient que factices; car aussitôt rendus à eux-mêmes les naturels reprenaient leurs pratiques superstitieuses.

Vers ce temps-là le brave Dénambuc tomba malade et mourut, il était gouverneur de St-Christophe et des îles; il s'était appliqué à bien gouverner les colons soumis à sa domination; il emporta donc leurs regrets. Il eut pour successeur le commandeur de Poincy, qui était un homme de mer fort distingué, riche et considéré. Il prit à cœur de bien gouverner, non-seulement St-Christophe, mais encore toutes les îles qui dépendaient de son commandement.

1642. Cette année, un édit du roi Louis XIII parut en faveur de la Compagnie des îles à laquelle Richelieu s'intéressait vivement. Il lui était accordé d'étendre ses établissements du 10e au 30e degré de latitude, avec la défense à tous les marchands français d'aller commercer aux îles, sans autorisation, pendant vingt années. La Compagnie était exempte des droits d'entrée pour toutes sortes de marchandises provenant des îles. Toute contestation entre la Compagnie et les marchands devait être portée devant le conseil du roi.

1646. Duparquet, qui était gouverneur de la Martinique, eut des contestations avec de Poincy, gouverneur général, résidant à St-Christophe, au sujet de la réception faite à la Martinique d'un nouveau gouverneur général, nommé de Thoisy-Patrocles, qui avait été nommé par le roi pour remplacer de Poincy ; mais celui-ci, mécontent de quitter son gouvernement, refusa de reconnaître son nouveau gouverneur, et fit venir Duparquet à St-Christophe pour le retenir prisonnier.

Pendant l'absence de Duparquet, il arriva à St-Pierre un navire marchand commandé par le capitaine Boutin, homme d'un caractère audacieux et entreprenant, lequel, voyant l'esprit de mécontentement régner partout contre la compagnie des îles au sujet des impôts, lança un manifeste séditieux, tendant à soustraire la colonie à son autorité et à celle du nouveau gouverneur général de Thoisy.

Dans ce manifeste, dans ces discours, il représentait les droits imposés aux colons comme excessifs, et le général de Thoisy comme un agent devant encore augmenter les exigences de la Compagnie à leur égard, en établissant des droits de vente de vingt pour cent sur les propriétés, un droit de trois pour cent sur les marchandises françaises, et un autre de huit pour cent sur les marchandises étrangères. Il n'en fallut pas davantage pour enflammer les esprits déjà mal disposés. Le mécontentement arriva à un tel point, qu'à la suite de plusieurs réunions d'habitants pour se concerter sur la situation, il fut déclaré à M. Delapierrière, commandant en l'absence de M. Duparquet, qu'ils étaient décidés à ne plus payer de droits à la Compagnie.

Pendant ce mouvement des esprits, il arriva deux colons envoyés par le gouverneur Houel pour les prévenir que les habitants de la Guadeloupe, dont il était gouverneur, avaient pris les armes pour ne plus acquitter de droits à cette Compagnie des iles. Cette nouvelle fut bientôt répandue partout et excita un soulèvement général.

Le 7 juillet, le général de Beaufort, qui avait été gantier au palais du roi, et dont la femme était connue sous le nom de la Belle Gantière, se fit le chef de cette révolte. Les mutins attaquèrent les magasins de la Compagnie et ceux des marchands qu'ils pillèrent ; ensuite ils brûlèrent plusieurs maisons à St-Pierre, et finirent par installer des juges et des conseillers pour gouverner l'île. Le commandant Delapierrière n'osa point s'opposer ouvertement à cette révolte, espérant, sans doute, que la raison reviendrait à ces hommes égarés.

Cependant les révoltés n'étaient pas disposés à céder, et, pendant ce temps-là, les gens, amis de l'ordre, gémissaient de cette situation qui devait tourner au drame, ainsi qu'on va le voir.

Un ami du gouverneur Duparquet, nommé Lefort, propose à sa femme, qui était d'un caractère énergique, de tuer les principaux meneurs de la révolte, et même le commandant Delapierrière, s'il ne se déclarait ouvertement contre les révoltés. Mme Duparquet approuva le projet de Lefort, qui, pour arriver à son but, choisi dix-sept hommes déterminés pour l'aider dans son projet, qu'il communiqua aussi à Delapierrière ; celui-ci s'engagea de son côté à le soutenir dans une entreprise aussi périlleuse.

Le 16 août 1646, Beaufort arrive au fort, à St-Pierre, avec vingt hommes bien armés et demande au commandant Delapierrière s'il voulait signer une demande de réduction de droits de la part des très-humbles et très-obéissants sujets du roi. Delapierrière répondit qu'il fallait voir cette demande, et, l'ayant lue, il fit des difficultés pour la signer. Après cette entrevue, Beaufort se rendit sur la place où se trouvaient Lefort et ses compagnons prêts à agir ; celui-ci proposa de boire à la santé du roi, et ayant pris un verre de vin, il leva son mousqueton comme pour tirer en l'air et tua Beaufort ; au même instant, les autres conjurés ayant choisi chacun son homme, déchargèrent leurs armes et tuèrent treize insurgés.

On poursuivit les autres qui eurent le même sort. Le commandant Delapierrière exerça ensuite des vengeances en faisant tuer plusieurs personnes qu'il rencontra sur son chemin. Après cette échauffourée tout rentra dans l'ordre, et des mesures furent prises pour empêcher les mécontents de recommencer. Delapierrière envoya ensuite un agent au gouverneur de la Guadeloupe, commandant de la Martinique provisoirement, pour lui rendre compte de ce qui s'était passé et le prier en même temps d'accorder une amnistie générale aux personnes compromises dans les événements qui venaient d'avoir lieu.

L'amnistie fut signée le 25 août, on en fit la publication pour apaiser les esprits.

1647. Pendant que ces événements avaient lieu à la Martinique, le général de Thoisy était chassé de la Guadeloupe par le gouverneur Houel, qui l'avait contraint de s'embarquer le 31 décembre 1646. Il arriva quelques jours après à la Martinique où il espérait prendre le commandement à la faveur du mécontentement qui y régnait encore, et en faisant des concessions aux habitants sur les impôts exigés par la Compagnie.

Il parvint en effet à les calmer par des promesses et à les disposer favorablement à son égard, il en profita pour se faire reconnaître en qualité de gouverneur général par les autorités et les habitants. Les officiers et les soldats prêtèrent serment de ne reconnaître que lui et d'obéir à ses ordres.

En agissant ainsi, de Thoisy était dans la légalité, puisqu'il avait été nommé par le roi et la Compagnie générale des îles ; mais cela ne faisait point les affaires de de Poincy, qui ne voulait pas céder son pouvoir de gouverneur général des îles, et cela malgré les ordres formels du roi ou plutôt de la régente, car on était en pleine régence en France depuis trois ans.

La première partie de cet acte de gouvernement s'était joué à la Guadeloupe où le gouverneur Houel avait rempli le principal rôle en forçant de Thoisy à s'embarquer ; maintenant de Poincy allait en faire autant à l'égard de ce pauvre de Thoisy, qui se croyait assuré contre les événements fâcheux, depuis qu'il avait été reconnu gouverneur par les habitants et les troupes de la Martinique. Mais la fortune a ses revers et de Poincy avait ses projets. Ce dernier fit des dispositions pour surprendre son ennemi au moment où il s'y attendait le moins. En conséquence, il fit partir de St-Christophe une flotille de cinq bâtiments portant 800 hommes de débarquement, qui arriva devant St-Pierre, le 13 janvier 1647.

Les autorités, prévenues de la cause de cet armement, avaient décidé qu'on se défendraient. Les troupes et la milice furent mises sur pied ; on doubla les postes et l'on se tint sur les gardes. Mais quelques colons ayant obtenu la permission d'aller à bord de la flotte, se laissèrent gagner par M. de Lavernade qui la commandait. A leur retour, ils persuadèrent aux autres de livrer le malheureux général de Thoisy, afin d'avoir M. Duparquet pour gouverneur. Alors ces habitants qui avaient promis de défendre leur nouveau gouverneur, changèrent d'avis, et, pour se disculper de leur trahison, présentèrent à de Thoisy des propositions qu'il ne pouvait accepter. Dans cette situation pleine de dangers, celui-ci se retira chez les jésuites ; alors leur maison fut entourée, le 17 janvier, par deux compagnies d'infanterie et l'on s'empara de sa personne. On le conduisit à bord de la flottille de Lavernade, qui l'emmena à St-Christophe où il fut prisonnier du gouverneur-général de Poincy. Celui-ci se trouva si heureux de son triomphe, qu'il fit tirer le canon à l'arrivée de sa flotte, en signe de succès et de réjouissance

La promesse faite de rendre le gouverneur Duparquet aux habitants de la Martinique, fut tenue ; il fut mis en liberté pour retourner à la Martinique où il fut bien accueilli par les colons qui avaient beaucoup d'estime pour sa personne et son administration.

Les ordres de la cour, qui avaient décidé que M. de Poincy resterait encore une année à St-Christophe, pour arranger ses affaires personnelles, en qualité de gourverneur particulier de cette île, et que M. de Thoisy serait lieutenant général des îles de la Martinique et de la Guadeloupe, furent donc mis à néant par la volonté du gouverneur de Poincy dont la conduite fut tout autre que ce qui avait été décidé en conseil du roi ; il fallait que de Poincy comptât sur la faiblesse du gouvernement d'alors, et sur sa propre influence dans les îles pour oser agir ainsi.

En effet, il avait acquis un grand pouvoir sur les habitants par des créations et des améliorations utiles, dans lesquelles il employa sa fortune personnelle. Le père Dutertre en fait le plus grand éloge dans le recit de son premier voyage, en disant que jusqu'à sont arrivée, la colonie de St-Christophe n'avait fait que languir ; qu'elle manquait de moyens pour s'étendre et prospérer ; que de Poincy employa une partie de sa fortune à peupler et policer les habitants, à construire une bourgade à la Basse-Terre où les navires trouvaient un port pour abri et un fort pour les protéger. Son administration, juste et sévère en même temps, lui attira beaucoup de colons de tous les pays.

A cette époque, St-Christophe était devenu le centre des possessions françaises et la résidence du gouverneur des îles : de là il étendait son influence sur les autres colonies. Il n'est donc pas étonnant de voir que de Poincy ait osé contrecarrer les ordres de la cour, en refusant de reconnaître de Thoisy comme son successeur. Il put le renvoyer impunément en France, et conserver son gouvernement jusqu'à sa mort.

Après les événements qu'on a vu se dérouler, les Antilles entrèrent dans une période de calme et de progrès : des amnisties pour les faits passés furent demandées à la cour et accordées ; il y en eut une particulière pour le gouverneur Houel, qui mérite d'être rapportée : elle lui fut accordée moyennant une amende de 61,714 livres de tabac au profit du roi. Il faut convenir qu'on ne pouvait se révolter contre les ordres de la cour à meilleur marché.

1650. Duparquet se rend en France pour traiter avec la Compagnie des îles, qui ne faisait pas de brillantes affaires, malgré l'amélioration apportée dans les cultures des plantes alimentaires et du tabac qui était sa plus importante ressource. Il parvint à la décider à lui vendre la seigneurie de la Martinique avec Sainte-Alousie, la Grenade et les Grenadines pour la somme de 60,000 livres. Le roi confirma cette vente en lui accordant des lettres-patentes et de plus le titre de lieutenant général de ces îles pour le récompenser de ses services. A cet égard, il existait un précédent : en 1649, le marquis de Boisseret, gouverneur de la Guadeloupe, avait acheté cette île et ces dépendances, de la même Compagnie, pour la même somme de 60,000 livres et 300 kilogrammes de sucre par an. Enfin le commandeur de Poincy, au nom de l'Ordre de Malte, dont il était membre, avait acheté pour 120,000 livres la partie française de St-Christophe, celle de St-Martin, les îles St-Barthelémy, Ste-Croix et la Tortue.

En reconnaissance de cette magnifique acquisition, le grand maître de l'Ordre de Malte lui donna le titre de bailli.

Le roi de France approuva toutes ces ventes, sous la réserve de la souveraineté, qui consistait à faire hommage d'une couronne d'or du prix de mille écus à chaque nouveau règne.

Les colonies des Antilles cessèrent donc d'être administrées par la Compagnie des îles ; elles furent placées sous l'administration directe des gouverneurs qui devinrent seigneurs et maîtres de ces pays. Depuis longtemps cette Compagnie des îles ne pouvait plus soutenir les charges qui l'accablaient, et à l'époque où la transaction eut lieu, la principale production était le *petum* ou tabac ; on en avait multiplié les plantations outre-mesure, et par suite il était tombé à vil prix. Il fallut pour empêcher la dépréciation de cette plante, en suspendre la production pendant deux années de suite.

Lorsque Duparquet fut le maître d'administrer la Martinique, comme il l'entendait, il introduisit la culture de la canne à sucre sur une seule habitation d'abord ; puis voyant qu'elle réussissait dans les terres riches en humus, il en propagea la culture dans les îles qui dépendaient de sa seigneurie. Il n'eut pas à regretter ce changement, car ce fut une source de richesses pour lui et pour ses colons.

A cette époque, la culture, dans les colonies, se

faisait au moyen de travailleurs venus d'Europe ; on les embarquait comme *engagés*, qu'on recrutait à prix d'argent, et qui avaient le désir de faire une petite fortune ; mais ne possédant pas une avance suffisante pour faire le voyage. Ils s'engageaient à servir pendant trois ans ; à l'expiration de ce temps, on leur accordait des concessions de terres gratuitement, et alors ils étaient considérés comme colons.

La traite des noirs commençait aussi à fournir des travailleurs ; ce mode de recrutement, offrant de plus grands avantages que l'autre aux colons, il s'en suivit que le recrutement des blancs fut abandonné peu à peu, et remplacé par la traite des noirs.

CHAPITRE IV.

1654. Les Caraïbes. — Leur genre de vie. — Les missionnaires. — Guerres entres les colons et les Caraïbes. — Descentes à St-Vincent. — Massacre horrible, vengeance. — La paix.— 1657. Mort de Duparquet. — Le gouvernement revient à sa veuve. — Sédition à St-Pierre. — Madame Duparquet dépossédée et réintégrée. — Sa mort. — 1659. Guerre entre les colons et les Caraïbes. — Fuite de ceux-ci. — 1660. On fait la paix. — Les Caraïbes se retirent à St-Vincent et à la Dominique. — Mort du gouverneur de Poincy.

1654. Jusqu'ici la concorde avait régné entre les colons de la Martinique et les Caraïbes. Ces derniers se résignaient à vivre en paix avec les envahisseurs de leur sol, tout en maudissant le jour où ces étrangers étaient venus dans leur île. Ces pauvres gens s'étaient retirés dans la partie Nord-Est où ils avaient installé leurs carbets ou habitations. Là, ils vivaient dans leur indolence habituelle, cultivant tout juste les terres pour en obtenir des plantes alimentaires telles que : le maïs, le manioc, l'igname, la patate sucrée, le bananier et le chou caraïbe ; ils cultivaient aussi un peu de coton dont les femmes tissaient des étoffes et des hamacs qui leur servait de lit pour se coucher. Les hommes s'occupaient aussi de chasse et de pêche ; dans leur simplicité, ils ne comprenaient pas l'utilité des vêtements, et continuaient à vivre nus, les hommes comme les femmes.

Les missionnaires chargés de les civiliser et de les convertir, ne réussissaient guère auprès d'eux. Lorsqu'ils parvenaient à en persuader quelques-uns, les convertis n'avaient été guidés que par l'intérêt et le désir de quelque objet : un couteau, un miroir ou une serpe, la conversion ne durait pas au delà du désir réalisé.

Cette année, des difficultés étaient survenues entre les colons et les Caraïbes au sujet des limites respectives qui n'étaient guère observées de part et d'autre. Il en était résulté des querelles, des menaces qui n'attendaient qu'une occasion pour éclater. En effet, un Français ivre voulut un jour tuer sans motif un Caraïbe en tirant sur lui un coup de pistolet qui rata. Le Caraïbe, furieux de vengeance, revint avec d'autres et assomma le Français ; du même coup, ils trouvèrent l'occasion de tuer un prêtre qui disait la messe et les deux enfants de cœur qui la servaient. Ces faits déterminèrent une explosion de colère dans la colonie contre les Caraïbes et la guerre fut résolue.

Le gouverneur Duparquet, informé que les insulaires de St-Vincent et ceux de la Martinique s'entendaient entre eux pour soutenir la guerre, fit équiper une petite flotille sur laquelle il plaça 150 hommes, et en donna le commandement à M. Delapierrière, avec ordre de faire main base sur tous les Caraïbes, sans épargner ni les femmes ni les enfants.

En empêchant les Caraïbes de nuire à la colonie,

le gouverneur restait dans son droit ; mais il ne devait pas ordonner un massacre général de ces pauvres gens. Quoi qu'il en soit, il faut écrire l'histoire comme la succession des faits se présente, sans chercher aucune atténuation pour les actes des hommes qui ont abusé de leur pouvoir.

Delapierrière, à son arrivée à St-Vincent, trouva les Caraïbes retranchés derrière des pirogues pleines de sable. Après avoir tiré plusieurs coups de canon sans effet, il fit approcher ses barques pour descendre à terre ; alors les naturels se montrèrent et reçurent une décharge de mitraille qui en tua un certain nombre ; les autres voyant les pertes qu'ils éprouvaient lâchèrent pied pour se sauver dans leurs montagnes. Les Français profitèrent de leurs succès pour pénétrer dans l'intérieur de l'île où ils restèrent pendant huit jours, brûlant et rasant tous les carbets ou cases, et tuant tous les Caraïbes qu'ils rencontraient.

Après cette triste expédition, les Français rentrent à la Martinique où ils sont reçus en vainqueurs.

La guerre n'était pas terminée : on se guettait de part et d'autre pour se surprendre ou se venger ; à ce jeu là, les Caraïbes parvinrent à tuer cinq ou six Français qu'ils assommèrent. La colonie cria vengeance contre les meurtriers, et l'on chercha à intimider les naturels par un horrible exemple ! On prit huit de ces malheureureux auxquels on fit administrer les sacrements, puis ils furent tués à coup de hache !

La vengeance satisfaite, il restait l'expiation d'un fait aussi épouvantable ! Le sang répandu devait encore en faire répandre davantage !

Les Caraïbes des différentes îles de la Dominique, de St-Vincent, de la Guadeloupe, de la Désirade et de la Grenade se réunirent au nombre de plus de 2,000 pour venger la mort de leurs amis. Ils s'adjoignirent les nègres marrons, qui avaient abandonné leurs maîtres pour vivre en liberté. Au moyen de cette réunion, ils crurent, les pauvres gens, que rien ne pourrait leur résister, et ils vinrent investir la maison de Duparquet qu'ils regardaient comme l'auteur de tous leurs maux.

Au moment de l'investissement, le gouverneur avait peu de monde à opposer à cette foule ; mais il avait organisé une défense particulière qui avait bien son mérite : c'était une meute de gros chiens qui défendirent le logis à outrance, en faisant bonne garde partout. Les Caraïbes furent tenus en respect, assez longtemps pour que trois cents soldats vinssent à son secours. Sans l'arrivée de cette force, qui débloqua la maison du gouverneur, c'en était fait de Duparquet et des colons qui étaient avec lui, ils auraient certainement tous succombés à cette attaque. Les Caraïbes et les nègres marrons avaient déjà brûlé une vingtaine d'habitations, tuant tout ce qui leur tombait sous la main : hommes, femmes et enfants, et ils espéraient bien brûler aussi la maison de Duparquet.

Cette guerre acharnée mécontentait les colons qui en supportaient tous les inconvénients. On était sans cesse en alarme, la nuit comme le jour, dans la crainte d'être surpris isolément par le feu ou les attaques des ennemis qui étaient très-rusés.

Dans cette situation critique, ils se réunissent en assemblée générale, dans laquelle il fut décidé que le gouverneur proposerait la paix aux Caraïbes. De leur côté, ils ne demandaient pas mieux que de pouvoir vivre tranquillement avec l'espoir qu'ils ne seraient plus provoqués à une guerre funeste ; ils se soumirent donc même à l'obligation de ne plus recevoir les nègres marrons, auxquels ils accordaient l'hospitalité.

Ainsi finit cette guerre dont le résultat fut funeste aux deux partis. Le gouverneur avait espéré pouvoir chasser les Caraïbes de l'île ; mais les forces dont il disposait n'étaient pas suffisantes ; le moment n'était pas encore venu pour les colons d'être entièrement les maîtres de la Martinique.

1657. Le gouverneur Duparquet mourut à St-Pierre, le 3 janvier. Il avait été gouverneur et sénéchal de l'île pendant vingt ans. Ce fut un colonisateur habile et qui seconda parfaitement le gouverneur général de Poincy, dans ses vues de colonisation. Dans la guerre civile, comme dans celle faite aux Caraïbes, il montra du courage et de l'activité. Pendant son administration, il sut toujours conserver l'estime et la confiance des habitants, tout en les soumettant à une sage et ferme direction. Lorsque la mort vint le frapper, la Martinique était dans un état florissant, grâce aux encouragements qu'il sut donner à l'agriculture ; ce qui prouve bien qu'avec une sage conduite, un gouvernement peut rendre heureux un pays ; et, qu'au contraire, un mauvais gouvernement peut rendre un excellent pays aussi misérable que possible.

Madame Duparquet, après la mort de son mari, s'empara du gouvernement, conformément à la commission qui avait été faite, le 22 novembre 1653, dans l'intention de lui donner l'autorité nécessaire. Elle demanda au roi Louis XIII, la survivance de la charge de gouverneur pour son fils mineur, ce qui lui fut accordé par lettres-patentes du 15 septembre 1658 ; mais avec la condition expresse que le gouvernement de la Martinique serait donné provisoirement à son oncle, M. Dyel de Vendraque.

Pendant ces arrangements, il y eut une espèce de sédition à St-Pierre contre Madame Duparquet ; elle avait pour prétexte la grande inclination de cette dame pour les Parisiens, qu'elle trouvait de son goût de préférence aux Normands.

Le premier jour de l'an, qui était aussi le jour de la fête de Madame Duparquet, les Parisiens firent des réjouissances en son honneur, ce qui piqua fort la jalousie des Normands ; on tint des propos désagréables de part et d'autre, et l'on se fit des menaces qui amenèrent des combats dans les rues de la ville. Le conseil de la colonie présenta diverses plaintes formées par des habitants contre le gouvernement de Madame Duparquet. Le 6 août 1658, une assemblée eut lieu dans laquelle les habitants décidèrent qu'elle serait dépossédée de tous pouvoirs et commandements ; qu'elle serait astreinte à quitter son logement pour habiter le quartier de la place d'armes où l'ordre fut donné de ne la laisser communiquer avec personne, sans la permission de l'officier de garde. En un mot elle fut gardée comme prisonnière.

On poussa même la violence envers cette dame, jusqu'à faire des perquisitions dans ses livres et ses papiers. On trouva un livre de Machiavel, qui traitait de l'état de paix et de guerre. On lui en fit un si grand crime, qu'il fut décidé que ce livre serait brûlé en place publique par la main du boureau.

Après tous ces excès, il y eut une réaction en faveur de cette dame, il fut convenu qu'on ferait la paix et qu'elle serait mise en liberté.

Il paraîtrait qu'à cette époque, il ne fallait pas contrarier MM. les Normands, sous peine de s'exposer à leur vengeance, même pour des choses insignifiantes. Ce n'est pas tout : les ennemis de Madame Duparquet espéraient bien la prendre en défaut sur quelque point de son gouvernement. Ainsi, elle fut soupçonnée d'avoir favorisé une trame, montée par un sieur Maubray, ayant pour but de livrer l'île aux Anglais ; mais le conseil se montra sage cette fois, il fut convaincu de son innocence. Il ordonna qu'elle serait maintenue en possession de son gouvernement, et qu'elle serait rétablie dans ses biens et ses honneurs.

L'ombre de Duparquet a dû frémir d'indignation pour les traitements injustes qu'on faisait éprouver à sa malheureuse veuve ! Après toutes ces persécutions, elle fut attaquée d'une paralysie qui l'obligea de renoncer au gouvernement ; elle s'embarqua sur un navire qui devait la conduire en France, mais elle mourut pendant la traversée, au mois d'août 1658. Une tempête s'étant élevée pendant le voyage, les matelots superstitieux crurent que le corps de cette dame en était cause ; et, à ce sujet, il y eut une sédition à bord du navire qui obligea le capitaine de jeter le cadavre à la mer.

1659. Les Français s'étant mis à fréquenter la partie de l'île réservée aux naturels, pour la chasse et la pêche, quelques-uns d'entre eux y furent assassinés. Les Caraïbes s'excusèrent en disant que c'était ceux de St-Vincent ou de la Dominique qui avaient commis ces crimes. Pour le moment, on se contente de cette excuse, et cette affaire n'eut pas de suite.

Mais à quelque temps de là, le Caraïbe Nicolas, le plus vaillant et le plus redouté des naturels de l'île, arrive à St-Pierre avec une bande de 17 hommes sur la place du fort, et se met à boire de l'eau-de-vie avec quelques Français qu'il connaissait. Un nommé Beau-Soleil, homme cruel, et auteur de la sédition montée contre madame Duparquet, résolut de profiter de l'occasion pour venger les injures faites aux Français. En conséquence, il rassemble une troupe de soixante hommes, entoure celle de Nicolas dont il en tue 13 sur 17 et fait trois prisonniers. Le malheureux Nicolas, seul, se jette à l'eau pour se sauver, mais inutilement, il est tué par les balles de ses ennemis.

Après cette malheureuse affaire, la guerre fut décidée : les habitants organisèrent une force de 600 hommes pour chasser de l'île tous les Caraïbes. 200 hommes furent mis dans des barques commandées par M. de Loubières ; 400 autres s'avancèrent par terre en deux colonnes pour traverser les montagnes. Les Caraïbes se présentèrent pour défendre les passages ; mais ils furent épouvantés aux premières décharges et lâchèrent pied pour se sauver vers leurs pirogues, afin de se mettre à l'abri de la poursuite des Français, et de se retirer dans les îles voisines, avec l'intention de revenir pour se venger de leurs oppresseurs, s'il était possible.

1660. Après plus de deux années de guerre avec les Caraïbes, où ces derniers étaient toujours maltraités, on songea à faire la paix. Pour arriver à la conclure d'une manière durable. M. de Poincy, gouverneur général à St-Christophe et le général anglais, commandant la partie de St-Christophe, appartenant à l'Angleterre, s'entendirent avec les chefs des Caraïbes dans ce but. L'arrangement eu lieu chez de Poincy, dans lequel il fut stipulé qu'une ligue offensive et défensive était établie pour le cas où les Caraïbes voudraient reprendre les hostilités ; et que, pour vivre en paix parfaite avec eux, il leur serait fait abandon complet des îles de St-Vincent et de la Dominique ; et qu'à ces conditions, ils devaient s'engager à vivre en paix avec les habitants des colonies françaises et anglaises.

A ce traité de paix, on y vit figurer le préfet apostolique, M. Pierre Fontaine, qui y engagea sa signature avec de Poincy et le gouverneur anglais. On y vit aussi les chefs les plus renommés des îles de St-Vincent et de la Dominique.

Cette année vit mourir M. de Poincy, gouverneur général des îles des Antilles françaises ; il était âgé de soixante-dix-sept ans. On a déjà fait connaître précédemment cet homme supérieur qui comprit parfaitement la mission dont il s'était chargé, en donnant une vigoureuse impulsion à la colonisation. Il ne se contenta pas de faire des arrêtés pour réglementer le pays ; mais ce qui valait infiniment mieux, il donna le bon exemple du travail et de l'activité, au prix de son temps et de son argent.

La confiance que ce personnage sut inspirer profita à tout le monde, en attirant des Français et des étrangers pour coloniser ou commercer. Il fut gouverneur général pendant vingt-un ans, et le digne successeur de Denambuc, qui avait ouvert un champ immense à l'activité des hommes de son époque. Un pays est heureux de trouver des hommes de capacité qui n'ont en vue que le bien de leurs semblables, et qui ne craignent pas de tout sacrifier dans ce but.

CHAPITRE V.

1663. Les gouverneurs exigeants. — 1664. Les colons endettés. — 1665. Insurrection de nègres. — 1674. La compagnie des Indes occidentales est dissoute. — Attaque de Ruyter repoussée. — 1685. Le Code noir. — 1690. Guerre contre l'Angleterre et la Hollande. — 1693. Ravages causés par la flotte anglaise. — 1697. Paix de Riswick. — 1700. Plusieurs gouverneurs. — Guerre de la succession. — 1705. Esclaves libres. — 1713. Paix d'Utrecht. — 1715. Mort du roi Louis XIV. — 1717. Renvoi d'un gouverneur. — 1727. Tremblement de terre. — Le capitaine Declieux. — 1728. Changement de gouverneur. — 1736. Développement commercial. — 1739. Guerre contre l'Angleterre et la Hollande.

1663. La vente faite par la compagnie des îles aux gouverneur, n'améliora point le sort des colons cultivateurs ; au contraire, les gouverneurs, devenus propriétaires, devinrent plus exigeants pour satisfaire à leurs grandes dépenses de luxe et à l'augmentation des troupes de garnison. Ils prélevaient sur chaque habitant ou esclave, au-dessus de dix ans, cent livres de tabac ou cinquante livres de coton. On ne pouvait se marier sans leur autorisation ni quitter la colonie. Tous les habitants étaient soldats et assujettis à une discipline sévère ; chacun montait la garde à son tour et l'on faisait l'exercice général une fois par mois. On payait des droits excessifs à l'entrée et à la sortie des marchandises. Les habitants se trouvaient endettés par suite de lourdes charges qui pesaient sur eux ; il y avait des plaintes et des troubles contre le système d'administration qui existait alors ; il fallait en changer nécessairement.

Pour sortir de cet état de confusion, le ministre Colbert proposa au roi Louis XIV d'acheter les îles française d'Amérique, et cette acquisition eut lieu au prix de 120,000 livres tournois pour la Martinique ; la Guadeloupe et ses dépendances furent payées 125,000 livres. Malheureusement on ne s'en tint pas à cette bonne mesure en laissant les îles libres dans leurs intérêts, et en les imposant modérément; l'on revint au fâcheux système de l'exploitation par une Compagnie à laquelle le gouvernement fit des avantages pour l'aider dans son établissement. Elle avait le droit, pendant quarante ans, de faire exclusivement le commerce et la navigation dans les mers des Antilles, et elle héritait des droits des seigneurs dans les îles que l'Etat venait d'acquérir. On passait d'un système vicieux à un autre qui ne l'était pas moins.

1664. La nouvelle Compagnie des Indes occidentales équipa trois vaisseaux à La Rochelle, d'où ils partirent, le 14 décembre 1663, et arrivèrent à la Martinique, ayant à bord M. de Tracy avec le titre de gouverneur général. Il avait mission de s'enquérir des causes de la confusion dans laquelle se trouvaient plongés les colons des deux colonies, et il commença son enquête par la Martinique. Les investigations lui firent connaître que les habitants des villes et les planteurs étaient endettés entre eux, puis envers les Hollandais et les juifs qui leur prêtaient à gros intérêts.

Cette situation fâcheuse avait donné lieu à beaucoup d'inimitiés et à beaucoup de procès. Le Père Dutertre dit à ce sujet : « Les juifs et les hérétiques « eurent l'insolence d'y prétendre à l'exercice de « leur fausse religion dans cette confusion désor- « donnée. »

M. de Tracy, pour porter remède à ce mal, fit établir un tribunal où tout individu, riche ou pauvre, colon ou étranger, pouvait présenter requête qui serait examinée le jour suivant et jugée le troisième. Avec cette manière active de traiter les affaires civiles, on pouvait croire qu'on viendrait à bout de débrouiller la situation au bout de quelques temps ; mais M. de Tracy se trompait de pays, et ne tenait pas compte de la lenteur et de l'indolence habituelle des habitants.

Pourtant, les mesures qui avaient pour but la prompte exécution des affaires, produisirent un certain effet ; et, pour empêcher les planteurs de s'engager dans de nouvelles difficultés, il fit un règlement en vingt-six articles, qui déterminait les rapports du gouvernement avec les habitants et entre eux, pour les affaires d'intérêt, afin de les empêcher de les engager au delà de leurs moyens.

Après avoir amélioré la situation générale des affaires, ce gouverneur se rendit à la Guadeloupe où les habitants étaient aussi embarrassés par leurs dettes que ceux de la Martinique. Il employa les mêmes moyens pour les tirer d'embarras, puis il revint se fixer à la Martinique.

1665. Une insurrection de 300 à 400 nègres a lieu sur différents points de l'île. Ils abandonnent les plantations pour se réfugier dans les mornes abruptes et sauvages où on ne peut les atteindre. La cause de cette désertion venait du désir de jouir de la liberté et de l'anthipathie de la race noire pour le travail. Dispersés par bandes de 25 à 30 hommes, ils font des excursions pendant la nuit pour piller les propriétés et les incendier.

La milice ne pouvant les atteindre dans leurs repaires, le gouverneur propose des récompenses à ceux qui en ramèneront, s'engageant à pardonner les nègres qui rentreraient volontairement.

Cette décision pleine d'humanité produisit de bons effets ; plusieurs nègres rentrèrent sur leurs habitations ; le chef de la révolte revint hardiment avec plusieurs de ses camarades pour profiter de l'ordonnance du gouverneur.

1674. La Compagnie des Indes occidentales qui

avait entrepris le commerce des îles, n'en était pas plus capable que celle qui l'avait précédée.

Les habitants se trouvaient gênés dans leurs approvisionnements et leurs débouchés ; les droits avaient été sensiblement élevés sur les marchandises provenant de la métropole ou de l'étranger. Cette mauvaise situation économique causa plusieurs séditions où des colons perdirent la vie.

Le roi Louis XIV en prononça la dissolution, et en paya les dettes qui étaient considérables. Toutes les îles rentrèrent dans le droit commun, et il fut permis à tous les Français de s'y établir et de commercer. C'était le meilleur moyen d'arranger les affaires des îles ; avec ce nouveau système de gouvernement et de commerce, on pouvait espérer de la prospérité ; mais malheureusement l'état de guerre dans lequel on se trouvait vint y mettre obstacle.

La France soutenait une guerre longue et acharnée, contre l'Espagne et la Hollande, le fameux Ruyter, amiral hollandais, parut dans les eaux de la Martinique avec une force maritime considérable, composée de quarante-six bâtiments de guerre et de 3,000 hommes de débarquement. Il fit opérer un débarquement sur Fort-de-France, le 20 juillet 1674, et les Hollandais s'emparèrent d'une partie de la ville. Cette descente fut vigoureusement repoussée par 150 hommes commandés par M. de Ste-Marthe. L'amiral fut contraint de se rembarquer en désordr en laissant 400 morts sur place, sans compter les noyés et les blessés.

Cette action s'explique par une circonstance particulière qui fut fatale aux Hollandais. Au commencement de l'affaire ils s'emparèrent des magasins aux vivres situés au carénage; les hommes burent tellement de vin et d'eau-de-vie qu'ils s'enivrèrent et ne pouvaient se tenir sur pied. Dans cette situation les troupes de débarquement furent massacrées facilement par le double feu du fort St-Louis et celui de deux bâtiments de guerre embossés à l'entrée du cul-de-sac. La conduite du capitaine de port, Cornette, et celle du capitaine Jeard furent admirées; le marquis de Baas, gouverneur, demanda pour eux des lettres de noblesse.

1685. Le conseil colonial reçoit l'ordre du roi de faire enregistrer le code noir ou recueil des règlements concernant l'administration de la justice, la police, la discipline et le commerce des nègres dans les colonies françaises.

1690. La France soutenait la guerre depuis deux ans contre l'Europe en faveur du roi d'Angleterre, Jacques II, attaqué par son gendre Guillaume, prince d'Orange, lorsque le conseil colonial reçut l'orde du comte de Blenac, gouverneur, d'enregistrer la déclaration de guerre et de faire les préparatifs de défense contre les flottes de l'Angleterre et de la Hollande.

1693. Le marquis d'Eragny était gouverneur depuis deux ans, lorsqu'une expédition anglaise parut devant la Martinique, le premier avril. Elle était composée de huit vaisseaux de ligne, quatre frégates et huit bâtiments de transport, et commandée par le chevalier Francis Veller. Cette flotte portait 1500 hommes de débarquement, sous le colonel Faulk, qui avait encore sous ses ordres des troupes coloniales formant plusieurs milliers d'hommes. La flotte jeta l'ancre dans la baie de Fort-de-France, le 12 avril, et le colonel Faulk débarqua avec ses troupes pour ravager les environs. Pendant ce temps, le commodore Weller fit un autre débarquement avec 500 marins pour détruire les plantations.

Après avoir reçu des renforts, sous le général Codrington, l'expédition prit le parti de tenter de réduire la ville de St-Pierre par un débarquement de troupes. Mais la ville était sur la défensive, et repoussa les Anglais qui laissèrent cinq à six cents morts et trois cents prisonniers.

Pendant les opérations de guerre, les habitants, aidés de leurs nègres, rendirent de grands services, en resserrant les anglais dans leurs camps, en enlevant les détachements et les hommes isolés.

Après cette guerre qui avait gravement compromis les intérêts de la colonie, à la suite des exactions et du pillage des troupes anglaises, on fut tranquille pendant quelques années et l'on s'estimait heureux d'avoir pu repousser la force par la force.

1697. Le marquis d'Amblemont est nommé gouverneur et prend possession de son gouvernement, le 14 mars 1697.

La guerre continuait ses ravages en Europe sur terre et sur mer; notre marine militaire, trop faible à ce moment pour la lutte, se tenait sur une prudente défensive; mais les corsaires des ports français faisaient éprouver de grandes pertes au commerce anglais.

Enfin la paix de Riswick vint mettre un terme aux hostilités, qui duraient depuis plusieurs années, et qui avaient épuisé les puissances belligérantes d'homme et d'argent.

1700. A partir de cette année, il y eut une suite de plusieurs gouverneurs dont le séjour à la Martinique fut de courte durée, ainsi qu'on va le voir. Le comte d'Enotz, qui eut le titre de gouverneur général des îles, fut enlevé par la fièvre jaune et remplacé par le commandeur de Gitaut qui mourut bientôt après. M. de Machault, nommé gouverneur, le 24 mars 1703, fut plus heureux que ces prédécesseurs, son gouvernement dura huit ans, sans que cette période de temps présente des faits remarquables, malgré l'état de guerre qui avait repris en Europe en 1701. Il fut remplacé par le comte de Philippeau, le 3 janvier 1711, qui mourut vers la fin de 1713.

La guerre de succession en Espagne fit éprouver bien des vicissitudes à la France, pendant onze ans qu'elle dura. Ses armées furent obligées de combattre en Espagne, en Italie et en Allemagne, la coalisation qui s'était formée contre l'avènement de Philippe, duc d'Anjou, à la couronne d'Espagne.

L'Angleterre unie à la Hollande, par une haine profonde contre notre influence dans le monde, mit des flottes considérables sur mer qui obtinrent des succès contre notre marine, notamment à Vigo, où les gallions envoyés de la Havane se trouvèrent pris avec l'escadre française qui les escortait. Ce fut aussi cette année que les Anglais s'emparèrent de Gibraltar pour ne plus le rendre ; mais le gouvernement français eut soin d'envoyer des forces respectables dans les Antilles pour les protéger.

1705. Une déclaration aussi humaine que sage fut faite par le gouvernement au sujet des esclaves de nos colonies ayant touché le sol de la France ; dès l'instant où ils déclareraient ne pas vouloir retourner aux colonies, ils jouissaient de leur entière liberté, absolument comme les autres citoyens.

1713. La paix faite à Utrecht, le 11 avril 1713, ramena le calme et la prospérité dans les îles.

Par ce traité, la France perdait au profit de l'Angleterre, Terre-Neuve et la baie d'Hudson.

1714. Le fils du célèbre Duquesne fut nommé gouverneur, le 7 novembre 1614, et ne resta que trois ans en possession de son gouvernement, sous lequel la colonie fut tranquille.

1715. Cette année vit mourir le grand roi Louis XIV, qui créa la marine militaire et les colonies, et fonda des établissements civils, militaires et maritimes; protégea les sciences, les arts, le commerce et tout ce qui était utile à la France. Ce qu'il y eut d'extraordinaire fut cette réunion de grands hommes, dans tous les genres: Condé, Turenne, Luxembourg, Catinat, Vendôme, Villars, Tourville, Duquesne, Bossuet, Bourdaloue, Fénelon, Corneille, Racine, Boileau, Lafontaine, Pascal, Malbranche, Lesueur, Poussin, Lebrun, Puget et Girardon. Tous ces grands hommes et d'autres illustrèrent le siècle du roi Louis XIV.

1717. M. de Lavarenne remplace le fils de Duquesne, le 7 janvier 1717. Ce nouveau gouverneur débuta par des actes en opposition avec les intérêts du pays. On ne sait pourquoi, il fit défendre la construction de nouveaux établissements à sucre; sa conduite et celle de l'intendant Ricouart blessèrent si vivement les colons que ceux-ci résolurent d'arrêter ces deux personnages et de les embarquer sur un navire chargé de les reconduire en France.

Dans ce but, les principaux habitants s'entendirent pour leur offrir à dîner au bourg du Lamentin, à une distance de 10 kilomètres de Fort-de-France, où devait se passer la scène d'arrestation. Le gouverneur et l'intendant, sans défiance, se rendirent à l'invitation qui leur était faite. Quand ils furent arrivés ils se trouvèrent aussitôt entourés de colons qui se déclarèrent leurs juges, on leur ôta leurs insignes et leurs épées, et, après avoir formulé les griefs qu'on avait contre eux, ils furent embarqués de force sur un navire qui attendait sous voile.

Cette hardie entreprise fut si vivement exécutée que les troupes de la ville n'en furent informées que lorsqu'il n'était plus temps pour secourir le gouverneur et son intendant. Les milices de la colonie avaient pris les armes pendant l'exécution du complot.

Après le départ de M. de Lavarenne, l'assemblée coloniale nomma M. Dubucq commandant de l'île en attendant que le gouvernement eut statué sur cette grave affaire. Le duc d'Orléans, alors régent de France, accorda une amnistie à ceux qui avaient directement participé au complot.

On donna l'ordre au chevalier de Feuquières, gouverneur de la Guadeloupe, de se rendre à la Martinique pour y exercer la charge de gouverneur général.

C'est à cette époque que les droits qui pesaient sur les colonies furent sensiblement diminués. La culture et le commerce prirent de grands développements. L'heureuse situation de la Martinique et la sûreté de ses ports en firent l'entrepôt des marchandises d'Europe et des Antilles. Les îles voisines lui vendaient leurs productions et achetaient les objets manufacturés venant de France. Des navires de toutes les puissances apportaient dans cette île leurs chargements et s'en retournaient chargés de denrées coloniales.

1727. Il y eut cette année un tremblement de terre très-sensible. Il détruisit les cacaotiers qui étaient alors la principale production de l'île. Cette perte fut sensible pour le pays, parce qu'il fallut recommencer les plantations de cet arbre qui ne donne sa première récolte qu'au bout de cinq ans.

D'un autre côté, l'arrivée du capitaine Declieux leur promettait un grand avenir ; car il apportait du jardin des plantes le précieux arbuste du caféier qui devait enrichir les cultures des planteurs des Antilles.

La traversée fut longue et périlleuse, il fallut mettre les officiers et l'équipage à la ration d'eau, et Dieu sait qu'elle espèce d'eau on a à boire en pareille circonstance ! La chaleur, le mouvement la décomposent deux ou trois fois dans le trajet et il s'y forme des vers répugnants. Declieux aima mieux se priver de sa faible ration d'eau que de laisser périr des arbustes confiés à ses soins par Jussieux. Cependant, il en perdit deux pieds sur trois. C'est ce pied de caféier, cultivé avec soin par lui, qui produisit à la longue toutes ces riches plantations des îles et du golfe du Mexique. Que de richesse et de bien-être dans ce seul arbuste confié à un homme intelligent !

Honneur donc à cet homme courageux ! Il a bien mérité des hommes des deux mondes ; son nom est digne de figurer à côté de celui de Parmentier qui apporta en France la pomme de terre du Canada. Ces deux hommes ont rendu des services immenses à l'humanité, qui ne devra jamais oublier leur mémoire ; mais, hélas ! y pense-t-on seulement !....

Pendant les dix années de gouvernement du chevalier de Feuquières, l'agriculture et le commerce continuèrent à progresser. La culture du café réussissait parfaitement sous ce climat chaud et humide et s'alliait parfaitement à celle du sucre introduite par Duparquet. Les autres îles s'empressèrent d'imiter la Martinique en demandant à celle-ci des plants de café pour profiter des avantages de cette riche culture.

1728. Le marquis de Champagny remplaça le chevalier de Feuquières, et prit son gouvernement le 3 février 1728.

1736. Le commerce des îles avait pris un développement considérable et inconnu jusqu'alors. Dans les documents officiels publiés par le ministre de la marine et dans lesquels il n'est question que de notre île, parce qu'elle représentait le commerce des Antilles françaises, les expéditions coloniales s'élevaient à 16,000,000 de livres, somme énorme pour le temps, et le transport se faisait par 200 navires. Quant au mouvement commercial avec les autres colonies d'Amérique, il s'élevait à 18,000,000. Le sucre et le café avaient acquis une grande production ; ces denrées étaient recherchées sur les marchés européens ; enfin, cette colonie qui n'avait que 15,000 noirs en 1700, en comptait alors 72,000 ;

elle regorgeait de numéraire et d'autres valeurs qui y entretenaient une prospérité inconnue jusqu'à ce moment.

La Guadeloupe aspirait à entrer dans ce mouvement d'affaires et de productions ; mais elle ne pouvait rivaliser avec sa florissante voisine. Ces deux sœurs étaient comme les reines des petites Antilles, autour desquelles venaient se grouper toutes les productions et le commerce des autres îles.

Cette heureuse prospérité était due à la liberté laissée aux habitants de diriger leurs affaires comme ils l'entendaient et aux taux modiques sur les marchandises françaises à l'entrée et à la sortie. Il résultait de ce mouvement d'activité dans les transactions, que la marine marchande avait doublé en vingt ans.

1739. Les Anglais, fatigués d'une longue paix, enivrés d'orgueil et d'ambition, pensaient pouvoir enlever facilement quelques colonies aux Espagnols et, dans cette intention, leur déclara la guerre en octobre. Dans cette situation, l'Espagne réclame de la France l'exécution du traité d'alliance qui existait entre les deux nations.

Le cardinal Fleury, qui dirigeait les affaires, fut obligé de porter secours aux Espagnols, et c'est ainsi qu'on se trouva engagé de nouveau contre l'Angleterre.

Les colons des Antilles se détournèrent des travaux de la paix qui avaient fait leur bonheur pour employer leurs capitaux à l'armement de corsaires. Ils eurent des succès dans les entreprises hasardeuses de la course sur le commerce ennemi ; mais était-ce là un genre de vie raisonnable qui assurât l'avenir des colonies ?

Il vallait mieux rester agriculteur et commerçant que de courir les chances hasardeuses de la course, défendre un sol attaqué par l'ennemi, que de le quitter pour satisfaire le goût des aventures de mer.

CHAPITRE VI.

1744. La Hollande nous fait la guerre. — La Bourdonnaie et Dupleix. — 1750. La France mal gouvernée. — 1755. Abandon des grandes Indes. — Les Anglais attaquent les Français. — Embargo sur les navires anglais. — 1757. L'Impératrice Joséphine. — Guerre continentale. — 1759. La marine et les colonies éprouvent des malheurs. — Expédition anglaise repoussée. — 1762. Prise de l'île par les Anglais. — 1763. Traité honteux de Paris. — La Guadeloupe ne dépend plus de la Martinique. — 1765. La prospérité des îles revient. — 1771. Les Jésuites négociants. — 1772. Construction du fort Bourbon. — 1774. Mort du roi Louis XV. — 1776. Révolution des Américains. — Rupture avec l'Angleterre. — Les Américains ingrats. — 1777. Le général Bouillé et le comte d'Estaing. — On reprend plusieurs îles. — Combat entre Rodney et Guichen.

1744. M. de Caylus est nommé au gouvernement de la Martinique et prend possession de cette place, le 9 mai; il remplace M. de Champagny qui l'occupait depuis seize ans.

La guerre maritime continuait entre l'Espagne et la France d'une part et l'Angleterre de l'autre; la Hollande venait aussi d'entrer en lice à côté de cette puissance; mais sa grandeur était bien déchue sur terre comme sur mer.

Les Anglais firent quelques tentatives d'attaque contre nos colonies des Antilles; mais ils furent toujours repoussés, et quarante corsaires armés à

St-Pierre vengèrent sur le commerce britannique les pertes éprouvées par notre marine sur mer. Il y eut de beaux combats partiels qui montrèrent que nos marins n'étaient pas déchus de leur renommée ; mais on n'entreprit rien de décisif de part et d'autres dans ces parages.

Dans les Indes Orientales, la Bourdonnaie et Dupleix, deux grands hommes mal appréciés par les ministres, relevaient le prestige de notre marine militaire dans le monde. Avec de tels hommes, le succès n'était pas douteux ; mais malheureusement ils étaient peu secondés dans leur ardeur par le gouvernement de Louis XV qui ne mettait que des moyens insuffisants à leur disposition. La crainte de l'Angleterre paralysait ce gouvernement incapable de comprendre les intérêts de la nation.

La France, outre la guerre maritime contre l'Angleterre et la Hollande, avait aussi à soutenir une guerre continentale avec la Prusse et les petits Etats d'Allemagne contre l'Autriche, gouvernée par Marie-Thérèse. Les puissances belligérantes s'étaient ruinées, elles manquaient d'hommes et d'argent pour continuer les hostilités ; cette situation les contraignit de s'entendre pour traiter de la paix. Les préliminaires en furent signés à Aix-la-Chapelle, le 30 avril 1748.

Les colonies purent dès lors respirer et reprendre leurs travaux d'agriculture, le commerce et la navigation avec les ports de France. Malheureusement cette paix ne fut qu'une trève, un temps d'arrêt entre la France et l'Angleterre.

1750. Après six ans de gouvernement, M. de Caylus est remplacé par M. de Bompar, le 9 novembre.

La France, avec cette vitalité qui lui est propre, se remit promptement des effets désastreux de la guerre qui avait duré neuf ans. L'industrie, le commerce et les beaux arts reprirent leur ascendant dans le monde, et les relations se rétablissaient entre les peuples que la politique des rois avait séparés trop longtemps.

A ce sujet, il n'est peut-être pas hors de propos de présenter quelques considérations qui découlent de la situation du moment.

La France avait un roi qui était plus occupé d'intrigues de femmes, de débauches que du gouvernement d'une grande nation. Il n'avait aucun sentiment de pudeur et de respect pour lui-même et manquait d'élévation dans le caractère. Cet homme, appelé à diriger la France, se laissait conduire par une courtisane, la Pompadour. On le savait en France et à l'étranger. Le roi de Prusse, Frédéric-le-Grand, raillait sa conduite, les Anglais le tournait en ridicule. Cette corruption de la cour, ce mépris de l'étranger irritaient les esprits en France. L'antagonisme était au fond de la situation, avec la haine contre l'Angleterre. D'un autre côté, il n'y avait point de précision dans le dernier traité de paix ; il n'y avait point de limitation dans l'Amérique du Nord. — Dans les grandes Indes, Dupleix ne désarmait point ; car il voyait que l'influence sur les peuples appartiendrait à celui qui serait le plus fort ; et il faisait tout ce qu'il pouvait pour l'être comparativement aux Anglais. Dans ses entreprises, il fut vaillamment secondé par un homme dont le nom mérite d'être rappelé, c'était Bussy-Castelnau, qui avait sa confiance. L'Asie eut appartenu à la France au lieu d'appartenir à l'Angleterre, si on avait eu un gouvernement fort et vigoureux.

1755. La France avait abondonné les grandes Indes sur l'injonction de l'Angleterre ; cette puissance voulait aussi la forcer d'abandonner le Canada où nous étions établis depuis longtemps et où nous avions gagné l'amitié des sauvages ; mais ceci ne faisait pas le compte des Anglo-Américains qui voulaient dominer dans le pays. Ils faisaient des efforts pour décider le cabinet anglais à recommencer la guerre.

Le gouvernement français sentant qu'il était à la veille d'une nouvelle lutte envoya au Canada M. de Vaudreuil avec 3000 hommes de renfort. La flotte française fut devancée par la flotte anglaise qui lui enleva plusieurs vaisseaux chargés de troupe. A ce signal, les corsaires anglais, qui étaient dans le secret coururent sur nos bâtiments marchands et en peu de temps en enlevèrent 300, valant trente millions, et cela sans déclaration de guerre.

On reconnaît bien là le caractère anglais, attaquant traîtreusement notre marine avant toute déclaration de guerre ; c'est le cas de s'écrier : Perfide Albion !

Le cabinet français rappelle son ambassadeur en demandant la restitution des prises ; on lui répondit par un refus. Pendant ce temps on avait eu la niaiserie de relâcher une frégate anglaise prise par une frégate française. De fait, la guerre maritime durait depuis le mois d'avril, et ce n'est que le 23 janvier 1756 qu'on mit l'embargo sur les navires anglais qui se trouvaient dans nos ports. Tant de sottises et de lâchetés sont incroyables !

1757. Après un séjour de sept années à la Martinique, le gouverneur, M. de Bompar, fut remplacé par le marquis de Beauharnais dont le nom devait avoir plus tard un retentissement immense dans le monde, lorsqu'il deviendrait beau-père de l'impératrice Joséphine, femme de l'empereur Napoléon Ier, et grand-père d'Eugène Beauharnais, vice-roi d'Italie.

On sait que l'impératrice Joséphine était fille de M. Tascher de la Pagerie, capitaine de port de la marine, et qu'elle est née aux Trois-Ilets de la Martinique. Elle se maria de bonne heure au vicomte de Beauharnais, dont elle devint veuve, et ensuite elle s'unit à Napoléon Ier à qui elle plut par sa beauté, ses grâces et son esprit.

Il était nécessaire d'entrer dans quelques détails au sujet du gouverneur de la Martinique, et de rappeler la filiation d'un nom qui a marqué dans le monde.

La France, qui avait beaucoup de peine à lutter contre l'Angleterre seule, se jette mal à propos dans une guerre continentale, sous l'influence de cette infâme Pompadour qui appelait Marie-Thérèse d'Autriche son amie ; elle se ligue avec l'Autriche, la Russie et la Saxe contre l'Angleterre, la Prusse et le Hanovre.

La France avait obtenu quelques succès sur mer et dans les colonies, mais sur le continent elle fut vaincue à Rosbach où les Français étaient commandés par Soubise, favori de la Pompadour ! Nous avions alors deux terribles adversaires à combattre : William Pitt et Frédéric, roi de Prusse.

1759. La marine française et les colonies ne furent pas heureuses cette année. On perdit plusieurs combats contre les Anglais, notamment au détroit de Gibraltar et à Belle-Ile. Dans les Antilles, la guerre de corsaire continuait avec des chances diverses, lorsque le gouvernement anglais dirigea une expédition, commandée par John More, contre la Martinique. Elle était composée de douze vaisseaux, six frégates, quatre galiotes et quatre bâtiments de transport portant huit mille hommes de débarquement.

Les milices et les troupes de l'île furent réunies, par le gouverneur Beauharnais, au Fort-de-France, auprès duquel les Anglais avaient opéré leur débarquement. Le morne Bourbon avait été retranché et occupé par les Français, mais sans artillerie. Les Anglais dirigèrent contre cette position, la clef de la défense, de fortes colonnes qui furent bravement repoussées par la valeureuse milice du pays et les troupes de garnison.

Après ces insuccès, les Anglais se rembarquèrent pour aller attaquer la Guadeloupe dont ils purent s'emparer, faute de secours dirigé à temps.

1762. Les Anglais, furieux d'avoir échoué dans leur expédition de 1759 contre notre île, y renvoyèrent une nouvelle expédition aux ordres du fameux amiral Rodney, et plus formidable que la première. Elle était composée de dix-huit vaisseaux de ligne, plusieurs frégates et autres bâtiments ayant à bord 14,000 hommes de débarquement. Ces forces avaient été réunies à la Barbade, position la plus voisine du but à atteindre.

Elle arriva devant la baie Ste-Anne, le 7 janvier 1762, pour y tenter un débarquement qui ne réussit pas. Le 16, le débarquement se fit entre la Pointe-des-Nègres et Case-Pilote ; 12,000 hommes marchèrent ensuite à l'attaque du morne Bourbon et celui de Tartenson, hauteurs qui commandent Fort-de-France ; et malgré les fortifications de campagne qu'on y avait pu faire, la bravoure des défenseurs, les mornes furent enlevés après une vigoureuse défense. Les troupes anglaises se portèrent ensuite contre Fort-de-France, située au pied de ces mornes, qui n'était plus tenable, et où le gouverneur Levassor de la Touche fut réduit à capituler pour se retirer à St-Pierre. Les Anglais se portèrent à sa suite devant cette ville ouverte et la cernèrent ; la défense étant impossible dans cette situation, il traita de la capitulation, le 12 février pour l'île entière.

La France, en perdant la Martinique et la Guadeloupe, perdait toutes les autres îles des Antilles et se privait du concours d'une population énergique.

1763. Pendant l'occupation anglaise, ce fut William Rufame qui fut le gouverneur de la Martinique. La paix se fit avec l'Angleterre et fut signée, le 10 février 1763. Le marquis de Fénelon, nommé gouverneur, fut chargé de la reprise de l'île qui eut lieu, le 11 juillet de cette année.

Les conditions de la paix furent très-dures pour la France, l'Angleterre obtenait tout ce qu'elle désirait : le Canada, l'Acadie, le cap Breton, les îles du St-Laurent, la Louisiane, la Vallée de l'Ohio, la Grenade, les Grenadines, la Dominique et St-Vincent. Ces deux dernières îles renfermaient les faibles restes de la population caraïbe.

On rendait à la France la Martinique et la Guadeloupe ; mais elle cédait le Sénégal à l'Angleterre qui lui permettait de reprendre l'îlot de Gorée, rocher stérile, mais ayant une bonne rade.

Ces pertes considérables restraignaient notre commerce et fondait la suprématie des intérêts anglais sur les nôtres. C'était humiliant, outrageant pour la France ; on n'avait jamais rien vu de semblable sous la monarchie des Bourbons.

L'Espagne, notre alliée, avait perdu l'île de Cuba, elle avait vu sa marine désorganisée, anéantie ; elle avait été aussi malheureuse que nous dans cette guerre ; mais on lui rendit Cuba ; les Anglais conservèrent les Florides enlevées sur l'Espagne.

Jusqu'ici, le gouvernement et l'administration de la Guadeloupe dépendaient du gouverneur de la Martinique ; après la paix, il n'en fut plus ainsi, chacune de ces îles fut gouvernée et administrée séparément.

Cette dépendance de la Guadeloupe lui avait été onéreuse ; les rapports avec la France et les autres pays étaient presque nuls à cause de l'obligation où elle était d'envoyer ses denrées sur les marchés de la Martinique et d'y acheter tous les objets de consommation dont elle avait besoin. Cette situation avait été motivée par la nécessité de la défense commune et par la possession de la Dominique, placée comme un trait d'union entre les deux îles ; mais du moment que cette dernière île appartient aux Anglais, la défense commune ne peut plus avoir lieu ; il est donc juste de laisser la Guadeloupe indépendante de la Martinique.

Cet ordre de choses réduisit cette dernière île à ses propres ressources ; les produits de l'île ne chargèrent plus que cent-vingt bâtiments du commerce dont la valeur donnait quinze à seize millions par an.

1765. Le comte d'Ennery est nommé gouverneur, il entre en fonctions le 20 mars 1765.

La prospérité revint avec la paix, les produits de l'agriculture allant toujours en augmentant, vinrent réparer les pertes essuyées pendant la guerre et faire revivre le temps où ce pays jouissait d'une suprématie commerciale sur les autres îles des Antilles.

1771. Le chevalier de Valière fut désigné pour succéder au comte d'Ennery dans le gouvernement de la Martinique, le 2 janvier 1771.

Depuis quelques années on s'occupait beaucoup de l'association des Jésuites en Europe et en Amérique où ils étaient fort répandus : le Portugal, la France et l'Espagne les avaient tour à tour chassés de leurs Etats qu'ils troublaient en s'occupant trop des choses temporelles.

A la Martinique, ils s'étaient lancés dans les affaires commerciales en faisant de la maison de leur ordre, à St-Pierre, un établissement de banque en correspondance avec les maisons les plus importantes de l'Europe et monopolisaient le commerce des petites Antilles. Le gouvernement, à la sollicitation des colons, leur avait défendu de s'occuper d'autre chose que de leur ministère éclésiastique ; mais ils n'en tinrent pas compte.

Il arriva que le père Lavalette, supérieur général dans les Antilles, ayant tiré des lettres de change sur Marseille, envoya des marchandises pour les couvrir qui furent enlevées par les corsaires anglais. La maison de banque demanda le remboursement des lettres de change aux Jésuites qui refusèrent de payer ; le père Lavalette, actionné en justice, fit défaut. Les juges et les créanciers donnèrent tout le temps de la réflexion aux Jésuites qui persistèrent dans le refus de paiement, se regardant comme au-dessus des lois humaines. Et le père Lavalette préféra faire banqueroute de plus de trois millions que de payer la maison de Marseille.

Le résultat de cette conduite fut que les Jésuites se rendaient partout odieux aux populations et aux gouvernements, qui finirent par les chasser de leurs Etats.

1772. Le chévalier de Valière ne resta qu'un an gouverneur, il fut remplacé par le comte de Nozières, le 9 mars 1772.

Le gouvernement avait reconnu dans la dernière guerre l'insuffisance des fortifications de notre île, qui était notre principal établissement dans ces parages, et que les milices et la garnison n'avaient pu tenir longtemps contre les forces supérieures de l'amiral Rodney, faute d'un refuge assuré permettant d'attendre des secours de France.

Après avoir étudié cette question de défense, il fut décidé que l'on saisirait le morne Garnier d'un fort à cause de sa situation élevée au-dessus de la ville de Fort-de-France. On ne pouvait qu'approuver un pareil projet qui augmentait notre puissance aux Antilles en assurant la possessions de l'île, de manière à forcer l'ennemi à faire un siége, ce qui est toujours une grosse affaire de guerre.

On construisit donc un fort composé de cinq bastions, deux demi-lunes et une lunette du coté de la campagne ; des bâtiments à l'intérieur furent élevés pour loger la garnison avec des magasins pour recevoir le matériel et les vivres nécessaires à la défense. Il fut nommé le fort Bourbon, et tel qu'il était construit et armé, on pouvait compter qu'avec la garnison suffisante, il ferait une résistance d'un mois à six semaine.

1774. En France, le roi Louis XV finit sa carrière. L'épuisement des finances, l'augmentation des impôts, l'influence des favorites avaient excité le mécontentement du peuple. Ce fut un roi faible, confiant et trop livré au plaisir, la corruption se développa sous son règne. Il favorisa cependant le commerce, l'industrie, les arts et les lettres. De grands écrivains marquèrent son règne, comme Voltaire, Montesquieu et Rousseau.

1776. Le comte d'Argout prit le gouvernement de la Martinique, le 25 mars 1776.

Le calme profond qui avait régné depuis la paix de 1763, commençait à s'effacer par le conflit qui venait de naître entre l'Angleterre et ses colonies d'Amérique, pour des impôts que le gouvernement voulait leur imposer. L'impôt sur le timbre et le droit sur le thé irritèrent vivement les Anglo-Américains qui créèrent un congrès pour demander le redressement des griefs, et s'armèrent de toutes parts pour repousser la force par la force. Enfin, le 4 juillet 1776, parut la déclaration d'indépendance des États-Unis d'Amérique publiée par le Congrès, et Georges Washington fut nommé général en chef de l'armée.

Cette révolution en Amérique agitait partout les esprits, et particulièrement en France où la haine de l'Angleterre subsistait toujours. On y voyait le moyen de rompre le traité de 1763 qui était humiliant pour nous, et de relever notre influence maritime. Mais le gouvernement français ne voulait pas faire la guerre à cause de l'infériorité de notre marine, et courir la chance de perdre le peu de colonies qui nous restaient. Influencé par ces idées, il temporisa tant qu'il put ; on aida les Américains en leur fournissant de l'argent, des armes et des officiers d'artillerie et du génie dont ils avaient le plus grand besoin. Mais tout cela ne suffisait pas, ils demandaient à grands cris l'alliance française qu'ils finirent par obtenir.

La rupture ayant eu lieu avec l'Angleterre, le gouvernement français fit partir une escadre, sous les ordres du comte d'Estaing, emportant un ambassadeur, M. de Raineval, qui était chargé de resserrer les liens d'alliance entre la France et les États-Unis.

On va voir notre pays s'engager dans une grande lutte, à ses risques et périls, dans le but d'aider les Américains à secouer le joug de leurs oppresseurs. Nation valeureuse et trop chevaleresque, elle n'avait en vue que la justice qui était du côté du plus faible contre le plus fort, et le désir de reprendre, s'il était possible, une revanche de nos défaites passées. Mais les Américains ont-ils jamais pensé à nous rendre un service équivalent à celui que nous allions leur rendre ? Nous ont-ils jamais tendu une main amicale dans nos revers ? Se sont-ils jamais exposés aux coups de nos ennemis comme nous nous sommes exposés nous-mêmes pour eux ? Hélas ! non. Au contraire : on a vu de nos jours surgir une réclamation sous Louis-Philippe, de vingt-cinq millions pour frais de prises sous le premier empire, et ils ont été nos ennemis cachés dans l'affaire du Mexique.

1777. Le marquis de Bouillé prend le gouvernement de la Martinique, le 5 mai 1777, avec le titre de gouverneur des îles Sous-le-Vent.

A son arrivée, il trouve les habitants dans la joie produite par les événements qui venaient de se passer dans l'Amérique du Nord. Homme d'un caractère ferme et décidé, il prépare tout de suite une expédition contre l'île de la Dominique, qui nous avait appartenue, et qu'il était nécessaire de reprendre, car elle était située entre la Martinique et la Guadeloupe. L'expédition ayant réussi, elle se porta ensuite sur Sainte-Lucie qui fut reprise également et reperdue bientôt. Le comte d'Estaing avec son escadre tenta vainement de la reprendre après.

1779. Au mois de juin, on reprit St-Vincent avec l'aide des Caraïbes, cruellement opprimés par les Anglais. Ensuite, d'Estaing se dirigea contre l'île de la Grenade, opéra une descente; et, dans la nuit du 3 au 4 juillet, il emporta d'assaut le Morne-de-l'Hôpital qui était la clef de la position.

Deux jours après une flotte anglaise, commandée par l'amiral Byron arrivait au secours de l'île qui venait d'être prise par les Français. Un combat naval s'ensuivit qui obligea les Anglais à se retirer.

L'année de 1779 avait été glorieuse pour nos armes, les noms de Bouillé et de d'Estaing avaient retenti sur mer et dans les îles où ils avaient vaillamment combattu, il reste à parler aussi d'un combat soutenu par Lamotte-Piquet, en vue de la Martinique : il osa, avec trois vaisseaux, s'engager contre quatorze pour défendre une flotille marchande dont il sauva la moitié ; puis il parvint à dégager ses trois vaisseaux du milieu de l'ennemi pour se retirer à Fort-de-France.

Il faut rendre justice aux Anglais : quand ils se trouvent dans une position qui réclame leur sollicitude, ils cherchent des hommes, qui, par leur caractère et leurs talents, puissent donner une bonne direction aux événements qui surviennent. Ainsi, au commencement de 1780, il se trouvait à Paris un Anglais de distinction et de talent, retenu en France pour dettes ; c'était l'amiral Rodney. Il dit un jour devant le maréchal Biron que, s'il était libre et à la tête de l'armée navale de son pays, il aurait bientôt détruit les flottes de France et d'Espagne. « Essayez, « Monsieur, répondit le maréchal, vous êtes libre ! « Et il paya ses dettes. » C'est un beau trait chevaleresque, mais peu réfléchi et qui devait coûter cher à la France.

A peine Rodney fut-il rentré en Angleterre, qu'il est mis à la tête d'une flotte de vingt vaisseaux, avec laquelle il balaya la mer des côtes d'Europe jusqu'aux Antilles. A son arrivée dans cette mer, il trouva à qui parler. La flotte française était commandée par Guichen, brave marin, qui avait succédé au comte d'Estaing. Rodney et Guichen en vinrent aux mains, le 17 avril 1780, dans les eaux de la Dominique. Les Anglais avaient vingt et un vaisseaux et les Français vingt-quatre. Après avoir manœuvré et combattu toute la journée, Rodney, qui avait le vent, cessa le feu et se retira pendant la nuit ; son vaisseau avait été mis hors de combat. Il alla à Ste-Lucie réparer ses ava=

ries, sa flotte ayant plus souffert que celle des Français. Un mois après une autre rencontre eut lieu sans amener de résultat décisif. Enfin, le 19 mai, l'avant-garde anglaise se trouva dans les eaux de la flotte française; le calme s'étant fait tout-à-coup on en profita pour cribler les sept vaisseaux qui la composaient. Ce ne fut que vers le soir que le gros de la flotte anglaise put secourir son avant-garde si maltraitée.

L'amiral Guichen payait cher sa gloire : son fils, lieutenant de vaisseau, était au nombre des morts de cette journée; mais il est glorieux de mourir ainsi pour son pays, et ce grand sacrifice a dû consoler son illustre père, le vainqueur de la journée.

CHAPITRE VII.

1781. Fort-de-France bloqué. — Arrivée de la flotte française. — Elle se rend aux Etats-Unis. —1782. Expédition contre St-Cristophe. — Ruse de guerre de l'amiral Hood. — L'amiral de Grasse laisse échapper les Anglais. — Rodney vient les renforcer. — La flotte française part pour St-Domingue. — Elle est attaquée et battue par les Anglais. — L'amiral de Grasse conduit en Angleterre. — 1783. Paix signée à Paris. — La France n'en retire aucun avantage. — Les Etats-Unis sont reconnus. — 1784. Le vicomte de Damas est nommé gouverneur.

1781. Au mois d'avril une flotte anglaise était venue bloquer Fort-de-France, elle était forte de dix-huit vaisseaux de guerre, commandée par l'amiral Hood ; on ne craignait pas de voir la place et l'île tomber au pouvoir des ennemis, parce que les fortifications étaient très-respectables depuis la construction du fort Bourbon, et qu'il aurait fallu faire un siége en règle pour s'en emparer ; mais l'absence de communication avec le dehors faisait peser une gêne morale et matérielle sur la population. Par un beau jour cependant, le 28 avril, on aperçut, du haut des mornes, une flotte qui cinglait droit sur celle des Anglais où il y avait beaucoup de mouvements. C'était celle qui venait de Brest et qui accompagnait un nombreux convoi de navires de commerce. L'amiral anglais voulait empêcher notre flotte d'entrer dans la baie de Fort-de-France en lui barrant le passage ; alors l'amiral de Grasse se mit en devoir de forcer le passage : après un combat de quelques heures, il introduisit sa flotte et son convoi dans la baie en se renforçant de quatre vaisseaux de guerre qui s'y trouvaient bloqués. De Grasse se trouvant à la tête de vingt-cinq vaisseaux contre les Anglais qui n'en avaient que dix-huit, se prépara à les attaquer le lendemain ; mais Hood, voyant qu'il avait affaire à des forces supérieures, jugea prudent de se retirer.

La joie fut grande à l'arrivée de la flotte de France et à l'idée de se trouver débarrassé des ennemis. Après en avoir imposé à l'ennemi par ses mouvements offensifs, de Grasse, avec sa flotte, se dirigea sur St-Domingue pour y prendre de l'argent et trois mille hommes ; puis il se rendit aux Etats-Unis où il devait combattre les Anglais.

1782. Après avoir pris part à plusieurs opérations pour aider les Américains des Etats-Unis à soutenir la guerre, de Grasse revint à la Martinique prendre le gouverneur Bouillé avec 6,000 hommes qu'il transporta sur ses vaisseaux à St-Christophe, berceau de la colonisation des Antilles, où l'expédition arriva, le 11 janvier 1782.

La garnison anglaise, qui ne s'attendait pas à pareille visite, abandonna la ville de la Basse-Terre pour se réfugier sur le morne fortifié de Brimstow-Hill, où l'on se mit en devoir de l'assiéger.

La flotte de Hood accourt à toute vitesse de la Barbade au secours de St-Christophe ; elle était composée de vingt-deux vaisseaux contre trente de celle des Français. L'amiral de Grasse, voulant profiter de sa supériorité pour écraser l'ennemi, se porte à la rencontre de celui-ci, et quitte la rade où il était ; Hood comprenant son intention, gagne la haute mer pour attirer de Grasse ; puis, par une habile manœuvre, il tourne la flotte française et va prendre sa place dans la rade que de Grasse venait d'abandonner.

L'amiral français, furieux d'avoir été joué ainsi, tâche de réparer sa bévue à force de témérité ; il attaque deux fois Hood dans cette position, il est repoussé deux fois et la flotte anglaise débarque un corps de troupe pour secourir les assiégés ; mais, heureusement, le général de Bouillé n'était pas homme à se laisser intimider, il marche aux Anglais, les culbute et les force à chercher un refuge sur leur vaisseaux.

Après cette action de vigueur, il revient reprendre le siége de la place qu'il force de capituler, sous les yeux de l'amiral anglais, le 13 février 1782.

Ce résultat obtenu, il s'agissait d'éloigner la flotte anglaise de St-Christophe. A cet effet, il fait dresser sur le bord de la mer des batteries pour battre la flotte de Hood, placée entre ces batteries et la flotte française ; dans cette position les Anglais étaient perdus s'ils avaient eu affaire à un autre amiral que de Grasse, qui eut l'incroyable aberration d'esprit de quitter sa position pour aller chercher des vivres en personne à l'île de Nièves, au lieu d'y envoyer ses frégates. Hood profita de ce départ pour s'échapper, toutes voiles dehors, en laissant les Français du rivage dans la stupéfaction.

Pour pallier cette faute incroyable, on allât prendre Mont-Serrat qui fit peu de résistance. Il ne restait plus aux Anglais dans la mer des Antilles que Antigoa, la Barbade et Ste-Lucie.

Le gouvernement d'alors était bien coupable de confier à un homme aussi peu habile des forces maritimes, qui auraient été la terreur des Anglais, si elles avaient eu à leur tête un homme comme le comte d'Estaing. La suite des événements fera connaître que l'honneur et les intérêts d'un pays doivent toujours être confiés aux mains des hommes les plus dignes et non à de méprisables favoris.

Bientôt l'amiral Hood fut rejoint par des forces importantes, venant d'Angleterre, aux ordres du fameux Rodney, qui prit le commandement en chef.

1782. Par ce renfort, les Anglais comptaient 38 vaisseaux, ils étaient donc supérieurs en force aux Français qui n'en avaient que 31. Mais on avait le projet de se réunir aux Espagnols, à St-Domingue, et par ce moyen en avoir cinquante; on devait aussi y prendre des troupes de débarquement pour aller attaquer la Jamaïque, l'île la plus importante des Anglais et l'une des grandes Antilles.

Il fallait donc, avant toute rencontre, opérer la jonction des deux flottes pour être supérieur en nombre aux Anglais; et toute la sagacité de l'amiral Français devait tendre à ce but, pour éviter un ennemi plus habile et plus fort; c'est ce qu'il ne sut pas faire, comme on va le voir.

Il mit à la voile, le 8 avril 1782, avec trente et un vaisseaux et un convoi de 150 voiles. Une pareille flotte était immense, il fallait donc une grande prudence pour éviter un choc avec l'ennemi. L'amiral de Grasse avait pour contre-amiraux Bougainville et Vaudreuil : c'étaient des hommes très-capables et qui avaient fait leur preuve ; on pouvait donc compter sur eux.

Rodney, qui avait juré notre perte, était à Ste-Lucie, à sept lieues de la Martinique, épiant le moment favorable pour joindre et attaquer notre flotte. Celle-ci filait avec un bon vent, un temps superbe, quand elle aperçut l'avant-garde anglaise; de Grasse n'a pas la sagesse de penser à l'embarras de son immense convoi, il combattit Hood qui la commandait. A la vue du corps de bataille, il se dégage vivement et se tire d'embarras pour cette fois. Dans la nuit du 11 au 12 avril, un vaisseau, commandé par son neveu, est endommagé, il ne pouvait plus suivre ; le plus simple était de l'abandonner à sa fortune ; mais de Grasse prend la funeste résolution de virer de bord pour secourir ce vaisseau retardataire. Cette détermination fut cause que les deux flottes se rapprochèrent, et qu'il fallut se défendre avec vingt-huit vaisseaux seulement contre trente-huit.

Le 12 avril, le combat commence à 7 heures du matin, à la hauteur du groupe des îles appelées Les Saintes ; et vers deux heures, Rodney, par la supériorité du nombre et de ses manœuvres, parvint à couper la ligne de bataille des Français qui ne pouvaient dès lors combattre avec ensemble ; on perdit quatre vaisseaux. La *Ville-de-Paris*, montée par de Grasse, lutta jusqu'à sept heures du soir contre quatre vaisseaux ennemis qui mutilèrent par leur feu ce vaisseau amiral. Enfin un cinquième vaisseau, celui de Hood, vint l'achever. Quelle amère ironie du sort ! se trouver écrasé par celui qu'on aurait pu détruire quelques jours auparavant, si on avait été plus habile !

Le malheureux de Grasse est obligé d'amener son pavillon et de se rendre prisonnier des Anglais. Il ne restait plus que trois hommes, sur la *Ville-de-Paris*, sans blessures, il avait le malheur d'être l'un des trois.

Les trophés de la victoire furent expédiés pour l'Angleterre où ils ne purent arriver, la tempête les ayant engloutis ; il ne resta que l'amiral de Grasse auquel la population de Londres fit un certain accueil pour le consoler.

Cette victoire navale releva l'audace de nos ennemis dans les Antilles où l'on craignait leurs violences et leur rapacité. Avec un chef plus habile, on aurait fait jonction avec les Espagnols à St-Domingue, les deux flottes réunies auraient été maîtresses de la mer, et Rodney avec la sienne aurait été contraint de se cacher dans quelque port anglais, et une grande humiliation eût été épargnée à la France.

1783. Des idées de paix surviennent dans le cabinet anglais : lord North avait été forcé de donner sa démission par l'opposition qui ne voulait plus continuer la guerre, et voulait reconnaître l'indépendance des Etats-Unis d'Amérique. Les plénipotentiaires se réunirent à Paris, signèrent les préliminaires le 20 janvier et le traité définitif le 3 septembre ; la France, l'Espagne et les Etats-Unis d'une part et l'Angleterre de l'autre. Le traité ne comprit pas la Hollande ; on la punissait de n'avoir pas apporté un concours satisfaisant à combattre l'ennemi commun en montrant de la mauvaise volonté.

La France retira peu de fruits d'une guerre dans laquelle elle s'était épuisée. Louis XVI et son ministre Vergennes n'eurent point souci des intérêts français en consentant à prendre pour base l'infâme traité de 1763. En ce qui concerne les colonies, le cabinet de Versailles fut tristement mou et indifférent en n'exigeant pas la restitution de la Dominique qui n'a d'importance que pour nous, par sa situation entre la Martinique et la Guadeloupe. Le cabinet anglais restitue Ste-Lucie et Tabago, et l'on a la sottise de rendre la Grenade, St-Christophe et Mont-Serrat qui avaient été conquis par le général de Bouillé sur les Anglais.

Les Etats-Unis furent reconnus indépendants grâce à notre concours et à celui de notre alliée, l'Espagne. L'objet principal de la guerre était atteint et nous coûtait plus de quinze cent millions ; les Etats-Unis nous ont-ils jamais rendu un service aussi dévoué et aussi coûteux ? L'Angleterre, nation haineuse et jalouse, était humiliée cette fois ; elle ne méritait aucun égard pour avoir offert tour à tour à l'Espagne et aux Américains de se liguer pendant la guerre contre nous.

1784. Le vicomte de Damas est nommé gouverneur, le 3 mai, en remplacement du général de Bouillé, dont il était le second. Pendant son séjour dans les Antilles, ce dernier s'était distingué par sa capacité et par sa conduite vigoureuse dans les expéditions pour reprendre les îles de St-Christophe, Mont-Serrat et la Grenade.

CHAPITRE VIII.

1789. Système politique d'alors. — 1,500,000 millions de déficit. — Les colonies désirent la liberté. — St-Pierre prend les trois couleurs. — 1790. Les soldats les prennent aussi. — Collision à St-Pierre. — Chaque colonie autorisée à faire connaître son vœu. — Damas est renommé gouverneur. — Importations et exportations de la Martinique. — On fait les élections. — Collision entre la milice blanche et noire à St-Pierre. — Celle-ci fait sa soumission. — Le parti de St-Pierre et celui des planteurs. — Troubles à St-Domingue. — Arrestations au sujet des troubles de St-Pierre. — On veut expulser les coupables de la colonie. — Les soldats demandent leur grâce. — Elle est refusée. — Le parti de St-Pierre et les soldats se révoltent. — Le colonel Chabrol et Dugommier à leur tête. — Les volontaires accourent des autres îles. — On délivre les prisonniers. — L'autorité se retire au Gros-Morne. — Le conseil colonial formule sa déclaration politique. — Les deux députés de la Martinique à la Constituante. — Les deux députés du parti de St-Pierre. — Situation des deux partis. — Grave affaire de guerre du Lamentin. — Proclamation du gouverneur. — Ruste et Corio, députés, protestent contre. — Députés des autres îles venant concilier les partis. — Les insurgés se soumettent. — Arrivée de navires de guerre. — Personnes expulsées de l'île. — Etat de gêne et de souffrance. — La Constituante se fait rendre compte de la situation. — Barnave propose des mesures pour toutes les colonies des Antilles.

Le système politique qui régissait la France depuis longtemps était celui-ci : le roi au sommet, la noblesse et le Tiers état formant trois ordres. La royauté était discréditée et sans force ; la noblesse était dépravée ; elle ne connaissait que ses priviléges, sans tenir compte de ses devoirs. Les prêtres, qui avaient des priviléges comme les nobles, étaient riches ; mais insensibles aux maux de l'Etat et du peuple. Le Tiers état était pauvre, ignorant et privé de liberté dans les campagnes ; dans les villes, il avait de l'aisance et de l'instruction ; c'était le Tiers état qui supportait le fardeau de l'Etat par l'impôt et le recrutement.

La guerre d'Amérique avait coûté quinze cent millions ; il en résultait un déficit énorme que Louis XVI voulait combler. On lui conseilla de convoquer les Etats généraux pour arriver à l'égalité de l'impôt ; mais les nobles et les prêtres n'entendaient pas qu'on touchât à leurs priviléges ; tandis que le Tiers état entendait tout réformer en se transformant en assemblée constituante : dès ce moment la Révolution commençait.

Les colonies, qui étaient régies par ordonnances, partageaient le désir général de liberté, mais sans y faire arriver les hommes de couleur ; elles avaient les yeux fixés sur la Constituante pour savoir quels changements politiques on apporterait à leur situation particulière.

Un jour du mois de septembre, un navire apporte la nouvelle de la prise de la Bastille et que les Français avaient arboré les trois couleurs. Alors les habitants de St-Pierre imitent cet exemple, malgré l'opposition du gouverneur de Vioménil, et marchent en triomphe à l'église pour les faire bénir.

Après cet acte, une assemblée générale eut lieu pour nommer des députés à la Constituante et réformer l'assemblée coloniale de 101 à 81 membres. On y décida aussi la formation des municipalités dans les paroisses. En même temps, une assemblée particulière à St-Pierre demande à jouir d'une certaine prépondérance à cause de son commerce et de sa population. Mécontente de n'être pas écoutée, elle fait scission avec les autres assemblées de l'île.

L'assemblée coloniale, s'emparant de l'administration, fait des règlements pour rendre le commerce libre avec l'étranger. Les commerçants des villes n'y trouvant pas leur compte, réclament ; n'obtenant pas ce qu'ils désirent, les esprits se montent de part et d'autre ; d'où résulte une haine profonde entre les villes et les campagnes.

1790. Des travaux de défense ayant été exécutés par des soldats d'artillerie, ils ne furent point satisfaits du paiement que leurs chefs leur firent obtenir à cette occasion et se mettent en révolte en demandant au gouverneur, de Vioménil, une plus forte rétribution, que celui-ci accorda. Ces soldats donnèrent une fête, le 7 février, aux troupes de ligne et arborèrent le drapeau tricolore.

Vers ce temps, les esprits étaient agités et portés à la violence ; il y eut des collisions entre la troupe et les habitants de St-Pierre. Des combats particuliers s'en suivirent et amenèrent le départ de la troupe. Les habitants s'emparent alors des batteries et des magasins à poudre, et se rendent maître de la ville. L'alarme fut si grande que les navires marchands levèrent l'ancre et prirent le large pour empêcher leurs équipages de prendre part à ce mouvement populaire.

Le 10 mars, il paraît une proclamation faisant connaître le décret de la Constituante, d'après lequel chaque colonie est autorisée à émettre son vœu sur la constitution, la législation et l'administration qui conviennent le mieux à la prospérité des habitants, en se conformant, toutefois, aux principes généraux qui attachent les colonies à la métropole.

Le gouverneur, M. de Vioménil, mécontent de sa position et de la tournure que prenait la Révolution, avait demandé son remplacement, qui se fit, le 6 mars, par M. le vicomte de Damas, qui avait déjà été gouverneur pendant plusieurs années, et qui connaissait parfaitement le pays.

Malgré la situation morale des esprits, toujours prompts à s'enflammer par les nouvelles apportées par les navires venant de France, la prospérité agricole et commerciale était en progression. Les exportations s'élevèrent cette année à 31,500,000 fr. et les importations à 12,500,000 fr., ce qui faisait un mouvement commercial de 44,000,000 fr. La population libre et esclave se montait à 99,000 individus.

A aucune époque, on n'était arrivé à une situation aussi prospère ; mais qui ne devait pas être d'une longue durée.

Les élections eurent lieu pour former l'assemblée coloniale, chargée de manifester le vœu de la colonie à la Constituante, vingt-sept paroisses y prirent part, et vingt opinèrent pour que les mêmes membres continuassent à former cette assemblée ; sept paroisse votèrent pour leur renouvellement.

Le gouverneur est l'assemblée, forts de cet appui, déclarent les élections bonnes et valables ; la majorité faisant loi pour tout le monde. Parmi ces sept paroisses opposantes se trouvaient la ville de St-Pierre et les bourgs environnant qui refusèrent de reconnaître cet état de choses en criant au despotisme, à l'injustice, et en appelant les autres colonies à leur secours.

Le gouverneur et l'assemblée coloniale ne voulurent pas obliger ces récalcitrants à reconnaître de force ce qui était fait, on temporisa avec eux ; quand une circonstance grave vint faire connaître qu'il n'y avait rien à attendre de leur bonne volonté.

Le jour de la Fête-Dieu, au mois de juin, la milice blanche de la ville de St-Pierre ne voulait pas admettre à la procession la milice noire par esprit de caste ; celle-ci persiste à vouloir y assister en armes ; alors les blancs et les noirs s'animèrent si fort les uns contre les autres, qu'une collision eut lieu dans laquelle plusieurs personnes furent tuées et blessées. Les blancs, furieux de la résistance des mulâtres, en saisirent trente-quatre qu'ils pendirent.

Cette mauvaise affaire acheva de bouleverser l'esprit des habitants en les poussant à méconnaître l'autorité du gouverneur et de l'assemblée coloniale qui les engageaient à rentrer dans le devoir. Les avertissements devenant inutiles, on fut obligé de faire des préparatifs militaires pour les contraindre par la force.

M. de Pontèves, commandant la station navale, fut chargé d'investir la ville par mer avec le vaisseau l'*Illustre* et deux bricks de guerre. Le gouverneur organise en même temps un corps de troupes composé de 700 blancs, de 1,400 mulâtres et de troupe de ligne, du régiment de la Martinique, avec de l'artillerie. Ce corps fut embarqué, et descendu à terre au Carbet, marcha sur St-Pierre. Arrivé près de la ville, le gouverneur parlementa avec le maire pour l'engager à laisser entrer les troupes et à reconnaître son autorité. Le maire et son conseil y consentirent à condition que le corps de mulâtres n'y entrerait point, ce qui fut accordé. A la suite de cette affaire, la milice des communes, qui avait soutenu la révolte, fut dissoute par un arrêté du 16 juillet 1790.

Le calme ne se rétablit pas pour cela ; les assemblées, espèces de clubs, poussaient les esprits au désordre, sous prétexte que le gouverneur et l'assemblée coloniale, composée en majorité de planteurs, faisaient trop sentir leur pouvoir en protégeant les mulâtres et les noirs.

Le parti de St-Pierre et celui des planteurs s'accentuaient davantage en s'aigrissant l'un contre l'autre ; le premier entendant la liberté à sa manière et ne voulant pas se soumettre à l'autre, ni au gouvernement.

Du reste, dans ce temps où la société était fort troublée, il n'y avait pas qu'à la Martinique où le désordre existât : à St-Domingue, des dissentiments graves existaient aussi entre les blancs et les gens de couleur, entre le gouverneur et l'assemblée du Nord qui voulait s'emparer de l'autorité pour se soustraire à la métropole.

Il n'est pas étonnant que les hommes qui habitent ces climats, soient portés à se regarder comme devant jouir d'une indépendance des plus larges, à cause de leur caractère altier et fier, et habitués qu'ils sont à des préjugés de supériorité à l'égard de ceux qui ne possèdent pas, ou bien à l'égard de ceux d'une autre couleur pour lesquels ils professent un suprême dédain.

Après avoir exposé quelques réflexions sur la situation du moment, il faut continuer à dérouler, aux yeux du lecteur, les événements qui se succédèrent à la Martinique.

L'autorité ayant repris ses droits sur St-Pierre, son devoir était de rechercher les auteurs de l'échauffourée de la procession de la Fête-Dieu. Beaucoup de blanc furent arrêtés et mis en cause pour cette affaire. Une commission militaire fut chargée d'examiner la part de chaque accusé. Ceux qui furent reconnus innocents recouvrèrent leur liberté. Il en restait environ cinquante qui furent considérés comme coupables, que l'on conduisit au fort Bourbon en attendant que l'assemblée coloniale et le gouverneur eussent pris un parti à leur égard.

Cette assemblée, après avoir examiné le dossier de chaque détenu, décida qu'ils devaient tous être expulsé de la colonie. En conséquence le gouvernement fut invité à l'exécution de cette mesure, en frétant un bâtiment pour les transporter en France. Parmi ces malheureux, qui allaient être forcés de quitter leurs foyers, se trouvaient des commerçants, des industriels ayant une famille à soutenir et des intérêts à surveiller, que l'esprit de parti avait poussé au crime par un mouvement d'orgueil mal compris, mais qui était expliqué par les préjugés du pays.

A cette époque, où les demandes et les pétitions étaient de mode, les soldats de la garnison, influencés par les habitants, demandèrent au gouverneur l'élargissement des prisonniers. Le gouverneur Damas ne voulant pas prendre seul la responsabilité de grâcier des hommes coupables, fit transmettre cette demande au Conseil colonial en lui disant qu'il était peut-être temps d'user de clémence et d'humanité envers les prisonniers dont la plupart avaient femmes et enfants ; et que, dans tous les cas, il serait convenable de ne faire sortir du pays que les plus coupables.

Le Conseil revit cette affaire et trouva la demande faite par les soldats inacceptable, l'avis du gouverneur une marque de faiblesse, et conclut de nouveau à l'expulsion des prisonniers.

A cette nouvelle, le parti de St-Pierre et les soldats gagnés par lui, se décidèrent à s'insurger plutôt que de laisser partir le bâtiment qui devait transporter les prisonniers en France. Or, ce départ était fixé au 2 septembre, les insurgés choisirent le 1er septembre pour délivrer les prisonniers.

A la tête de la révolte il y avait des personnages qui exerçaient une certaine influence : le colonel Chabrol, commandant le régiment de la Martinique ; Dugommier, commandant les volontaires de la Guadeloupe, le même qui devint général en chef et fut tué à l'armée des Pyrénées.

Parmi les volontaires, il y avait 250 hommes appartenant au régiment de la Guadeloupe, et l'on ne comprend pas bien pourquoi le gouverneur de cette île avait pu permettre l'envoi d'une force aussi importante pour soutenir les habitants de St-Pierre dans leur révolte ; mais il faut dire qu'à cette époque tout était confusion ; car il vint des volontaires et des soldats de Ste-Lucie et de Tabago pour soutenir les insurgés contre le gouverneur général des îles.

Enfin, le 1er septembre, les troupes et les volontaires se mettent en révolte ouverte : le colonel Chabrol et Dugommier sont à leur tête, on délivre les cinquante prisonniers détenus au fort Bourbon. Le général Damas en apprenant ce mouvement, quoique malade, se porte de sa personne à la porte du fort St-Louis où la garde lui en refuse l'entrée, méconnaît son autorité et l'oblige à se retirer avec les officiers qui l'accompagnent. Cet acte de révolte se passait vers le soir ; peu après l'artillerie se met à tirer sur la ville et les navires en rade, qui furent forcés de fuir devant cette agression inattendue. Les révoltés s'emparent ensuite de la ville, dont M. Tascher de la Pagerie était maire, en exigeant toute espèce de fournitures comme dans une ville conquise !

Dans cette pénible situation, le gouverneur, les autorités prennent le parti de fuir devant l'orage en se retirant au Gros-Morne, bourg placé au centre de l'île où se réunirent les troupes restées fidèles et les milices blanches et noires. Ainsi que cela a été déjà dit, le gouverneur Damas était très-malade ; l'influence du climat, la responsabilité des événements avaient fortement ébranlé sa santé.

Pendant ces troubles, l'assemblée coloniale avait

formulé la déclaration relative à l'état politique nouveau, qui devait servir à gouverner le pays.

Elle était conçue dans un esprit libéral, et avait pour base la liberté et le gouvernement par le pouvoir législatif et exécutif ; mais en ce qui concernait les esclaves et les affranchis, elle émit le vœu que la Constituante ne prit jamais de décisions sans l'assentiment de l'assemblée coloniale ; elle terminait cette déclaration par le serment de fidélité à la nation, à la loi et au roi.

Il existait près de la Constituante deux députés de la Martinique, c'étaient MM. Blanchetière et Dillon ; ce choix était convenable, ces hommes avaient l'esprit droit et ferme. Le parti de St-Pierre avait aussi envoyé deux députés à la Constituante, c'étaient MM. Ruste et Corio.

Les deux partis s'attaquaient et se défendaient dans les journaux du temps. Le *Moniteur* de 1790 contient des lettres et des articles de ces députés qui jettent un grand jour sur les événements de la Martinique.

L'assemblée coloniale tenait ses séances près du général Damas, toujours malade et peu capable d'agir par lui-même dans une circonstance aussi critique. Il était secondé par le général Damoiseau pour les détails du service ; celui-ci était parvenu à réunir 4 à 5,000 hommes de troupe et de milice.

La position du Gros-Morne était élevée et facile à défendre, on avait une communication directe avec la mer par le port de la Trinité où se trouvaient des bâtiments de la marine ; militairement parlant, on dominait le pays, et l'on pouvait attendre les événements.

Le parti de St-Pierre cherchait de son côté des éléments de force dans les exaltés de tous les pays pour vaincre le parti de la résistance ; il disposait d'une grande partie du régiment de la Martinique, d'une compagnie d'artillerie et des volontaires venus des autres îles.

Cependant, la situation était devenue inquiétante pour Damas, à cause des vivres qui manquaient, les révoltés ayant armé treize navires pour bloquer les côtes et le port de la Trinité ; mais elle devait bientôt changer. Damas apprit qu'une expédition se préparait pour s'emparer du Lamentin, situé à trois lieues de Fort-de-France, il fit ses dispositions pour la surprendre dans les défilés. En effet, Dugommier, à la tête de 1500 hommes, s'étant engagé, le 25 septembre, dans la direction du Lamentin, qu'il voulait prendre, fut surpris par des forces supérieures dans un passage étroit où il ne pouvait se déployer, perdit 400 hommes et fut contraint de se retirer.

Ce même jour, un corps de 500 hommes de milice était sorti de St-Pierre pour opérer une diversion, il était commandé par Bacquier, négociant ; celui-ci ayant appris le triste sort de la colonne de Dugommier, s'empressa de rentrer avec la sienne.

Le lendemain de cet avantage, le général Damas fit une proclamation assez longue pour rappeler les révoltés à leurs devoirs, et justifier en même temps la conduite de son gouvernement près de la Constituante. Il rappelle dans ce document que l'assemblée coloniale a été formée régulièrement et qu'on lui doit obéissance. Il reproche au parti de St-Pierre d'avoir gagné les soldats par les moyens les plus vils ; ensuite de s'être emparé des forteresses, en avoir fait jouer l'artillerie contre la ville et les bâtiments du roi ; d'avoir appelé les citoyens des îles voisines et les brigands de toutes les Antilles, et commis des pillages sur les habitations ; d'avoir attaqué des citoyens réunis pour leur défense légitime,. et couvert la mer de pirates pour intercepter les communications. A la fin de cette pièce, il promet amnistie à tous ceux qui rentreront dans le devoir et reconnaîtront l'autorité légitime.

Les députés de St-Pierre, Ruste et Corio, à Paris, protestèrent contre cette pièce pour contre-balancer l'effet qu'elle produirait sur l'Assemblée nationale et dans le public. Dans leur protestation, ils prétendent que la proclamation de Damas n'est qu'un tissus de faussetés ; et ils espèrent que les auteurs des troubles seront connus par l'investigation des commissaires, que l'Assemblée nationale devait envoyer dans les îles à cet effet.

Ils vont jusqu'à dire : « les commissaires décide-

« ront qui de M. Damas ou de M. Chabrol a réelle-
« ment défendu les intérêts de la nation. »

La fermeté de l'assemblée coloniale et du général Damas ne justifiait pas la révolte contre l'autorité légale. Il était bien plus convenable de faire réclamer à Paris, par les deux députés de St-Pierre, si l'on trouvait que la conduite du gouvernement de la Martinique était injuste. On préféra, au lieu d'user de prudence, essayer de l'emporter de haute lutte : là est la condamnation du parti de St-Pierre, qui cherchait un triomphe contre les planteurs sans se soucier des suites graves qu'engendrent les guerres civiles. C'est dans ce sens qu'une réponse fut faite par les députés de la Martinique à l'Assemblée nationale.

Après le combat du vingt-cinq septembre, dans les défilés du Lamentin, les troupes de Dugommier rentrèrent à Fort-de-France et gardèrent une attitude d'observation qu'elles n'auraient jamais dû quitter, si elles avaient été commandées par des hommes de bons sens.

Cet état de choses ne pouvait durer, une fois bien connu des Antilles environnantes, dont la Martinique était comme la capitale. En effet, des députés arrivèrent des autres îles, pour s'entremettre et tâcher de réconcilier les partis. Ceux de la Guadeloupe surtout insistèrent pour une prompte solution dans le but de ramener la paix et la tranquillité. Le gouverneur et l'assemblée coloniale ne demandaient pas mieux que d'en finir le plus tôt possible, pourvu que leur honneur et leur autorité fussent sauvés. Il y eut des négociations avec les insurgés ; on obtint d'eux les conditions suivantes : 1° les troupes rentreraient dans l'ordre et la discipline ; 2° les forts seraient rendus à l'autorité ; 3° les volontaires et les troupes venus des autres îles y rentreraient.

Pendant les hostilités, il était arrivé de France, fort à propos, un vaisseau de guerre, la *Ferme*, et une frégate, l'*Embuscade*. Des tentatives furent faites près des équipages pour les engager à se joindre au parti de St-Pierre, mais une députation de chaque bâtiment, ayant pris connaissance au Gros-Morne de la situation des choses près de l'assemblée coloniale et du gouverneur, les équipages de ces deux bâtiments déclarèrent y adhérer et firent en même temps l'offre de leurs concours ; puis se mirent en devoir de donner la chasse au treize corsaires de St-Pierre qui s'empressèrent de laisser les côtes libres.

La conséquence de la soumission des insurgés fut qu'une certaine quantité de personnes, tant civiles que militaires, furent contraintes de quitter l'île pour avoir pris part à ces troubles ; elles furent embarquées sur un bâtiment qui fut dirigé sur un port de France.

La guerre civile avait amené un état de gêne et de souffrance dans ce pays ; le commerce et les cultures étaient anéantis ; beaucoup de champs et d'habitations avaient été ravagés par l'incendie, qui s'étend facilement dans un climat aussi chaud. Enfin, on était sans approvisionnement pour nourrir les habitants et exécuter les plantations nécessaires à l'avenir. Jamais la situation de la colonie n'avait été aussi misérable !

La Constituante fut informée de cet état de choses par le Comité de la marine et des colonies, Barnave fut désigné pour lui en faire un rapport circonstancié ; il le présenta, le 29 novembre 1790, en concluant que Damas avait agi en chef de parti, pour n'avoir pas su tenir la balance entre les planteurs et les commerçants. Il propose la dissolution des assemblées coloniales des colonies, à cause des troubles qui y existaient, l'envoi de troupes et de commissaires avec des pouvoirs étendus sur les autorités et les habitants pour rétablir l'ordre et la tranquillité.

CHAPITRE IX.

1791. Situation du roi. — Il accepte la constitution. — L'Angleterre attise le feu. — Deux partis dans les colonies. — Les gens de couleur deviennent citoyens. — Les blancs sont mécontents. — Arrivée de M. de Béhague et de quatre commissaires. — Tribunal de conciliation. — Départ des commissaires. — Les marins de l'*Embuscade* se révoltent. — 1792. La Législative succède à la Constituante. — Déclaration de guerre à l'Autriche. — Le roi forcé de se coiffer du bonnet rouge. — Journée du 10 août. — Le roi de Prusse pénètre en France. — Le maximum. — Guerre civile à St-Domingue. — Décret du 4 avril 1792. — Envoi de commissaires dans les colonies.— Emeute à Fort-de-France. — Arrivée de Rochambeau, il fait voile pour St-Domingue où il soulève la population contre le gouverneur. — Mission du capitaine Lacrosse aux îles du Vent.

1791. Les événements qui s'accomplissent en France ont aussi leur retentissement dans les colonies où les partis ressentent leur influence. A Paris le pouvoir royal, miné de toutes parts, croule peu à peu. Le roi Louis XVI n'est plus libre. Fatigué de vivre ainsi dans une situation intolérable, il fuit le 20 juin pour être arrêté à Varennes et ramené à Paris. Sa déchéance, proposée à la Constituante, n'est pas acceptée ; mais le peu de pouvoir qu'il a encore lui est ôté, et son palais est devenu une prison.

Une émeute a lieu au Champ-de-Mars, provoquée

par les Jacobins pour renverser le roi et la Constituante. On ne voulait plus de roi ni d'Assemblée nationale ; ainsi un parti pousse l'autre, lorsqu'il n'y a plus de barrière pour les séparer.

La constitution est cependant achevée et acceptée par le roi ; alors la Constituante se sépare après son œuvre achevée ; elle est remplacée par la Législative dans laquelle domine des idées de république. La guerre civile commence dans plusieurs provinces en faveur du roi et des prêtres.

L'Angleterre attise nos troubles pour tâcher d'en profiter ; son influence est grande sur l'Europe qu'elle mène à sa guise ; la haine qu'elle porte à la France lui fait faire des préparatifs dont elle se servira quand le moment favorable sera venu ; en attendant elle emploie son or pour nous nuire.

Dans les colonies, deux partis se forment par l'effet de leur situation sociale : celui des royalistes, composé de blancs, et celui des gens de couleur, aspirant à la liberté et à l'égalité. Ces derniers demandaient à la Constituante, par des pétitions, leur assimilation aux blancs.

Le Comité des constitutions reçu l'ordre de s'occuper de leur demande et M. Delâtre, rapporteur, rendit compte, le 7 mai 1791, qu'il était nécessaire de pourvoir à la situation politique des colonies, et qu'il fallait convertir en loi, l'initiative réservée aux assemblées coloniales sur l'état des personnes, et ordonner une assemblée générale des colonies qui exprimerait le vœu sur la forme à donner à leur constitution.

Les députés des colonies et bon nombre de bons esprits, pensaient et parlaient dans ce sens ; mais Pétion, Robespierre et d'autres demandaient qu'on déclarât les hommes de couleur susceptibles de jouir des droits de citoyen. C'est à cette occasion que Robespierre s'est écrié dans son discours: « Périssent « les colonies plutôt qu'un principe! » Le résultat de ce début fut favorable aux gens de couleur qui furent déclarés aptes à jouir des droits de citoyen, si d'ailleurs ils réunissaient les conditions voulues pour être électeurs.

Après ce vote énergique qui ôtait aux assemblée coloniales l'initiative de s'occuper de l'état politique des hommes libres, les députés des colonies se trouvant choqués de cette décision de la Constituante, écrivirent au président qu'ils n'assisteraient plus aux séances, parce qu'à leurs yeux c'était une usurpation commise par l'Assemblée sur leurs droits.

Du reste, les gens de couleur avaient mis tout en œuvre pour réussir dans cette affaire. Une députation avait été envoyée à Paris, et un nommé Raymond, mulâtre, en était le chef. Il fut admis à la barre de la Constituante pour exposer leur cause qui est curieuse à lire dans le *Moniteur* de cette époque. Ce mulâtre, de St-Domingue, fait reposer l'importance des gens de couleur sur leur nombre, les intérêts qu'ils représentent, les services rendus au pays et qu'ils peuvent rendre encore. Mais il ne se contente pas de faire l'éloge de ses semblables, il s'emporte jusqu'à déverser le mépris, la haine sur les blancs, qu'il représente comme des tyrans à leur égard, ne connaissant que leurs intérêts et ne méritant pas d'être écoutés; enfin l'intérêt général exigeait que les gens de couleur devinssent les égaux des blancs.

On voit que les idées marchaient rapidement vers une transformation sociale, aussi bien dans les colonies qu'en France. Jusqu'ici, il n'y avait pas grand mal à accorder des droits de citoyen à des hommes libres de fait ; mais il eût été sage à la Constituante de s'arrêter à cet échelon social, et ne point accorder plus tard une liberté prématurée aux noirs esclaves, qui devaient en abuser cruellement contre leurs anciens maîtres et notre patrie.

Les blancs des Antilles furent très-mécontents de ce décret qui assimilait les gens de couleur à eux-mêmes; ils les regardaient comme des enfants illégitimes indignes de jouir d'un aussi grand bienfait. Cependant rien n'était plus naturel et plus juste d'accorder des droits politiques à ceux qui étaient nés de parents libres, et ne se trouvaient sous le coup d'aucune condamnation judiciaire. Dans cette circonstance, la race blanche entendait mal ses intérêts ; elle ne voyait que de l'humiliation là où elle aurait dû voir un élément de force, qu'il était politique de s'associer pour maintenir les noirs dans le respect. La force de l'habitude, les préjugés et le mépris l'emportèrent sur la raison et l'intérêt bien entendu des blancs.

A cette époque, la population de couleur avait déjà de l'importance ; car on comptait 28,000 âmes à St-Domingue, 4,000 à la Martinique et autant à la Guadeloupe. Ils possédaient généralement des moyens d'existence ; ils avaient de l'ordre, de l'activité et formaient, par conséquent, un contingent de forces sociales, qui avait bien sa valeur.

La ville de St-Pierre, quoique soumise à l'ordre légal, n'en conservait pas moins des sentiments hostiles contre l'assemblée coloniale et son comité ; ce qui le prouve, c'est son empressement à faire parvenir au gouverneur une copie du décret du 29 novembre 1790, concernant la suspension des assemblées coloniales et l'envoi de commissaires spéciaux, pour remédier aux maux dont les colonies souffraient, ainsi qu'on l'a vu au chapitre précédent. La députation chargée de cette communication reçut une réponse raisonnable du gouverneur, qui ne pouvait agir avant d'être informé officiellement.

On n'eut pas longtemps à attendre pour savoir à quoi s'en tenir à ce sujet ; car le 12 mars une escadre, commandée par M. de Girardin, mouilla dans la rade de Fort-de-France. Elle amenait un nouveau gouverneur, M. de Béhague, avec les quatre commissaires de l'Assemblée nationale : Lacoste, Maguylot, Mondax et Linget. Elle amenait aussi des troupes pour remplacer les autres qui avaient manqué à leur devoir en s'unissant aux révoltés contre l'autorité.

A leur débarquement, à Fort-de-France, les commissaires furent bien accueillis par les habitants ; ils trouvèrent les esprits un peu calmés, mais divisés ; car on portait la cocarde tricolore ici, et au Gros-Morne on portait la cocarde blanche.

Le nouveau gouverneur et les commissaires se mirent en devoir d'étudier l'esprit public pour connaître ses aspirations, et reçurent les réclamations qui leur étaient présentées. Et en même temps, ils firent embarquer pour la France les régiments de la Martinique et de la Sarre auxquels toute communication avait été interdite avec les troupes qui venaient les remplacer, pour ne pas leur communiquer l'esprit d'indiscipline dont ils avaient fait preuve. Ensuite, s'étant concertés pour ramener l'harmonie dans les esprits, ils s'arrêtèrent à la formation d'un tribunal de conciliation auquel les réclamations seraient adressées ; et, par une proclamation, du 8 avril, ils défendirent les attroupements et rassemblements. Les esclaves reçurent l'ordre de rentrer chez leurs maîtres et de déposer les armes dans les arsenaux, et les gens de couleur eurent la permission de porter la cocarde aux trois couleurs.

Ces mesures prises par des hommes fermes, voulant arrêter l'esprit d'anarchie, produisirent bon effet : les colons et les esclaves obéirent avec empressement ; chacun reprit ses occupations habituelles, et, le 24 novembre, les commissaires, voyant la tranquillité rétablie, prirent la résolution de s'embarquer pour la France.

Si la tranquillité était revenue dans l'île, il n'en était pas de même parmi les bâtiments de guerre qui composaient la station ; les marins de la frégate l'*Embuscade* ayant demandé à prendre la cocarde tricolore, et ayant éprouvé un refus du commandant, ils s'insurgèrent contre leurs officiers. Le gouverneur en fut très-contrarié et se vit dans la nécessité de donner l'ordre à ce bâtiment de faire voile pour la France. Alors, comme aujourd'hui, on se mettait de mauvaises affaires sur les bras ; il était bien simple d'accorder aux marins ce qui était permis à tous les colons.

1792. La Constituante, après avoir changé la forme politique de la France, avait fait place à l'Assemblée législative. Cette assemblée avait été élue par l'opinion du moment qui était républicaine, et il s'agissait de faire marcher une monarchie constitutionnelle avec des républicains, c'était chose difficile.

La Législative, obéissant à ses sentiments, se mit en hostilité avec le roi en lui restreignant ses prérogatives, et en lui manquant de respect. Le roi essaya de résister, mais inutilement. Il prit un ministère qui convenait à la majorité : Roland et Dumouriez en faisaient partie, et, pour lui plaire, il se décide à déclarer la guerre à l'Autriche ; malgré cette condescendance, on lui ôte sa garde constitutionnelle, et l'on forme un camp sous Paris contre lui. Il renvoya son ministère, par mécontentement, pour en prendre un autre ; la Législative déclare que les ministres sortants emportent les regrets de la patrie. A la suite de ce changement, une émeute se porte aux Tuileries et force le roi à se coiffer du bonnet phrygien.

Pétion, maire de Paris, est accusé d'avoir laissé faire ; il est suspendu de ses fonctions ; mais il est replacé par la Législative. Tout marche de confusion en confusion, Lafayette revient de l'armée pour prendre le parti du roi, il n'est pas écouté. Enfin les Jacobins veulent la chute de la royauté en exécutant la journée du 10 août, qui force Louis XVI à chercher un refuge à la Législative où l'on prononce sa déchéance et sa translation au Temple.

Pendant que tout est confusion en France, le roi de Prusse pénètre en Champagne où il obtient quelques succès d'abord ; puis il est vaincu à Valmy par Dumouriez.

Cette lutte des partis, s'arrachant violemment le pouvoir des mains, arrête les transactions à l'intérieur et à l'extérieur, et la multiplicité des assignats contribue au désordre général. Toutes les denrées de consommation étaient à des prix excessifs, et le peuple de Paris croit que les marchands les accaparent pour les vendre à des prix plus élevés. La municipalité fixe un prix maximum auquel les marchandises pouvaient être vendues ; on conçoit aisément que de semblables procédés ne pouvaient que tuer la confiance, le commerce et la production.

La guerre civile régnait dans les colonies, surtout à St-Domingue, depuis que la Constituante était revenue sur son décret du 15 mai 1791, qui déclare les gens de couleur, nés de père et mère libres, citoyens actifs et pouvant jouir des mêmes droits politiques que les blancs. Ceux-ci, mécontents de cette égalité, avaient adressé, par les assemblées coloniales, des plaintes à la Constituante dans l'intention de la faire revenir sur ce décret, qui blessait ses préjugés ; et, pour obtenir que les assemblées coloniales pussent faire les lois sur l'état des personnes libres et non libres, la Constituante vota un décret dans ce sens, le 24 septembre 1791, et qui était la négation de l'autre. On voulait apaiser le mécontentement des blancs et l'on créait celui des gens de couleur libres. Triste contradiction, qui montre bien dans quelle anarchie on vivait !

Les gens de couleur libres de St-Domingue, voyant qu'ils ne pouvaient obtenir l'égalité sociale, ne consultent plus que leur désespoir, s'insurgent contre les blancs en se faisant aider par leurs nègres qui réclament aussi la liberté.

Les blancs de St-Domingue, trop faibles pour résister aux mulâtres, jettent des hauts cris en demandant des secours à la Législative, qui se décide à s'occuper de cette question embrouillée ; elle y consacre plusieurs séances, et rend le décret du 4 avril 1792, par lequel elle déclare que les hommes de couleur et les nègres libres seront admis à voter dans toutes les assemblées, en réunissant les conditions exigées. C'était revenir à ce qui avait été primitivement arrêté par la Constituante, et c'était justice.

D'après ce décret, on devait faire aussi de nouvelles élections pour les assemblées coloniales et les municipalités ; les blancs et les gens de couleur devaient donc y être admis indistinctement. Des commissaires, nommés par la Législative, devaient se rendre dans les colonies avec le pouvoir de suspendre les assemblées existantes, les autorités, et de prendre les mesures nécessaires pour ramener l'union et la paix. Les gouverneurs devaient être changés, et tout ce système politique devait être appuyé par des secours en hommes et en argent.

Ces mesures étaient sages et bien appropriées aux circonstances ; mais trouverait-on de la part des intéressés le respect et la soumission nécessaires envers les hommes chargés d'une mission aussi difficile que celle de faire entendre raison à la race blanche, pleine de préjugés et d'esprit de domination contre les hommes de couleur ? La suite des affaires prouve qu'elle ne sut point s'arranger de cette siuation, qui s'offrait comme un ancre de salut, et que St-Domingue fut perdu par sa faute.

A la Martinique les esprits n'étaient pas tranquilles ; le bruit se répandit dans le courant de juin que le roi Louis XVI s'était échappé de nouveau de Paris et que les Prussiens étaient maîtres de Verdun. Un tumulte eut lieu à Fort-de-France : le vaisseau la *Ferme* arbore le pavillon blanc et force les navires marchands d'en faire autant. Alors les gens de couleur parcourent la ville avec la cocarde tricolore en forçant tout le monde de l'adopter. A St-Pierre, c'était le contraire qui avait lieu, le parti blanc s'exalte au point de faire assassiner le curé Macaine, connu pour ses opinions révolutionnaires.

Le gouverneur de l'île, de Béhague, ne devait pas être étranger à ce mouvement contre-révolutionnaire, parce qu'il était connu pour son attachement aux Bourbons et par son désir de conserver l'ancienne forme de gouvernement. Pour mieux réussir, il s'entendait avec le gouverneur de la Guadeloupe, M. de Clugny, qui relevait de lui.

Après avoir rendu son décret du 4 avril, la Législative nomma trois commissaires pour St-Domingue, un pour la Martinique et un autre pour chacune des autres îles, la Guadeloupe, Ste-Lucie et Tabago. Elle nomma aussi deux gouverneurs, Rochambeau pour la Martinique et Collot pour la Guadeloupe. Le premier était connu pour être le fils de celui qui avait pris part à la guerre de l'indépendance américaine avec Lafayette ; il s'y était acquis la réputation d'un bon général, et il devait remplacer le général de Béhague.

L'Expédition arriva le 15 septembre 1792 dans la rade de Fort-de-France : la réception ne fut pas ce que l'on attendait; car M. de Béhague fit prévenir Rochambeau de lever l'ancre le plus tôt possible, s'il ne voulait pas être traité en ennemi. La surprise fut grande à bord de l'escadre de voir le gouverneur se mettre en hostilité avec la Législative pour conserver la forme politique royaliste. Ne pouvant lui enlever son poste de vive force, Rochambeau se décide à faire voile pour St-Domingue.

Aussitôt après son départ, l'assemblée coloniale s'empare du pouvoir et déclare M. de Béhague généralissime des îles du Vent, c'est-à-dire de la Martinique, de la Guadeloupe, de Ste-Lucie et de Tabago. Mais l'esprit révolutionnaire gagnait du terrain journellement, et cet effort réactionnaire ne pouvait être que de courte durée.

Rochambeau arrive quelques jours après cette aventure au cap Français où il fut bien reçu ainsi que les commissaires de la Législative ; là aussi il trouva un gouverneur et une assemblée hostile à la révolution ; mais en réunissant ses efforts à ceux des patriotes, on souleva la population contre le gouverneur de Blanchelande, qui fut obligé de partir après une démonstration des républicains du cap. Alors la révolution était accomplie, les troupes et les habitants acceptèrent le régime républicain.

Maintenant, revenons à notre sujet principal, qui est l'histoire de la Martinique.

La Législative, informée de la mauvaise réception faite à Rochambeau, prescrivit au ministre de la marine, Monge, de faire partir une autre expédition qui aurait pour mission de faire rentrer les îles du Vent dans l'ordre par persuasion. Cette mission délicate fut confiée au capitaine Lacrosse, qui se rendit à la Martinique où il parvint à établir des pourparlers avec les autorités et les habitants, lesquels finirent par accepter le régime républicain. Ainsi, le 15 novembre, une décision fut prise pour de nouvelles élections où les gens de couleurs libres voteraient avec les blancs pour former une assemblée coloniale.

Les idées révolutionnaires poursuivaient leur chemin, malgré les barrières qui étaient élevées pour les arrêter, le capitaine Lacrosse finit par l'emporter contre le gouverneur et les planteurs, qui le soutenaient dans une vaine espérance de pouvoir conserver l'île aux Bourbons. M. de Béhague voyant qu'il s'était imposé une tâche impossible, céda la place en s'embarquant, le 11 janvier 1793, à bord d'une frégate pour faire voile vers la Trinité qui appartenait à l'Espagne.

Deux jours après ce départ, les forts, les villes et les troupes arborèrent les trois couleurs, et le pouvoir exécutif fut confié à cinq personnes en attendant que le général Rochambeau revint prendre son gouvernement.

Le capitaine Lacrosse, poursuivant sa mission, se rendit ensuite à la Guadeloupe, pour exécuter le même mouvement politique. Le gouverneur de Clugny, ayant appris ce qui s'était passé à la Martinique, abandonna aussi son gouvernement, pour faire place au régime républicain.

CHAPITRE X.

1793. Abolition de la royauté. — Girondins et Montagnards. — Louis XVI mis à mort. — La guerre intérieure et extérieure. — Le gouvernement révolutionnaire. — Rochambeau revient à la Martinique. — Expédition contre St-Pierre. — Mort du général St-Cyran. — Expédition de l'amiral Gardner repoussée. — Misère et anarchie. — Décret déclarant les colonies en état de guerre. — **1794.** La terreur redouble en France. — Le 9 thermidor. — Succès des armées. — Le calme renaît à la Martinique. — Expédition formidable de John Dervis. — Siége et prise de l'île. — Le général Prescott nommé gouverneur. — Répartition de la contribution de guerre. — La Convention proclame la liberté des noirs.

1793. En France, l'Assemblée législative avait convoqué la Convention pour le 21 septembre 1792; aussitôt qu'elle fut formée, elle abolit la royauté, proclame la république et s'empare de tous les pouvoirs. Un despotisme affreux succède à un pouvoir constitutionnel régulier. Trois partis courbaient la France sous ce détestable régime : la Convention, la commune de Paris et le club des Jacobins.

L'Assemblée était partagée entre deux camps : les Girondins et les Montagnards. Les premiers étaient des hommes de talent, mais manquant d'énergie; les seconds, à défaut de talent, puisaient leur force dans la commune de Paris et le club des Jacobins. L'horrible Marat et le sanguinaire Robespierre étaient à la tête de ce parti, qui soulevait le flot des mauvaises passions du peuple, en prêchant une égalité de biens impossible à réaliser.

La Montagne songea à immoler le roi Louis XVI, par haine de la royauté, il fut condamné à mort par la Convention, et exécuté le 21 janvier 1793 ! Il y eut un autre roi qui péri de la même manière : Charles 1er, roi d'Angleterre !....

Aussitôt que ce grand événement fut connu, la Vendée s'insurge et l'Europe entière déclare la guerre à la France ; la Convention, dans cette crise extrême, crée, à l'aide de Carnot, quatorze armées, avec des assignats sans valeur, pour résister aux nombreux ennemis qui attaquent la France de tous côtés ; elle décrète la mort contre les prêtres et les émigrés, et crée ce terrible Comité de salut public, qui fut la terreur de la France.

Les Montagnards voulaient la mort des Girondins; une multitude soudoyée se présente, le 2 juin, à la Convention en demandant la mise hors la loi de 22 députés. Les proscrits périrent presque tous, mais ils furent vengés plus tard par une femme, Charlotte Corday, qui immola l'ignoble Marat.

Le gouvernement révolutionnaire fut organisé pour maîtriser la France entière, et la placer sous la surveillance du Comité de salut public. Dès lors Robespierre et ses séides régnaient sans obstacles, c'était une dictature complète qui marchait vers un but effrayant ; la guillotine parcourait la France, et les prisons regorgeaient de prisonniers. Tout ce qui résistait était écrasé sans pitié ni merci ; c'était le fanatisme révolutionnaire poussé à sa plus haute puissance. Des insurrections ont lieu sous cette étreinte intolérable, la Montagne fait face à tout pour soutenir son pouvoir. On lutta ainsi avec l'Europe sans argent, sans habits, presque sans pain ; mais avec une énergie de fer.

Après cet exposé succinct de la situation en France, il faut reprendre la suite des événements de la Martinique.

Le général Rochambeau, que l'on a laissé à St-Domingue, fut prévenu de ce qui s'était passé dans cette île, et du départ du général de Béhague ; il se remit promptement en mer pour revenir. En prenant le gouvernement, il supprime le pouvoir exécutif composé de cinq personnes et rétablit une assemblée coloniale avec un directoire, conformément à ses instructions.

Par suite de ces changements politiques, beaucoup de créoles qui avaient émigré dans les îles voisines reprirent confiance et rentrèrent dans leurs foyers. Cependant ces bonnes mesures ne produisirent pas d'effet sur les partisans fanatiques des Bourbons ; car non-seulement ils firent opposition à ce nouveau gouvernement, mais encore ils se réunissaient en armes dans l'intérieur de l'île et notamment à St-Pierre où ils se mirent en révolte ouverte.

Le gouverneur résolut alors de frapper un grand coup sur cette ville remuante et peu patriotique. A cet effet, il forme deux colonnes de troupe, prend le commandement de l'une et confie le commandement de l'autre au général St-Cyran ; ces deux colonnes marchent à la rencontre des rebelles et les réduisent à merci.

Après cette courte expédition, il se passa un fait comme on en voyait trop souvent alors : le général St-Cyran fut dénoncé comme aristocrate pour avoir sauvé quelques malheureux créoles ; il est saisi, traduit devant un conseil de guerre et condamné à être fusillé. Le jugement reçut son exécution des mains de ses propres soldats. La Convention ne faisait point de grâce à ceux qui se permettaient d'en faire !...

On commençait à se remettre des émotions produites par les événements rapportés ci-dessus, lorsque l'on fut informé qu'une escadre anglaise rôdait autour de l'île pour y faire une descente. Elle avait noué des intrigues avec le parti royaliste, qui devait seconder ses opérations Cette escadre était commandée par l'amiral Gardner ; elle débarqua 1500 hommes près de la ville de St-Pierre où ils furent renforcés par 500 créoles. Une attaque fut formée contre cette ville et repoussée par Rochambeau avec ses troupes. Les Anglais, dégoûtés par l'insuccès, se rembarquèrent et les traîtres colons qui s'étaient joints à eux se dispersèrent de tous côtés.

Depuis trois ans, la situation des colonies était déplorable, l'anarchie régnait partout par suite des fautes commises par les colons et des mesures prises par les assemblées de France. Par exemple, St-Domingue, dont le revenu était de 200 millions avant la Révolution, était tombé dans une profonde misère, par l'effet de la guerre civile entre les différentes races. Les nègres de cette ile étaient en pleine révolte ; ils étaient très-animés contre les planteurs, et paraissaient vouloir leur destruction. Pour eux la liberté était un mot vide de sens ; ils se disaient les nègres du roi et s'annonçaient comme des vengeurs ; ils portaient la cocarde blanche et se laissaient diriger par des prêtres et des espagnols, qui les encourageaient à la révolte.

Les planteurs de St-Domingue avaient concouru pour leur part à cette triste situation, par le projet ridicule de vouloir se rendre indépendants de la mère patrie. L'assemblée coloniale de St-Marc a joué un rôle actif dans cette mauvaise voie ; car pour arriver à son but, elle ne reculait devant aucun moyen. Ainsi, elle était accusée de vouloir séduire le peuple, les fonctionnaires, les militaires et les marins par des promesses de terres données gratuitement. Il existait bien des colons attachés à la mère patrie, mais en petit nombre.

Telle était la situation de cette belle colonie, naguère si opulente par ses productions et son commerce et qui, à cette époque, était dévorée par la misère et la guerre civile ; malheuseusement cette situation se répétait dans les autres colonies, sur une plus petite échelle, il est vrai, mais dans des conditions économiques et politiques semblables.

En France, la Convention nationale, craignant que l'Angleterre ne voulut profiter de la guerre civile des colonies pour s'en emparer, rendit un décret, le 5 mars, dans lequel elle déclare que toutes les colonies sont en état de guerre ; que les administrations civiles et militaires sont tenues d'obéir aux commissaires de la Convention, et que toutes les personnes libres sont autorisées à se réunir en compagnies et légion pour défendre l'ordre, la liberté et le territoire contre les ennemis.

Le pouvoir des gouverneurs passa donc de leurs mains dans celles des commissaires de la Convention, c'était un remède impuissant pour calmer les esprits en révolte. St-Dommingue, en vue duquel était fait le décret, devait être perdu pour la France et par la faute des blancs.

1794. Au commencement de l'année, la terreur redouble ses fureurs à Paris et dans les départements ; elle frappe même sans pitié ses partisans, tels que Danton et Hébert. Ce n'était pas encore assez pour Robespierre, qui fit présenter par Couthon un décret qui mettait la France entière sous le couteau de Fouquier-Tainville, en supprimant les défenseurs. Mais des divisions, des haines germaient parmi ces hommes de sang ; Robespierre marchait à sa perte à son insu. Le neuf thermidor, la séance à la Convention fut orageuse et décisive ; elle mérite d'être rapportée. St-Just, séide de Robespierre, voulut parler, Tallien l'interrompt avec violence, Billaud attaque ensuite Robespierre, qui veut s'élancer à la tribune ; alors les cris de : à bas le tyran ! à bas le tyran ! couvrent sa voix, Tallien, un poignard à la main le menace, on vote son arrestation à l'unanimité avec celle de Couthon et de St-Just. Ils se laissèrent emmener en disant : « la République est perdue. »

Cependant les Jacobins, dont il était le président, et la commune le firent délivrer avec ses acolytes. On s'insurge contre la Convention ; mais Barras commande la force armée, qui est victorieuse à l'aide de la garde nationale. Les membres de la commune sont mis hors la loi ; il était minuit quand on pénètre dans la salle des délibérations. Robespierre se fracasse la mâchoire d'un coup de pistolet ; Lebas se tue ; Robespierre jeune saute un troisième étage sans se tuer ; St-Just attend avec calme ; Couthon se cache sous une table, et Coffinal jette Henriot dans un égout. Le lendemain une foule immense accompagne ces hommes au supplice. La France pouvait respirer.

Les armes de la République avaient du succès ; Carnot avait essayé la guerre par grandes masses en poussant Pichegru dans le Nord pour envahir la

Flandre ; tandis que Jourdan, avec l'armée de la Moselle, prenait les Autrichiens en flanc en remontant vers Dinant, et gagnait la bataille de Fleurus. Hoche s'emparait de l'espace entre Rhin et Moselle. D'un autre côté, Dugommier, le créole, et Moncey refoulaient les Espagnols hors des frontières.

On le voit, la France a la guerre civile et la guerre étrangère à soutenir ; la situation est à peu près la même dans les colonies où les partis sont en lutte par haine de race, et elles sont menacées par les flottes de l'Angleterre.

Le général Rochambeau était parvenu à remettre un peu d'ordre dans la situation de la Martinique. Depuis son arrivée, ce vaillant homme de guerre imposait par son caractère ferme et conciliant ; il voulait la paix intérieure et le bon ordre.

Ce calme ne devait pas durer longtemps ; les Anglais qui avaient été chassés l'année dernière méditaient de reprendre une revanche avec des forces considérables.

En effet, une escadre anglaise fut signalée au large dès le mois de janvier ; elle arrivait d'Angleterre, sa force était de 31 bâtiments de guerre, six chaloupes canonnières et 6,000 hommes de débarquement ; elle était commandée par sir John Jervis. Les troupes étaient sous les ordres de sir Grey.

Le débarquement eut lieu à la Trinité dont on avait retiré la garnison qui n'aurait pu tenir contre des forces aussi considérables.

On avait organisé un corps de mulâtres chargé de la défense d'un fort, et commandé par Bellegarde qui fut obligé de se retirer dans l'intérieur après un engagement. Le 10 janvier, le corps de Bellegarde eut une seconde affaire plus sérieuse où il fut battu et obligé de se retirer sur le fort Bourbon.

Après ces succès, les Anglais se rendirent maîtres de plusieurs points, et débarquèrent une autre division à l'anse des Trois-Rivières, d'où elle se porta au mont Mathurine qui commande l'Ilet-à-Ramiers, rocher fortifié, dont la garnison se rendit après une forte canonnade où elle eut 15 hommes tués et 25 blessés. L'ennemi y prit 17 canons, 14 mortiers et quantité de munitions. Cet échec était grave, parce qu'il ouvrait la rade de Fort-de-France à la flotte anglaise. L'amiral anglais en profita pour y pénétrer, le 14 janvier, et y jeter l'ancre. On débarqua des troupes qui donnèrent ensuite la main à celles venant de la Trinité.

Une autre attaque fut dirigée contre la ville de St-Pierre par le général Grey, le 16 janvier, la garnison l'abandonna le 17, et les Anglais y firent aussitôt leur entrée.

Le 18 janvier, Bellegarde avec ses mulâtres eut une autre affaire avec les Anglais ; il tenta de couper la ligne de communication entre les corps débarqués et la flotte ; l'idée était bonne, mais il aurait fallu disposer de plus grandes forces que les siennes ;

poussé de tous côtés, il s'était retiré sur une montagne avec 300 des siens où il fut contraint de se rendre.

Le siége de Fort-de-France était devenu imminent depuis le débarquement des Anglais ; on se prépara d'avance, par des approvisionnements et des travaux à résister le plus longtemps possible. Les forts Saint-Louis et Bourbon qui défendent la ville, le premier du côté de la mer et l'autre du côté de la campagne, furent mis dans le meilleur état possible de défense.

Le 20 février, la ville et les forts furent étroitement bloqués par l'ennemi qui exécuta des travaux d'approche dans lesquels il plaça des batteries pour battre le fort Bourbon, qui est la clef de la position ; car il commande, par sa position élevée, la ville et l'autre fort. Le général Rochambeau et sa garnison se défendirent vaillamment ; mais les pertes qu'on éprouvait journellement et le manque de vivres, l'obligèrent à capituler au bout d'un mois et deux jours de tranchée ouverte.

La garnison obtint les honneurs de la guerre et son passage en France. Le général Rochambeau demanda à se rendre aux Etats-Unis, mais il fut envoyé en Angleterre comme prisonnier de guerre.

On rendit à leurs maîtres les esclaves qui avaient été enrôlés sous les ordres de l'un d'eux qui se nommait l'Enclume.

La colonie conservait le Code civil et le système

judiciaire. Le conseil colonial fut rétabli ainsi que toutes les anciennes prérogatives. Enfin les Anglais furent bien accueillis des habitants, à cause de la crainte de la Convention sur la liberté des esclaves.

Les Anglais n'oublièrent pas de se faire honneur de leur triomphe, car le 17 avril les drapeaux pris à la Martinique furent portés en grande pompe à St-Paul, à Londres, en présence d'une grande foule, avide de voir des drapeaux français.

Après la prise de possession de l'île, le général anglais, Prescott, en fut nommé gouverneur. Il invita poliment les habitants à nommer des commissaires pour répartir la contribution de guerre entre les propriétaires de la colonie. Cette proclamation n'ayant pas été suivie d'effets, une autre plus sévère fut publiée, le 20 mai, ordonnant une répartition ; et, faute de s'y conformer, il prévient qu'il ordonnera une confiscation générale des biens.

Il faut convenir que les habitants avaient à faire à des ingrats, qui les récompensaient mal du bon accueil qu'on leur avait fait. Malgré ce fait brutal, M. de Ste-Croix, dans sa statistique, dit que : « les colons de « la Martinique pourraient s'avouer ingrats s'ils ou- « bliaient les bienfaits qu'ils ont reçus par l'occupa- « tion des armes britanniques. »

Pendant ce temps, il se passait à la Convention un débat d'une portée immense pour la population esclave.

Le commissaire de la Convention Santonax, de retour de St-Domingue, fait, le 4 février, un discours sur les événements qui s'étaient passés dans cette colonie pendant son séjour. Il conjure l'assemblée de faire jouir pleinement de la liberté et de l'égalité la population esclave, en décritant l'abolition de l'esclavage sur le territoire de la République. Il déclare que c'est le seul moyen d'empêcher la guerre civile et de défendre nos colonies contre les Anglais qui les convoitent. Sans donner à Santonax le temps d'achever son discours, les représentants vote d'enthousiasme l'abolition de l'esclavage et font tomber ainsi les chaînes des mains de plus d'un million de noirs !

Deux députés de couleur qui se trouvaient à la séance sont embrassés par tous les représentants, qui les félicitent à l'occasion d'un événement aussi mémorable, par la consécration d'un grand principe ! Hélas ! quel fruit la France a-t-elle retiré d'un aussi grand sacrifice ? aucun. Qu'elle reconnaissance la race noire a-t-elle eu pour nous ? aucune. Elle nous a récompensés par le fer, le feu et l'assassinat !

CHAPITRE XI.

1802. — Traité d'Amiens. — 1803. La paix est rompue avec l'Angleterre. — 1804. Napoléon Ier reconnu Empereur. — 1805. Les escadres de Missiessy et de Villeneuve aux Antilles. — 1809. Prise de la Martinique par les Anglais. — 1814. Paix avec l'Europe. — La Martinique est rendue à la France. — 1815. Les troupes de cette île veulent reconnaitre Napoléon. — Arrivée des troupes anglaises. Soldats français désarmés et transportés en Angleterre. — 1816. Situation financière. — Départ des Anglais. — Les royalistes et les bonapartistes.

1802. Pendant huit ans que dura l'occupation anglaise, toutes les communications furent interrompues avec la France. On connaissait bien les principaux changements survenus dans l'état politique de notre pays qui avait acquis une grandeur inconnue jusqu'alors, et c'était avec avidité qu'on prenait connaissance de tous les détails qui le concernaient ; car, si les rapports matériels avaient été brisés par la conquête, il n'en était pas de même du lien moral qui relie les sentiments d'un pays éloigné et opprimé avec la mère patrie. On apprit enfin que la France avait un grand homme à sa tête, et que l'Europe fatiguée de tant de guerres, de tant de sang répandu, s'était décidée à entrer en arrangement avec la France en faisant la paix à Lunéville, tandis que l'Angleterre traitait à Amiens.

Par le traité de paix, du 25 mars 1801, l'Angleterre nous rendait une partie de nos colonies dans lesquelles se trouvaient comprises la Martinique, la Guadeloupe et ses dépendances, faisant partie des petites Antilles. Quant à St-Domingue, l'une des grandes Antilles, il fallait la conquérir de vive force, si on voulait qu'elle redevint colonie française. Toussaint-Louverture en était le chef et il n'était pas disposé, non plus que ses noirs, à aliéner leur liberté au profit de leurs anciens maîtres. Le premier consul y envoya 20,000 hommes avec le général Leclerc, son beau-frère ; l'expédition eut d'abord du succès, mais la fièvre jaune vint décimer les soldats ; les trois quarts perdirent la vie, le reste rentra en France, et St-Domingue fut encore une fois perdu pour nous.

Pendant le temps que la Martinique fut occupée par les Anglais, les habitants reprirent des habitudes d'ordre et de travail, qu'ils n'auraient jamais dû abandonner ; mais leurs efforts dans la culture étaient mal récompensés, parce qu'on les obligeait d'envoyer leur produits en Angleterre où il se trouvaient exposés à une concurrence ruineuse par des tarifs de douane qui ne pesaient pas sur les similaires anglais.

Les créoles allaient enfin voir ces fiers Anglais

quitter leur île ; le caractère retenu et froid de ces hommes aimant à dominer les autres, ne leur avait pas acquis les sympathies des gens du pays. Au contraire, ils étaient heureux de penser que bientôt ils reprendraient des relations trop longtemps interrompues avec la France, et pourraient vivre sans contrainte sous des lois et une administration équitables.

En effet, l'escadre qui devait en reprendre possession au nom de la France, arriva dans la baie de Fort-de-France, vers la fin de septembre, portant le nouveau gouverneur, M. Villaret-Joyeuse, avec le titre de capitaine général. Il lui fut fait une très-belle réception par la population ; le gouverneur anglais, sir Keppel, fut affable pour le capitaine général et poli pour son état-major, et quelqes jours après on ne vit plus les Anglais qui s'étaient rembarqués sur leur vaisseaux.

Pendant que les Anglais étaient maîtres de la Martinique, de 1794 à 1802, il y eut en France divers changements politiques qui en amenèrent aussi dans l'administration des colonies, et qu'il est utile de mentionner.

La constitution de l'an III soumit les colonies à la même loi constitutionnelle que la France, elles furent comme elle divisées en départements. Le gouvernement voulant statuer sur le régime qu'il fallait leur donner, fit adopter une nouvelle loi, le 12 nivose an VI, qui réglait leur administration politique, administrative et judiciaire.

Après le traité d'Amiens, il y eut de nouveaux changements : la traite des noirs et l'esclavage qui avaient été supprimés par la Constituante, le 4 février 1794, furent rétablis et la loi du 30 floréal an X prescrivait que les colonies seraient soumises pendant dix ans à des règlements faits par le gouvernement de la métropole, et des dispositions créent une nouvelle organisation pour régler l'action du gouvernement colonial, l'administration et la justice.

En conséquence, il y eut pour chaque colonie un capitaine général, exerçant le pouvoir attribué aux anciens gouverneurs, un préfet colonial, chargé de l'administration, et un grand juge ayant la surveillance des tribunaux. De plus, les lois de France étaient applicables dans ces pays ; mais le capitaine général pouvait surseoir à leur exécution dans des cas extraordinaires.

Après l'embarquement des Anglais, on reconnut que tous les services de gouvernement étaient à reconstituer : l'administration intérieure, la justice, les finances, les travaux d'utilité publique aussi bien que la force armée ; tout cela était à refaire dans l'intérêt du pays et de la nouvelle administration qui avait le désir de se faire accepter par la population comme un bienfait, et voulait fermer les plaies de la guerre.

1803. Le traité de paix d'Amiens fut éludé par la France et par l'Angleterre, ce qui amena la rupture de la paix, le 13 mai 1803.

C'était un calcul de la part des Anglais qui commencèrent les hostilités sur mer même avant que leur ambassadeur eut quitté Paris. Leur formidable marine se rendit bientôt maîtresse de toutes les mers et de nos navires marchands qui naviguaient sur la foi des traités. La France de son côté s'en vengeait en autorisant sa marine marchande à s'armer en course dans le but de faire le plus de mal possible au commerce ennemi.

1804. L'élévation au trône du premier consul produisit aux colonies un enthousiasme général. On augurait bien d'un règne qui donnait la gloire, encourageait les talents et remplaçait le chaos révolutionnaire par la lumière et l'ordre dans la société.

A cette époque, la haine produite par la conduite de l'Angleterre à notre égard était à son comble, et l'on espérait que le génie de Napoléon saurait bien trouver les moyens et l'occasion de nous venger de cette nation.

Dans ce but, il rassemble des flottes et une armée à Boulogne pour envahir l'Angleterre qui sut parer le coup en formant une coalition contre nous. L'autriche et la Russie qui en firent partie furent vaincues ; mais l'Angleterre resta intacte dans son île et maîtresse de la mer. La France se trouvant lancée dans les guerres du continent ne pouvait penser à reprendre l'œuvre de l'invasion en Angleterre.

1805. Depuis la reprise des hostilités, les Anglais avaient établi de nombreuses croisières autour des îles françaises pour empêcher les communications avec l'Europe et le commerce maritime, lorsqu'on vit dans le mois de février les bâtiments qui bloquaient nos côtes se retirer successivement, et bientôt apparut une escadre française d'expédition, commandée par le contre-amiral de Missiessy.

Cette escadre était composée d'un vaisseau à trois ponts, de quatre vaisseaux de 74 canons, de trois frégates et de deux corvettes, ayant à bord huit mille hommes de troupes commandées par le général Lagrange ; elle était partie de l'île d'Aix, le 11 janvier 1805.

Les instructions de l'amiral lui prescrivaient d'aller attendre pendant 35 jours l'escadre de Toulon, et d'employer ce temps à ravitailler nos deux colonies. Il devrait aussi porter le ravage dans celles de l'Angleterre et accabler sa marine dans ces parages.

A l'arrivée de l'escadre à la Martinique, le 20 février 1805, l'amiral se concerta avec le capitaine général Villaret sur la direction à donner aux expéditions à faire contre les îles anglaises. Le lendemain il remit à la voile pour la Dominique qu'on voulait tenter d'enlever pour servir de trait d'union entre la Martinique et la Guadeloupe.

On fit une descente sur deux points, à droite et à gauche de la ville du Roseau, chef-lieu de l'île, et une troisième au Nord-Ouest de l'île que le calme qui survint fit manquer.

Les Anglais furent dispersés de toutes parts, le général Prévost, gouverneur, se sauva dans le fort Rupers où ses troupes se réfugièrent après une perte de 200 hommes. La position dominante de ce fort ne permettant pas une attaque de vive force, on somma les Anglais de se rendre, ce qu'ils refusèrent d'exécuter. Alors le général Lagrange donna l'ordre d'évacuer l'île ; mais avant l'on désarma la milice et l'on rançonna les habitants.

L'escadre se porta ensuite sur Nièvre et Mont-Serrat ; ces deux îles furent prises et abandonnées de la même manière que la Dominique (1)

L'escadre de Missiessy se rendit ensuite à St-Christophe, ce berceau de la colonisation des Antilles, où 400 hommes débarquèrent pour s'emparer du cheflieu appelé la Basse-Terre et des deux forts qui la flanquent ; mais les Anglais se retirèrent dans le fort Brestowne-Hill, position élevée et forte, qui aurait exigée un siége régulier que l'on ne voulait pas entreprendre.

Des calmes survinrent pendant plusieurs jours empêchant toute navigation, et par conséquent tout

---

(1) Voir le 16ᵉ volume *des Victoires et Conquêtes*.

mouvement sur d'autres îles anglaises. L'escadre retourna à la Martinique où elle arriva, le 16 mars 1805, pour y déposer les troupes et les munitions destinées à cette île.

Le brick le *Palinure* apporta des dépêches à l'amiral, lui prescrivant d'effectuer son retour en France à cause de la rentrée de l'escadre de Toulon commandée par l'amiral Villeneuve qui avait manqué sa jonction aux Antilles avec Missessy.

L'escadre se rendit à la Guadeloupe avant son départ pour y déposer des troupes et du matériel ; puis elle mit le cap sur Santo Dominigo, afin d'offrir quelques secours à une poignée de français qui défendait cette ville, sous les ordres du général Ferrand, et qui se trouvait dans une grande détresse.

La ville, peu fortifiée, se trouvait assiégée depuis 24 jours par une multitude de nègres qui la serraient de très-près pendant que les Anglais, leurs alliés, la bloquaient par mer.

Les bâtiments anglais prirent chasse, en voyant l'escadre arriver, et les nègres levèrent le siége. Le général Ferrand reçu des secours en hommes et en munitions pour prolonger la défense, et l'escadre prit ensuite la route d'Europe.

Après une campagne laborieuse de cinq mois, pendant laquelle cette escadre eut la gloire d'humilier le pavillon britannique, d'être utile aux colonies françaises, de faire de nombreuses et riches prises, de mettre en défaut les forces anglaises qui attendaient l'escadre au passage, elle rentre à Rochefort sans avoir éprouvé aucune perte ; on est heureux de pouvoir rappeler une conduite aussi habile que dévouée de la part des chefs et des marins.

Les croisières ennemies reparurent autour de nos côtes après le départ de l'escadre de Missiessy ; mais elles furent bientôt obligées de se cacher dans leurs ports, une seconde fois, dès quelles eurent connaissance de l'arrivée d'une forte escadre combinée, composée de 14 vaisseaux français et 6 espagnols, 8 frégates et 4 corvettes sous les ordres de l'amiral Villeneuve, qui arriva à la Martinique, le 20 mai 1805.

L'Espagne avait gardé la neutralité pendant la guerre ; mais en 1804, l'acte de piraterie le plus honteux la décide à la guerre contre l'Angleterre, voici comment : un convoi escorté de 4 frégates espagnoles et chargé de vingt millions de francs est attaqué et pris au Vigo en pleine paix et au mépris du droit des gens.

L'apparition de l'escadre de Villeneuve dans les Antilles, avait pour but de diviser les forces anglaises en les attirant en Amérique ; cette escadre devait ensuite revenir en Europe pour rallier les divisions françaises et espagnols des ports de l'Océan, afin de débloquer 22 vaisseaux à Brest pour assurer à la flotille de Boulogne les moyens de traverser la Manche.

L'exécution de ce vaste plan, simple dans sa conception, compliqué dans son exécution, était confié à Decrès, ministre de la marine. Pendant son ministère, il sut toujours écarter des grands commandements les marins illustres dont il jalousait la renommée, et ce fut à cette odieuse jalousie que l'Angleterre dut ses succès et nos désastres.

Le choix de Villeneuve fut désastreux pour les intérêts de la France. Pendant son séjour aux Antilles il avait une escadre de 20 vaisseaux et 12 frégates ou corvettes, ayant à bord 8,000 hommes de troupes commandées par Lauriston, aide-de-camp de l'Empereur Napoléon. Eh bien ! l'on ne sait par quel motif, il resta durant 15 jours immobile sur ses ancres, dans la rade de Fort-de-France, sans employer un armement aussi formidable contre un ennemi impitoyable. Pendant ce temps, une foule de navires anglais fuyait l'archipel des îles dans leur effroi et leur impuissance, pour ne pas tomber dans les mains de la marine française.

Secouant enfin son apathie funeste, Villeneuve appareilla le 4 juin 1805, et le 8 il prit un convoi de 14 voiles marchandes chargées de denrées coloniales ; le lendemain il eût connaissance de l'arrivée de Nelson à la Barbade venant à sa poursuite à la tête de 11 vaisseaux seulement.

L'occasion était magnifique pour lui, pour la France : commander 20 vaisseaux contre onze ! C'était une gloire certaine, il n'avait que quelques mots à dire à ses équipages impatients de vaincre ou de mourir pour la grandeur de notre patrie. Il ne sentit pas vibrer cette fibre du cœur qui inspire les nobles actions, il préféra le calcul froid de la prudence en donnant l'ordre du départ pour l'Europe où l'amiral anglais courut pour le joindre et le vaincre à Trafalgar avec des forces supérieures!

L'amiral Villaret, capitaine général de la Martinique, désolé de l'inaction de Villeneuve s'écria ! « Je
« donnerais dix ans de ma vie pour commander l'es-
« cadre de Villeneuve pendant seulement deux jours
« pour aller détruire Nelson, le plus redoutable
« ennemi de la marine française. »

C'était le cri de la conscience d'un homme de cœur qui voyait avec tristesse le choix funeste fait par le ministre Decrès, d'un homme incapable de soutenir honorablement les intérêts de son pays.

1809. L'Empereur Napoléon avait vaincu déjà à cette époque plusieurs coalitions suscitées contre l'Empire français par la haine de l'Angleterre, et qui, par représaille, avait amené le système du blocus continental. Pour s'en venger elle entoura l'Europe de ses flottes, en cherchant en même temps partout des ennemis et toutes les occasions de nous nuire. Dans cette disposition d'hostilité, elle s'entendit avec les espagnols qu'une mauvaise politique avait irrités contre nous. Elle cherchait aussi à s'emparer du peu colonies qui nous restait encore, et, dans ce but, elle voulut commencer par la Martinique où l'on prétend qu'elle avait pratiqué des intrigues avec quelques individus. Un armement considérable fut préparé à la Jamaïque pour s'emparer de cette île.

Elle parut dans les eaux de la Martinique dans le courant de janvier, portant 5,000 hommes de débarquement, de l'artillerie et quelque peu de cavalerie : l'amiral Cochrane, très connu alors, en avait le commandement.

Les Anglais commencèrent par se rendre maîtres de la ville de St-Pierre et de la Trinité, puis ils investirent par mer et par terre Fort-de-France, le fort St-Louis et le fort Bourbon. L'amiral Villaret Joyeuse s'était retiré dans ce dernier fort, comme offrant une résistance plus efficace et de plus longue durée. Au bout de quelques jours, les ennemis étaient parvenus à établir autour du fort des ouvrages d'attaque et des batteries faisant un feu violent qui endommageait les défenses de la place. Le magasin à poudre, situé dans l'un des bastions, reçut sur sa voûte un certain nombre de bombes qui le lézardèrent et l'endommagèrent au point de faire craindre de le voir sauter en l'air sous l'effort de nouveaux chocs.

Cette situation de la place étant grave, le conseil de défense fut réuni et conclut à la reddition. Alors le gouverneur proposa aux Anglais de se rendre avec les honneurs de la guerre, et avec la condition que la garnison serait reconduite en France pour être échangée homme pour homme. Ces conditions ayant été acceptées, la reddition eut lieu le 24 février.

Les Français furent embarqués au nombre de 2,224 hommes sur les bâtiments anglais qui les transportèrent à Quiberon où l'échange devait se faire ; mais le gouvernement du premier empire ne voulut pas reconnaître la capitulation et les malheureux officiers et soldats, après avoir fait leur devoir en soutenant un siége, furent considérés par les Anglais comme prisonniers de guerre et conduits sur les pontons de Plymouth, pour y périr d'ennuis et de maladies.

Après la prise de possession par les Anglais, les habitants conservèrent leurs propriétés, leurs formes administratives et judiciaires, et comme vaincus ils furent astreints à payer les frais de la guerre.

1814. La France, après avoir fait des guerres de conquêtes pour asservir les peuples à sa domination en Espagne, en Allemagne et en Russie, fut, à son tour, vaincue chez elle par l'Europe entière, et par la faute de Napoléon Ier, qui ne sut pas modérer une ambition fatale, en conservant à la France une position acquise au prix de son sang et de ses trésor.

Ce grand homme aurait pu rendre son pays heureux par les sciences, les arts et la liberté ; c'eût été le complément de la transformation sociale de 1789 ; mais il ne trouvait pas sans doute que cette gloire

10

valait l'autre, il préféra, à tort, l'éclat des conquêtes, et à son tour, il fut vaincu.

Les puissances alliées après s'être emparées de Paris, forcent Napoléon Ier à abdiquer et placent Louis XVIII sur le trône de France, en lui imposant des conditions humiliantes et ruineuses pour notre pays.

D'après les conditions de paix, du 30 mai 1814, la France rentre dans les limites du 1er janvier 1792. L'Angleterre consent à rendre Bourbon, la Guyane, Pondichéry et quelques comptoirs de l'Inde, la Guadeloupe, la Martinique et les pêcheries de Terre-Neuve; mais cette puissance retenait dans les Antilles, Tabago et Ste-Lucie, dans l'Inde l'île de France, qu'elle appelait l'île Maurice.

Par ce traité de paix, la traite des noirs était défendue, les deux gouvernements s'engageaient à la réprimer par le moyen de leur marine militaire. C'était un commencement d'intérêt en faveur des noirs esclaves, en attendant 1848.

Une ordonnance royale nomme, le 13 juillet 1814, le comte Vaugiraud, gouverneur de la Martinique; le chevalier Dubuc, intendant de la colonie; le baron Barthe, commandant en second et le colonel de Malherbe, commandant le régiment de la Martinique.

Une expédition de deux frégates fut envoyée dans cette île pour en reprendre possession; mais le gouverneur, sir Wale, major général, n'ayant pas reçu d'ordres de son gouvernement pour remettre la Martinique, il fallut attendre cinq mois dans cette position, pour recevoir du cabinet de Londres, l'ordre nécessaire au gouverneur anglais, afin que la remise pût se faire. Enfin, après bien des lenteurs, les Anglais quittèrent définitivement ce pays, le 9 décembre 1814.

A cette époque, tous nos établissements se trouvaient dans l'état le plus fâcheux : administration, justice, finances, force publique, bâtiments civils et militaires, tout était à recréer, les Anglais avaient jugé à propos de laisser tous les services en souffrance.

Le gouvernement de France, croyant faire le bonheur des habitants par des changements pris dans es vieux usages, supprime les cours d'appel et les tribunaux de première instance pour les remplacer par des dénominations qui existaient en 1789. Ainsi, il fut créé pour chaque colonie un Conseil supérieur et des sénéchaussées qui furent installées avec pompe, le 12 décembre, à la Martinique.

A cette occasion, des discours furent prononcés, pour expliquer ces changements, par le comte de Vaugiraud, gouverneur, l'intendant Dubuc et le procureur général Lepeltier-Destournelles, et dans lesquels s'exhalait un royalisme très-pur. Ils ne faisait d'ailleurs que d'exprimer les idées politiques du temps, ayant cours dans le pays ; les planteurs avait vu avec satisfaction la rentrée des Bourbons pour gouverner la France. Quant au parti opposé, qu'on appelait bonapartiste ou Jacobins, il est vrai que sa position était triste, on ne le ménageait guère; au contraire, toutes les occasions étaient bonnes pour l'humilier et lui faire sentir son impuissance.

1815. Lorsqu'on eût connaissance des événements survenus en France par le débarquement de Napoléon à Fréjus et son arrivée à Paris, il survint ici des événements intéressants à connaître. D'abord le parti des Bourbons fut dans la consternation en voyant l'audacieuse tentative de l'Empereur, et la majorité des troupes disposée à reconnaître son gouvernement. Mais le comte de Vaugiraud, homme froid et énergique, se mit franchement en travers du mouvement. C'est dans cet esprit qu'il vit les troupes, leur parla pour les engager à rester fidèle aux Bourbons; il y en eut une partie qui consentit à ses désirs, mais le plus grand nombre voulait servir l'Empereur.

Dans cette position difficile, le gouverneur s'entendit avec sir James Leith, commandant les forces britanniques dans les îles anglaises, pour en obtenir un corps de troupes, qui, arrivant inopinément, le 5 juin, pût désarmer les troupes françaises, à l'exception de 450 hommes, qui s'étaient prononcés pour le parti des Bourbons.

Après ce désarmement, les soldats du 62ᵉ de ligne

restèrent fidèles à leurs sentiments à l'égard de Napoléon, malgré de nouvelles représentations du gouverneur et du colonel de Labarthe pour les ramener à leurs idées. Quelques jours après ils furent embarqués, au nombre de cinq à six cents et conduit à Plymouth, comme prisonniers de guerre, au lieu d'être dirigés sur un port français, ainsi que cela était convenu ; le respect des traités était lettre morte à cette époque.

Une convention avait été passée entre le général Leith et le gouverneur, aux termes de laquelle la souveraineté de l'île était conservée au roi Louis XVIII, et les troupes anglaises devaient agir comme auxiliaires. Toute tentative pour arborer le drapeau tricolore devait être réprimée par les armes. Les troupes anglaises furent chargées de faire le service de garde à Fort-de-France, et les français restés fidèles, à Saint-Pierre.

Le comte de Vaugiraud avait été nommé gouverneur général des îles par le roi, et, en cette qualité, il devait veiller aussi à ce que la Guadeloupe fut maintenue dans son parti ; mais les sentiments des colons de cette île n'étaient pas favorables aux Bourbons. A la Guadeloupe on aimait la Révolution et l'on détestait sincèrement les Anglais : c'étaient des obstacles invincibles contre lesquels il devait échouer, et il échoua.

Le contre amiral Linois, gouverneur de cette île, fut forcé de reconnaître le gouvernement de Napoléon par l'effet de l'entraînement des troupes et des habitants, il lui aurait été impossible d'arrêter ce mouvement dont l'impulsion était si prononcée; lui et le colonel Boyer ne pouvait que se mettre à la tête du parti qui venait de se prononcer à la Pointe-à-Pitre, comme à la Basse-Terre; c'est ce qu'ils firent tous deux.

Le bâtiment de l'Etat, l'*Agile*, goëlette de guerre, était parti de Cherbourg avec des dépêches du ministre de la marine Decrès pour les autorités des îles, il était allé d'abord à la Guadeloupe remplir sa mission, et vint se présenter à Fort-de-France ensuite; mais le gouverneur de Vaugiraud, sachant que l'arrivée de ce bâtiment à la Guadeloupe avait été une des causes de la défection de cette île, fit saisir la goëlette, les officiers et l'équipage ; tous les hommes furent conduits en prison, sans qu'il permît aucune communication avec qui que ce fût.

Plus tard ce même gouverneur, satisfait de l'esprit des habitants, de la situation générale sous le rapport de la tranquillité, fit embarquer son aide-de-camp, le capitaine Delhomme, pour l'Europe, le 13 juillet, chargé de présenter un rapport au roi pour lui rendre compte des événements qui s'étaient passés depuis plusieurs mois, et en même temps pour lui faire connaître que les milices étaient bien armées, pleines d'enthousiasme pour la bonne cause et que les habitants étaient heureux sous la protection des forces britanniques appelées pour conserver l'île au gouvernement du roi.

Le Conseil supérieur, voulant prouver sa satisfaction et son estime au comte de Vaugiraud, pour sa manière de gouverner, lui présenta en corps une adresse, le 18 juillet 1875, dans laquelle il exprime sa reconnaissance et celle de la colonie pour les sages mesures qu'il a prises et qui ont sauvé l'île de l'anarchie. Il adresse aussi à l'intendant Dubuc l'expression de sa satisfaction et celle de la colonie pour tout ce qu'il a fait dans les moments difficiles où s'est trouvée son administration. Ainsi, tout était pour le mieux dans le meilleur des mondes, il y avait satisfaction générale partout.

Mais ce n'était pas fini : le comte de Maupeou, député de la Martinique, présente au roi, le 10 novembre 1815, une autre adresse du Conseil supérieur de la colonie dans laquelle il est dit que la France a gémi sous la tyrannie et le despotisme militaire, et que les colons, au contraire, ont joui de la paix et de la tranquillité, grâce à la sagesse des représentants de S. M. et aux secours d'un allié généreux, ils ont pu repousser loin d'eux la trahison et le désordre (1).

1816. La Martinique et la Guadeloupe ayant été bouleversées à plusieurs reprises par des guerres, des révoltes et l'occupation étrangère, se trouvaient dans une situation financière qui était loin d'être

(1) *Moniteur* du 10 novembre 1815, n° 314.

brillante. Jusqu'ici la métropole était venue peu à leur secours pour les aider à couvrir leurs dépenses ; ces deux colonies avaient vécu comme elles avaient pu, en prenant de l'argent là où il y en avait ; on s'était emparé des fonds de cautionnement, de succession et d'autres, la misère des temps y obligeait ; c'était leur excuse. A côtés de ces moyens on avait été obligé d'établir des tarifs de douane que le commerce supportait, il était de 2 1/2 pour cent à l'entrée et 5 1/2 pour cent à la sortie. Il existait en outre un second impôt, exigible au moment de la vente des denrées coloniales, sur le sucre, le café, le coton et le cacao, ce droit était assez fort, on en jugera :

Le barrique de sucre brut	19 livres ou	11^f,40
id. de sucre terré	29 ou	17,40
Le millier de café	5,16 ou	3,30
id. de coton	9,15 ou	5,65
id. de cacao	2,16 ou	1,50

Il fallait encore ajouter à ces droits, ceux imposés par la douane française à l'arrivée au port ; il en résultait que les denrées coloniales étaient à des prix très-élevés, ce qui était évidemment nuisible au commerce et aux consommateurs.

Quant aux impositions qui pesaient sur l'intérieur des colonies, elles consistaient dans les maisons imposées et l'impôt de capitation par tête de nègre.

Il était grand temps de modifier ce gênant système d'impositions ; aussi le ministre de la marine,

M. Dubouchage, proposa aux Chambres de 1816 d'accorder six millions à répartir entre les colonies, qui serait uniquement employés à diminuer le tarif de douane, dans le but de faire diminuer le prix des denrées coloniales, afin d'en favoriser la production et la consommation.

En même temps qu'on donnait des facilités au commerce national, on frappait le commerce étranger dans les importations et les exportions de marchandises. Ainsi le gouverneur fit publier, le 14 mars 1816, une proclamation renfermant des restrictions applicables aux navires étrangers, ceux venant d'Angleterre excepté, à causes des services rendus par cette nation aux Bourbons ; ces mesures devaient porter naturellement des fruits en favorisant la production, le commerce et la consommation.

Le gouverneur de Vaugiraud, voyant l'autorité de son gouvernement affermi, avait négocié l'évacuation des troupes anglaises qui quittèrent l'île en avril 1816.

Au milieu de toutes ces occupations économiques et autres concernant le pays, une cérémonie imposante se fit à Fort-de-France, le 14 septembre 1816, à l'occasion de l'envoi du buste du roi Louis XVIII, qui fut apporté par le vaisseau le *Foudroyant*, commandé par le capitaine Desrotours.

Le comte de Vaugiraud profita de cette occasion pour faire éclater de nouveau son attachement au gouvernement du roi, en donnant à la réception de ce buste tout l'apparat possible, et en prononçant un discours plein d'enthousiasme pour la personne du monarque et sa politique de paix. Les habitants s'associèrent à cette cérémonie pour répondre au désir du gouverneur et exprimer leurs sentiments politiques.

Malgré le triomphe du gouvernement de la Restauration en France et dans les colonies, les habitants étaient divisés en deux partis : les royalistes et les bonapartistes que leurs adversaires appelaient aussi Jacobins ; les premiers avaient leurs partisans dans les nobles, les planteurs, les employés de l'Etat et les prêtres ; les bonapartistes se trouvaient dans la classe moyenne et le peuple. Mais la présence des troupes anglaises et la sévérité du gouverneur obligeaient les bonapartistes à une prudente réserve ; aucune entreprise n'était possible pour soutenir une opinion libérale contre les royalistes qui disposaient de tout.

Pendant leur séjour à la Martinique, les Anglais avaient démantelé le fort Bourbon ; les murs en avaient été minés et des explosions avaient jetés des blocs de maçonnerie dans les fossés pour les combler ; c'est ainsi qu'ils se disaient les alliés du gouvernement légitime, en détruisant une forteresse qui pouvait nuire à leurs desseins cachés. Ils pensaient aussi que la France reculerait devant la dépense nécessaire pour rétablir un fort qui avait coûté plusieurs millions à construire.

CHAPITRE XII.

1818. Le général Donzelot. — 1821. Epoque de travaux et formation de comités. — 1822. Conspiration des noirs esclaves. — 1824. Conspiration des gens de couleur. — Leur caractère. — 1825. — Nouvelle organisation du gouvernement des colonies. — Ouragan du 26 août. — Reconnaissance de St-Domingue. — 1826. Le général Bouillé. — Les navires étrangers admis dans les ports des colonies.

1818. La France était régie par la charte de 1814, et les colonies par l'article 73 de cette charte, ainsi conçu : « Les colonies sont régies par des lois et des règlements particuliers. »

Avant 1789, tout émane de la métropole : la politique, la législation et les règlements avec le personnel nécessaire pour gouverner. Cependant les habitants étaient associés à ce système, jusqu'à un certain point, pour lui faire contre-poids : on avait les conseils coloniaux, composés de notables, qui représentaient les intérêts des colonies.

Après la paix d'Amiens, il y eut une autre organisation politique et administrative qui fut confiée à un capitaine général, à un préfet et à un grand juge, chaque colonie formait un département.

En 1814, on revient à l'ancien système de gouvernement antérieur à 89, qui ne pouvait satisfaire l'esprit public du temps, puisqu'il manquait d'analogie avec ce qui se passait en France. Aussi, dans les Chambres, quand on votait le budget de la marine et des colonies, on demandait dans leur intérêt des modifications analogues à celle de la charte de 1814; et le pouvoir d'alors ne s'en inquiétait guère. Cependant, il sentait qu'il fallait changer ce qui existait, et supprima en 1817 les intendants et les conseils supérieurs pour créer un nouveau système d'administration.

Le gouverneur prit le titre de gouverneur et administrateur pour le roi. C'était lui donner un pouvoir sans bornes et le rendre responsable du bien comme du mal; il fallait, au contraire, lui tracer de justes limites, lui donner le moyen de se garantir de l'erreur et de l'arbitraire.

Les détails d'administration étaient confiés à des chefs de services. Un ordonnateur avait l'administration de la marine et de la guerre. Un directeur de l'administration intérieure avait dans ses attributions le culte, le commerce, la surveillance des noirs, les travaux civils, les paroisses et leurs deniers, l'instruction publique, la presse locale et autres. Un procureur général avait la législation, les tribunaux et tout ce qui s'y rattache. Et enfin, il y avait encore un contrôleur colonial pour vérifier les actes des trois autres chefs de services.

Pour aider et guider le gouverneur, il y avait un conseil de gouvernement et d'administration dont faisaient partie les chefs de services et les personnes que le gouverneur jugeait à propos d'y appeler, pour donner leur avis sur les affaires en délibération. Ce conseil avait le droit d'émettre, en cas de besoin, des ordonnannes et des règlements provisoires, celui d'arrêter le budget des recettes et dépenses, l'état des travaux à exécuter et d'autres attributions importantes. Un autre conseil spécial était aussi créé pour examiner la conduite des personnes susceptibles d'être bannies de la colonie pour des motifs de politique ou délits dans l'exercice de leurs fonctions.

On voit d'après cet exposé que les idées libérales sont loin de prévaloir encore, et que les habitants sont considérés comme des mineurs devant être tenus en tutelle par la mère patrie.

Le Ministre de la marine jugea nécessaire, pour appliquer le nouveau système, de faire remplacer le comte de Vaugiraud par le comte Donzelot qui avait été gouverneur général des îles Ioniennes sous l'Empire.

La frégate la *Zélée* amena donc ce nouveau gouverneur et son état-major à Fort-de-France, le 8 janvier 1818. Une proclamation du comte de Vaugiraud prévient les habitants de cette arrivée et de son prochain départ pour la France. Dans cet écrit, qui n'est pas dépouvu d'éloquence, percent visiblement les

regrets de quitter une île qu'il aimait et qu'il avait su garder à l'autorité du roi Louis XVIII. Et pour donner une idée de cette pièce, on citera l'un des paragraphes : « Après un gouvernement de trois an-
« nées au milieu de circonstances souvent orageuses,
« le roi me rappelle auprès de sa personne. Je vais
« partir en me rendant le consolant témoignage que
« tous mes vœux, tous mes efforts et toutes mes pen-
« sées furent pendant ces trois années constamment
« dirigées vers votre bonheur. »

Il est vrai de dire que le comte de Vaugiraud s'était rendu très populaire parmi les habitants de la Martinique et que l'on parla longtemps, après son départ, de son intégrité et de la fermeté de son gouvernement dans les moments difficiles, pendant la période de 1814 à 1818.

1821. Il ne suffit pas d'être à la tête du gouvernement d'un pays, d'organiser le fonctionnement de l'administration pour en suivre de l'œil la marche et l'empêcher de s'écarter du chemin tracé, il faut encore chercher à améliorer la situation morale et matérielle d'un pays par l'instruction et le travail. Or, les maisons d'école étaient assez rares dans les îles ; mais l'instruction religieuse était distribuée d'une manière abondante. Quant aux travaux publics, ils étaient nuls, faute de moyens.

Cependant les routes, les chemins manquaient à l'intérieur, ceux qui existaient étaient impraticables dans la saison des pluies. Les fortifications, les bâtiments civils et militaires n'étaient pas entretenus ni réparés ; il fallait donc s'occuper de dresser des projets pour construire et améliorer ce qui existait.

Le gouverneur Donzelot compris bien sa mission sous ce rapport en faisant des propositions au ministre de la marine pour en obtenir les fonds nécessaires ; on lui accorda en même temps l'envoi d'une compagnie de sapeurs du génie destinée à concourir à l'exécution des travaux en projets.

Le directeur du génie a beaucoup à faire dans ce pays neuf où tous les travaux de l'île font partie de son service et où l'on manque souvent de moyens pour les exécuter. Ainsi les matériaux, la main-d'œuvre sont à des prix élevés : un ouvrier européen gagne deux gourdes par jour ou dix francs, et l'indigène cinq francs. Les moyens de transport manquent, les bêtes de sommes étant rares. Il n'y a point de voitures ni de diligences à l'intérieur ; les communications ont lieu par eau sur la circonférence de l'île, mais de la circonférence au centre elles sont fort difficiles.

Les demandes du gouverneur ayant été accordées, on vit bientôt arriver une compagnie de sapeurs du génie sur la corvette la *Moselle*, forte de 190 hommes et quatre officiers, tous destinés à concourir aux travaux à entreprendre. Après quelques jours de repos, ces hommes, auxquels on adjoignit des travailleurs du pays, furent employés sur différents points de l'île.

Vers cette époque la marine française de l'Etat voyait augmenter chaque année son importance ; les chantiers des ports lançaient à l'eau de nouveaux bâtiments pour le service des côtes et des stations. La station des Antilles et du golfe de Mexique était composée d'une forte escadre commandée par le contre-amiral Duperré qui parcourait ces mers pour protéger les bâtiments du commerce.

On doit rendre hommage à la vérité en disant que le gouvernement de la restauration faisait des efforts pour remettre la marine militaire sur un pied respectable, contrairement au gouvernement précédent qui portait tous ses soins sur le continent en y employant des équipages et des régiments de marine qui s'y conduisirent glorieusement dans plusieurs campagnes.

C'est vers cette époque que le ministre de la marine, le baron Portal, cherche à étendre nos colonies en faisant explorer avec soin la Guyane française depuis l'Oyapock jusqu'au Maroni, deux rivières servant de limites, et des hommes intrépides s'enfoncent dans des espaces inconnus, afin d'en sonder les profondeurs immenses dans le but d'en connaître les habitants et les ressources, pour en tirer parti, soit pour le commerce, soit pour coloniser.

Une ordonnance, du 22 novembre 1819, avait créé un comité consultatif dans chaque colonie pour éclairer le gouverneur en matière d'impôts, sur l'emploi des fonds, le régime intérieur, les travaux civils. Cette ordonnance reçut son exécution pour la première fois en 1821. Ce comité était composé de neuf membres nommés par le roi, sur une liste triple présentée par le gouverneur, qui choisissait parmi les notables de la colonie ; la durée des fonctions était de trois ans. MM. de Perpigna, De Montrose, de Lacguigneraie, de Rivecourt, Frigère, de Luppé, Tascher de la Pagerie et Delhomme furent nommés.

La session du comité consultatif durait 15 jours chaque année ; ses fonctions répondaient à peu près à celles des conseils généraux de France.

D'après la même ordonnance, le comité consultatif nomme trois candidats parmi lesquels le roi choisit un député qui doit faire partie du comité des colonies près le ministre de la marine, avec un traitement de 24,000 francs pris sur les fonds de la colonie ; le choix du roi se porta sur le comte Caquerai de Valmenier.

1822. La colonie était dans le calme : c'était une époque où les esprits ne s'occupaient que d'affaires ; on ne pensait qu'au commerce, à l'agriculture et au plaisir ; rien ne faisait présager que cette situation heureuse serait atteinte par une attaque soudaine ;

mais comme dit le proverbe, il ne faut pas se fier à l'eau qui dort.

Les noirs esclaves ont eu de tout temps de tristes habitudes morales : ils sont dissimulés, cachent leurs sentiments et leurs impressions, leur haine et le moment de la vengeance. Ainsi, ils auront l'air de ne pas remarquer un fait qui les concerne, un désagrément, un affront qu'on leur fait subir, parce qu'ils craignent les reproches ou un châtiment ; mais que l'heure vienne où ils pourront se venger, et alors ils seront terribles et sans pitié, les innocents, les coupables ne seront pas épargnés. Des noirs esclaves, croyant avoir des motifs de se plaindre de leurs maîtres, et voulant secouer le joug de l'esclavage, se mirent à conspirer dans l'ombre, puis finirent par se mettre en révolte au Carbet, dans la nuit du 13 au 14 octobre 1822. Les nommés Narcisse, Jean-Louis, Jean et Baugnio se portèrent ensemble et successivement sur les habitations de madame Lévignan. MM. Ganat et Fizel père, qu'ils égorgèrent ; d'autres personnes furent blessées par ces forcenés. L'alarme fut bientôt donnée à St-Pierre, situé à six kilomètres ; la garde nationale à pied et à cheval fut réunie pour se rendre sur les lieux de la révolte. En arrivant près du Carbet, la garde nationale se saisit de deux noirs qui furent immédiatement passés par les armes et leurs corps exposés sur le bord du chemin pour servir d'exemple.

Le but des révoltés était de faire soulever les grand ateliers et de massacrer les blancs et les mulâtres du pays ; ils avaient le sentiment de leur force, puisque dans ce moment il y avait 81,000 noirs esclaves contre 10,000 blancs et 11,000 gens de couleur libres.

On arrêta 60 nègres qui furent conduits et jugés à St-Pierre ; le procès ne fut pas long : sept furent décapités, quatorze furent pendus et dix subirent la peine du fouet et condamnés aux travaux forcés.

Cet exemple de sévérité fut terrible pour la population noire esclave de St-Pierre qui en contenait 14 à 15,000.

Un ordre du jour du gouverneur témoigna ensuite à la garde nationale de St-Pierre sa satisfaction pour le zèle et l'activité qu'elle avait déployés dans cette circonstance, en se rendant promptement sur le lieu de la révolte.

L'émotion causée par cette échauffourée fut grande parmi les habitants, surtout chez les planteurs qui craignaient de voir l'esprit d'insubordination gagner leurs ateliers où se trouvait la masse des nègres esclaves : heureusement pour eux, la révolte fut réprimée vivement et avec succès ; mais pour les nègres ce n'était qu'un coup manqué qui ne faisait que d'augmenter leur haine contre leurs oppresseurs.

C'est ici l'occasion et le lieu de parler de la situation de cette race d'hommes transplantés des côtes d'Afrique dans les îles de l'Amérique pour y exécuter des travaux de culture qu'eux seuls peuvent faire à cause de la nature du climat.

Les nègres esclaves sont tous originaires des côtes d'Afrique, ils ne peuvent exercer aucun droit civil ou politique. En droit, ils ne peuvent rien posséder. En fait, ceux qui parviennent à acquérir des valeurs mobilières ou quelqu'argent en disposent à leur gré et les emploient souvent au rachat de leur liberté.

Le régime des esclaves est doux : l'intérêt des maîtres, autant que l'humanité, les porte à prendre soin de ces êtres que le sort a mis dans leurs mains. Les travaux des noirs sont modérés, la journée est de neuf heures ; ils commencent au lever du soleil et cessent le soir, ils sont suspendus pendant la chaleur du jour. Le logement et la subsistance sont convenablement assurés. Le maître pourvoit à l'habillement de chaque noir, il est dû deux vêtements par an ; chaque individu ou famille a droit à une case et un jardin qu'il cultive en vivres du pays pour son usage exclusif. Ils peuvent posséder des volailles, des porcs, du gros bétail dont ils tirent de bons profits par la vente au marché où tout se vend à des prix élevés ; ils disposent du samedi et du dimanche.

Il existe sur chaque habitation un hôpital et une pharmacie où les malades reçoivent des soins. Les femmes enceintes, les enfants, les nourrices, les vieillards et les infirmes sont exempts du travail ; chacun peut employer son temps comme il l'entend.

Les colons français n'étaient pas aussi terribles pour leurs esclaves qu'on a voulu le dire ; au contraire, ils étaient généralement bons et humains, et l'on ne comprend pas ces esprits enthousiastes qui ne font que suivre leurs idées sans faire la part de ce qui est juste et raisonnable. Il n'y a qu'à se rendre compte de ce qui s'est passé dans les Antilles en 93 pour savoir de quel côté s'est trouvée la barbarie sauvage de cette époque où les noirs préludaient à la liberté par le fer et le feu.

Certainement, il est arrivé à des maîtres de s'oublier jusqu'au point de devenir injustes et cruels ; mais dès que de tels faits étaient connus, il s'élevait de toutes parts une réprobation générale, et l'administration intervenait pour réprimer les abus d'autorité contraire à l'humanité.

D'ailleurs, l'intérêt bien entendu du maître était de ménager des esclaves au caractère sombre et dangereux, d'éloigner tout sujet d'irritation ; car vivant au milieu de la campagne, éloigné de tout secours dans les moments difficiles, ils se trouvaient exposés à leur exaspération brutale. On a vu des noirs qui ne craignaient pas d'incendier les habitations, les plantations, d'empoisonner le maître, sa famille, le bétail et leurs camarades mêmes, pour se venger d'un maître détesté.

1824. On était remis depuis quelque temps de la surprise et de l'épouvante produites par la révolte des nègres du Carbet, et l'on n'y pensait plus, lorsque de sourdes rumeurs vinrent jeter de nouvelles inquiétudes dans les esprits. On apprit qu'une autre conspiration s'organisait à St-Pierre, ville riche, livrée aux affaires, et ayant une population remuante d'environ 25,000 âmes où les gens de couleur et les nègres sont en grande majorité.

Mais cette fois ce n'était pas les noirs qui voulaient égorger les blancs et les gens de couleur libres ; mais bien les gens de couleur eux-mêmes qui voulaient se substituer aux blancs dans toutes les positions sociales.

Des conciliabules se tenaient dans cette ville où était le centre de la révolte qui devait éclater la nuit de Noël de 1823 ; le coup fut différé par l'arrivée d'une compagnie d'artillerie devant tenir garnison ; les conjurés eurent peur de ce renfort de troupes.

Quelques mulâtres étaient aussi arrivés de France et distribuaient de petites brochures aux gens de couleur pour les exciter à se révolter ; car c'étaient des mulâtres qui étaient à la tête du mouvement. Ils s'entendaient avec les gens de couleur des îles anglaises, et même avec ceux de St-Domingue qui avaient alors Boyer pour président. Enfin des écrits injurieux furent adressés à l'autorité contre les blancs en général, et les mulâtres ne se donnaient plus la peine de cacher leurs desseins de s'emparer du pouvoir au moyen d'un soulèvement dans les villes et les campagnes.

1824. Une réunion clandestine ayant eu lieu de nuit chez l'un des chefs, nommé Bisette, marchand à Fort-de-France, le gouverneur fit cerner la maison où se trouvaient 25 à 30 individus de couleur qui furent pris en partie ou dispersés. Bisette fut arrêté, on saisit ses papiers dans lesquels on trouva les noms des principaux conjurés.

En même temps, treize des plus riches et des plus importants furent arrêtés à St-Pierre et embarqués à bord de la frégate *la Constance* pour être conduits dans les prisons de Fort-de-France.

Le gouverneur de la colonie avait toujours eu la faculté d'ordonner, par mesure de haute police, la déportation d'individus troublant la tranquillité publique ; mais en 1817, le roi jugea convenable d'environner ce droit d'une garantie propre à concilier l'intérêt de la société et la sûreté publique. En conséquence, un conseil spécial fut institué pour prononcer sur le sort des individus troublant l'ordre établi ; et aucun individu ne pouvait être extraordinairement banni ou déporté sans qu'il en eût été délibéré en conseil spécial.

Le complot des gens de couleur étant dans le cas prévu, une information eut lieu, des témoins furent entendus et les prévenus furent interrogés par le conseil spécial, qui rendit dans plusieurs séances des décisions motivées, dont la dernière est du 5 février 1824, et par lesquelles 37 individus furent condamnés au bannissement comme prévenus de complot contre la sûreté de la colonie.

Les trois principaux chefs furent traduits devant la Cour royale de Fort-de-France et condamnés aux travaux forcés, Bisette fut l'un d'eux.

Les 37 individus bannis de la Martinique furent embarqués sur la gabare le *Chameau* et dirigés sur le Sénégal, lieu désigné pour leur transportation.

Cet événement eut un grand retentissement en France où l'opposition en tira parti contre le gouvernement d'alors, qui avait pour lui le droit, la justice et la modération. Il ne pouvait faire moins pour empêcher une coupable ambition de nuire à un pays qui commençait à prospérer par son travail et son activité. En supposant la réussite du complot qui avait pour but la destruction de tous les blancs, on aurait vu bientôt les mulâtres abattus par les noirs et toutes les horreurs de St-Domingue se reproduire.

Avec le retour des Bourbons en France, les distinctions sociales devinrent plus tranchées ; on chercha à relever le prestige nobiliaire, détruit par la Révolution. Dans les colonies il en était de même entre les blancs ; ceux qui étaient revêtus d'un titre nobiliaire, ou ornés de la simple particule, se donnaient une importance ridicule, et, en suivant la progression descendante, le simple blanc se trouvait bien au-dessus d'un homme de couleur libre, et celui-ci, au dessus du noir esclave.

Il résultait de cette situation sociale, qui était dans les usages, un mécontentement prononcé chez les gens de couleur libres, leur orgueil et leur vanité en était blessés. Les lois aggravaient encore leur condition ; ils étaient incapables de recevoir une donation d'un blanc ; les fonctions publiques leur étaient interdites, et ils pouvaient être privés de leur liberté en certains cas pour être vendus au profit du trésor public. Enfin, on voulait, à quelque distance que fût un homme de couleur de son origine, qu'il conservât la tache de sa race.

Ces restrictions ne les empêchaient point de posséder, d'exercer une profession, de faire partie de la milice et de jouir d'autres droits comme les blancs.

On comprenait dans la classe des gens de couleur les individus de sang mêlé ou de race noire libre, soit de naissance, soit par l'affranchissement. La mère, dans ce cas, détermine l'état de l'enfant : si elle est libre, l'enfant est libre ; si elle est esclave, l'enfant l'est aussi.

Le nombre des gens de couleur tend à s'accroître continuellement, parce que c'est l'espèce la plus vivace dans les colonies. Il s'augmente par le mélange des races et par les affranchissements provenant de la cohabitation des individus : une négresse esclave d'un blanc dont elle aura des enfants, restera esclave toute sa vie ; pourvu que ses enfants soient affranchis, c'est tout ce qu'elle désire.

Presque tous les gens de couleur habitent les villes et y exercent des professions; le travail de la terre leur est antipathique, ils craindraient de ressembler aux esclaves. L'ouvrier des villes travaille peu, deux ou trois jours par semaine, son salaire lui suffit pour vivre le reste de la semaine. Dans les campagnes, quelques heures de travail suffisent par jour pour qu'un individu trouve sa nourriture sur le champ qu'il cultive et le moyen de subvenir à ses autres besoins. Il lui faut peu de vêtements, et, quant à son logement, c'est lui qui construit et répare sa case.

— L'instruction des gens de couleur libres est presque nulle ; mais ils sont intelligents et pourraient facilement sortir de leur ignorance en se livrant à un travail intellectuel.

La guerre d'Espagne avait nécessité quelques précautions de défense dans les colonies ; les soldats de l'artillerie avaient été employés à l'armement des forts et batterie, pendant que les sapeurs du génie réparaient les ouvrages de fortifications, et établissaient des sémaphores destinés à avertir promptement des attaques qui pourraient avoir lieu contre la côte et les navires par les corsaires.

Au sujet des travaux exécutés en plein air dans ces pays, il est bon de remarquer que le travail, moyennant la sobriété, n'est pas nuisible aux travailleurs blancs comme peuvent l'être l'oisiveté et l'excès des boissons. A cette époque, des sapeurs du génie et des militaires, tirés des bataillons d'infanterie, réunis en ateliers, ont travaillé pendant plus de deux ans, sans avoir été atteints de maladies dangereuses, à Fort-de-France et à St-Pierre. On peut dire que le travail modéré dans les lieux sains est au contraire salutaire pour les blancs acclimatés.

1825. La progression des idées libérales en France, auxquelles les colons s'associaient, les lumières répandues parmi eux, améliorant leur position sociale, ce dont il était juste de tenir compte, portèrent le gouvernement de la métropole à modifier le système de gouvernement des colonies. A cet effet, une ordonnance du 21 août 1825 concentre le pouvoir dans les mains du gouverneur, en le dégageant du détail du service colonial, lequel est réparti entre trois chefs de service placés immédiatement sous ses ordres, et dont les attributions sont déterminées d'une manière précise dans l'ordonnance citée.

Il est créé un ordonnateur chargé de la guerre et de la marine, un directeur de l'intérieur et un procureur général pour la législation et les tribunaux ; puis on maintien l'institution du contrôle colonial chargé de surveiller les actes des trois autres administrations.

Pour donner un contre-poids à l'autorité du gouverneur, il est établi un conseil privé composé du gouverneur, des trois chefs de service et de deux conseillers coloniaux, et qui a pour attributions de prononcer sur le contentieux avec recours au conseil d'État, la connaissance des appels, les contraventions aux lois et ordonnances sur le commerce et la traite des noirs.

Enfin, dans le but d'appeler les colons à examiner les actes de l'administration coloniale, on crée, par colonie, un conseil général pour veiller aux intérêts généraux et indiquer les voies et moyens pour y satisfaire. Ce conseil général devait aussi proposer au roi le député près du gouvernement à Paris et devant faire partie du comité des colonies. En ce qui concerne la formation du conseil général, les membres des conseils municipaux formaient une liste de proposition de candidats, et le roi nommait les personnes devant former ce conseil (1).

C'était une amélioration sensible, introduite dans le régime colonial, que celle qui consistait à appeler dans le gouvernement des gens du pays pour veiller aux intérêts de tous ; plus tard les colons pouvaient revendiquer une participation plus large et plus directe dans la gestion de leurs affaires ; c'était un pas fait

---

(1) Cette ordonnance, appliquée à l'île Bourbon d'abord, ne le fut à la Martinique et à la Guadeloupe que le 9 février 1827.

en avant dans le sens libéral; mais il y avait encore loin pour arriver à ce qui se pratiquait en France.

Les améliorations administratives et politiques dont il vient d'être parlées étaient dues au ministre de la marine, M. de Chabrol. Il jugea utile d'aider les colonies autrement ; car il fit rendre une ordonnance, le 31 octobre 1825, très-favorable au régime des finances, en prescrivant la suppression, au budget de la marine, des sommes qui se rattachaient aux dépenses de la guerre et de la marine et provenant des fonds coloniaux ; mais à la condition que les colonies auraient à pourvoir à leurs dépenses intérieures sur leurs revenus locaux, dont il leur était fait entièrement abandon.

Les ouragans qui ravagent les Antilles sont des phénomènes qu'on ne peut apprécier en Europe, où il y a seulement de forts orages. Dans un ouragan il se produit un déplacement d'air impétueux dont la force est incalculable, l'électricité y joue un grand rôle, et des torrents de pluies se produisent toujours. Rien ne résiste à cette force de l'air : les édifices les plus solides sont renversés ; les arbres les plus gros sont déracinés, tordus et transportés au loin. Dans ces convulsions de la nature, il y a presque toujours des tremblements de terre et des raz de marée qui augmentent le désordre général sur terre comme sur mer.

Quand un ouragan est sur le point de se manifester, on voit l'homme, les animaux domestiques et sauvages exprimer leur crainte par l'inquiétude et des cris ; ils cherchent un refuge pour se garantir d'une catastrophe imminente ; ils pressentent qu'un trouble est sur le point de se manifester dans la nature.

L'impétuosité du vent porte sa vitesse dans ces parages jusqu'à 100 mètres par seconde, tandis que le vent de nos orages atteint rarement 40 mètres par seconde.

Le 26 août, le temps était disposé à la tempête par un assemblage de gros nuages noirs qui obscurcissaient le jour ; la chaleur était accablante ; des éclairs se succédaient rapidement et précédaient le désordre qui allait s'accomplir. Et bientôt un vent impétueux s'élève et chasse successivement des masses de nuages en sifflant horriblement, et faisant tout trembler ; en même temps des torrents de pluie s'échappent de ces nuages entraînant tout dans les terrains bas, qui deviennent des lacs. La foudre éclate avec fracas et vient augmenter l'horreur de cette scène de désordre et d'épouvante.

Ce phénomène dura environ deux heures, c'est-à-dire depuis 10 heures jusqu'à midi. Il y eut des toitures enlevées, des cases à nègres emportées, des navires jetés à la côte et toute la campagne ravagée ; les arbres, les buissons, les cultures ; enfin tous les végétaux avaient été plus ou moins endommagés par la force du vent et de la pluie, renversant tout sur leur passage (1).

Telle était le triste tableau qui se présentait aux yeux après l'ouragan qui s'était déchaîné sur la colonie. On sut plus tard que la Guadeloupe avait été bien plus maltraitée encore, et que la ville de la Basse-Terre n'existait plus. D'autres îles avaient été de même atteintes par ce coup de vent, mais à un degré bien moindre que la Guadeloupe.

On pouvait, avec le temps et du travail, se relever de ce grave échec, tandis que nos voisins, plus maltraités que nous, avaient besoin de secours en argent, en vivres et planches pour construire des abris. Une souscription fut immédiatement ouverte pour parer aux premiers besoins de ces malheureux habitants, et des envois successifs furent dirigés sur la Basse-Terre, qui avait été la cité la plus malheureuse dans ce trouble des éléments.

Il faut quitter ce triste récit pour entretenir le lecteur de circonstances politiques qui avaient une grande importance pour nos colonies.

Le président Boyer gouvernait, à cette époque, l'île de St-Domingue avec succès. Le commerce étranger était admis dans ses ports avec facilité ; celui de France avec défiance, parce qu'on supposait

(1) L'auteur se trouvait alors à la Martinique, où il a vu l'effet produit par l'ouragan. On trouvera le récit des ravages faits à la Guadeloupe au 12ᵉ chapitre.

à tort que son gouvernement conservait des idées de reprise de possession. Pour dissiper ces craintes, le gouvernement français crut le moment arrivé d'ouvrir de nouveaux débouchés pour notre marine et notre commerce. A cet effet, le roi Charles X rendit une ordonnance, le 17 avril 1825, portant que les haïtiens seraient libres de disposer d'eux-mêmes moyennant une indemnité de 500 millions, destinés à servir d'indemnités aux colons qui avaient été dépouillés de leurs biens. M. de Chabrol, ministre de la marine, désigna le capitaine de vaisseau Makau comme négociateur de cette importante affaire ; et une escadre de deux vaisseaux, six frégates, deux corvettes et cinq bricks, fut réunie à la Martinique sous les ordres du contre-amiral Jurien.

Le capitaine Makau, sur la *Circé*, et accompagné de deux bricks seulement, se rendit à St-Domingue où il reçut un accueil bienveillant, quand on connut l'objet de sa mission. Le président Boyer fit accepter au sénat haïtien les conditions de la France. Pendant ce temps, l'escadre de l'amiral Jurien étant arrivée, on s'empressa de la recevoir dans le port.

A l'occasion de la reconnaissance de cette république par la France, des fêtes furent données par le gouvernement haïtien à notre escadre ; et trois envoyés haïtiens s'embarquèrent à bord de la *Circé* pour se rendre en France, négocier un emprunt devant satisfaire aux justes réclamations de notre gouvernement en faveur des colons dépossédés de leurs biens, à l'époque de la révolte de cette île contre la mère patrie.

1826. Le général comte de Bouillé arrive dans le mois de juin pour remplacer le gouverneur comte Donzelot, qui gouvernait la Martinique depuis huit ans. C'était un nom connu aux Antilles et qui rappelait de beaux jours, la prise de St-Christophe, de Tabago et de Ste Lucie, les noms illustres de d'Estaing et de Guichen.

Les fonctionnaires, comme les habitants, regrettent le départ de cet excellent gouverneur à l'aspect vénérable et digne, qui sut marquer son passage par une bonne et ferme administration. Il sut encore faire exécuter des travaux importants dans les villes et dans l'intérieur de l'île, et donner par ce moyen l'exemple de l'activité et du travail dans un climat où tout porte les hommes à la molesse et à l'oisiveté. Il porta aussi ses soins sur le commerce, l'agriculture, les voies de communications. Pour la première fois, l'on vit en 1825 un bateau à vapeur sillonner les rivages de l'île ; ce navire fut appelé le *comte Donzelot*, et faisait régulièrement le service de transport entre Fort-de-France et St-Pierre. Les indigènes, dans leur joie naïve, exprimaient leur étonnement en voyant marcher rapidement ce bateau contre vent et marée ; mais ce qui frappait le plus leur imagination, c'était cette fumée noire qui s'étendait au loin en se déroulant comme un crêpe funèbre.

Par sa fermeté et sa modération, il parvint à maintenir dans le devoir les noirs et les gens de couleur qui tentèrent de se soulever en 1822 et en 1824.

Une ordonnance, du 5 février 1826, permet, pour la première fois, l'entrée dans les îles des bâtiments étrangers et l'importation des marchandises qui consistent en animaux vivants taxés à 10 pour cent *ad valorem* ; bœuf salé, à 15 pour cent ; le bois en grume, le charbon de terre, le fer, etc., taxés à 4 pour cent.

C'était une amélioration utile aux colons, dont le commerce et le trésor du pays devaient tirer des avantages ; mais il faut dire que ces taxes étaient bien élevées, comparativement à celles que payaient les marchandises tirées de France, lesquelles n'étaient taxées que de un ou deux pour cent.

Pour se conformer à l'ordonnance du roi, de 1825, sur la nouvelle organisation du gouvernement colonial, une ordonnance, du 31 décembre 1826, nomme les membres du Conseil général pour cinq ans, savoir : MM. de Perinelle, de Lucy, Darmand, Delhomme, de Luppé, Carreau, Lalame, de Percin, de Chalvet, le comte Levassor-de-Latouche, de Perpigna et Desgrottes.

CHAPITRE XIII.

1827. Le général Barré. — Modifications au gouvernement colonial. — 1828. Organisation judiciaire. — Introduction des cinq codes et autres ordonnances. — 1829. Régime hypothécaire. — 1830. Le contre-amiral Dupotet. — Révolution de juillet. — Mise en état de siége. — 1831. Révolte et incendie. — Arrestation de 360 esclaves. — Affranchissement de 2,870 esclaves. — Les gens de couleur libres obtiennent les droits civils. — 1832. Affranchissement de 824 esclaves. — 1833. Loi organique. — Les gens de couleur obtiennent les droits politiques. — Diverses ordonnances. — Blocus de Carthagène.

1827. Le général Bouillé, gouverneur, est remplacé par le maréchal de camp Barré, commandant militaire de la Martinique.

Cet officier général était à la Martinique depuis plusieurs années, et connaissait parfaitement la population, ses besoins, ses ressources et tout ce qui l'intéressait.

Pendant les deux années 1827 et 1828, le ministre de la marine s'occupe d'introduire dans nos colonies un ensemble d'ordonnances modifiant leur mode de gouvernement et leur législation :

1° Ordonnance du 9 février 1827, concernant le gouvernement de la Martinique et de la Guadeloupe et dont il a été déjà parlé en 1825 ;

2° Une ordonnance du même jour, portant que les députés et leurs suppléants, nommés par les conseils généraux, formeront un Conseil près du ministre pour traiter les affaires coloniales ;

3° Une autre ordonnance du 4 juillet 1827, déterminant le mode de procéder en matière criminelle, en attendant que le code d'instruction criminelle puisse être mis en pratique dans les îles ;

4° Ordonnance nommant les membres du Conseil privé, savoir : MM. de Lagrange, de Luppé et de Montrose ;

5° L'ordonnance du 1er avril 1827, prescrit aux tribunaux d'agir sévèrement contre les individus qui se livrent à la traite des noirs, malgré les ordonnances et la loi ;

6° Une ordonnance du roi, du 17 août 1828, relative au service des troupes dans les colonies, fait connaître qu'il sera formé trois régiments d'infanterie de marine, et que les régiments de l'armée de terre ne tiendront plus garnison dans les îles ;

7° Une nouvelle organisation judiciaire est prescrite par l'ordonnance du 24 septembre 1828, qui introduit ce principe de droit : que nul ne peut être distrait de ses juges naturels ; que les jugements rendus par les tribunaux pourront être attaqués par voie d'annulation devant la Cour de cassation. En même temps, cette importante ordonnance maintient les attributions respectives du Conseil privé, de la

Commission des prises et des conseils de guerre.

Toutefois, il pourra être établi une cour prévôtale suivant les formes déterminées par ladite ordonnance.

Les audiences seront publiques au civil et au criminel, excepté pour certains cas reconnus dangereux pour les mœurs.

Les deux colonies seront régies par le Code civil, le Code de procédure civile, le Code de commerce, le Code d'instruction criminelle et le Code pénal modifié et mis en rapport avec les mœurs et les besoins des habitants des îles.

C'était la première fois que les cinq codes, en usage en France, paraissaient dans nos colonies; cet arsenal de lois était-il bien nécessaire pour une société vivant simplement, où l'esprit de chicane était rare et où la bonne foi était en honneur? Il eut peut-être mieux valu se contenter des lois existantes en les révisant, il n'en serait résulté aucun changement, aucune complication dans les habitudes sociales des habitants. On ne voyait dans tout cet assemblage d'ordonnances et de codes que des moyens organisés pour gêner l'action individuelle, dans un pays où l'on jouit d'une grande liberté, et où les crimes et les délits sont assez rares entre les personnes libres.

M. de Chabrol, ministre de la marine, auteur de ces innovations, est remplacé par M. Hyde de Neuville, bien connu par ses sympathies pour la classe noire esclave, il donne des ordres sévères contre ceux qui se livrent à la traite.

1828. Ordonnance du roi du 31 décembre 1828, portant que l'administration de l'enregistrement sera établie à la Martinique et à la Guadeloupe.

Cette ordonnance devant servir à percevoir les droits de l'Etat établis sur les actes en matière civile et de commerce, en matière criminelle, correctionnelle et de police, paraît avoir pour base un tarif excessif en certain cas, on en jugera : 2 1/2 pour cent pour les beaux à loyers ou à ferme de biens, meubles ou immeubles, pour conventions de nourriture de personnes, le louage des esclaves et des gens de travail, les baux de paturage et nourriture d'animaux; 5 pour cent sur les actes d'assurances maritimes; 7 1/2 pour cent sur les actes et contrats d'assurance autres que ceux maritimes ; 10 pour cent sur les baux ou conventions pour nourriture de personnes, lorsque la durée est illimitée; 20 pour cent sur les adjudications, ventes, reventes, sessions, marchés; 50 pour cent sur les donations entre vifs et les mutations qui s'effectuent par décès.

On voyait avec peine, le fisc s'emparer de la moitié d'un héritage après le décès du propriétaire; les héritiers avaient bien le droit de maudire cette ordonnance érigée en forme de loi.

1829. Mais en voici une autre du 14 juin 1829 servant à établir, dans les deux îles, un système d'administration hypothécaire.

Jusqu'ici le régime hypothécaire pratiqué dans les deux îles n'avait pas produit de bons effets ; les créanciers ne faisaient point inscrire leurs créances pour ne pas compromettre la situation de leurs débiteurs, puis à cause du prix élevé de l'inscription et des fortes amendes qu'on encourait en négligeant de faire inscrire à temps les créances ; et il faut ajouter que toutes ces formalités qui se pratique couramment en France n'était pas dans les usages de ces pays. Les créanciers attendaient patiemment qu'il plût aux débiteur de s'acquitter envers eux ; c'était une facilité nuisible aux planteurs qui étaient portés à en abuser, et par conséquent à augmenter leurs dettes.

La marche des affaires, la paix et la fusion des partis, avec la satisfaction d'une bonne récolte, produisaient une situation prospère. Partout on voyait, à cette époque, les cultures s'étendre, les procédés agricoles s'améliorer et les anciennes dettes se payer, signes certains de la prospérité des planteurs.

Dans nos deux colonies, il ne faut pas chercher sur les plantations un luxe qu'on remarque dans les colonies étrangères ; les propriétaires s'y distinguent autrement ; c'est par les soins qu'ils donnent à leurs noirs et à leurs cultures qu'ils obtiennent des succès.

Il est clair que l'intérêt du maître est d'accord avec

l'humanité ; car la surveillance sévère exercée sur la traite des noirs, aura pour effet d'empêcher l'introduction des noirs de la côte d'Afrique ; ce recrutement devenant impossible forcera le propriétaire de tourner toutes ses vues vers l'amélioration morale et physique de son atelier, sous peine de le voir décroître et disparaître dans un temps donné ; et par conséquent sa fortune suivre le même sort.

On cite des habitations où il n'est pas entré un nègre nouveau depuis 1815 et dont la population noire a augmenté sensiblement.

1830. Le contre-amiral Dupotet est nommé gouverneur, par ordonnance du 11 août 1830, en remplacement du contre-amiral Frescinet, nommé en 1829, lequel a demandé à quitter ce commandement.

Des événements graves venaient de s'accomplir ; la France ayant à se plaindre du Dey d'Alger s'était emparée de cette régence. Quelques jours après avoir célébré ce triomphe de l'armée et de la marine, la monarchie des Bourbons se perd en lançant des ordonnances contre la liberté, ses ennemis en profitent pour chasser de France une antique famille pour une fâcheuse erreur.

Le roi Charles X aurait dû éviter cette faute ; mais déjà vieux, mal entouré et mal conseillé, il fit ce coup d'État qui amena la révolution de juillet, et le força d'abandonner le trône pour l'exil.

La France entière accueillit le duc d'Orléans

comme régent du royaume d'abord ; puis il fut proclamé roi des Français sous le nom de Louis-Philippe ; on reprit avec joie la cocarde tricolore, et la Charte fut modifiée par la Chambre des députés.

Lorsqu'on sut dans les colonies les événements arrivés en France, ce fut un trouble général ; la joie éclata chez les uns et la peur chez les autres. Le vieux parti des Bourbons en fut consterné ; ceux qui aimaient les idées de liberté et de progrès social pouvaient enfin exprimer librement leurs pensées en combattant l'ignorance et les préjugés de l'époque. Mais l'émotion fut plus grande encore chez les gens de couleur libres qui aspiraient depuis longtemps à l'égalité sociale qu'on leur refusait toujours, et chez les noirs, chez lesquels le désir de devenir libres ne pouvait être qu'une espérance chimérique.

Dans ces circonstances difficiles, les gouverneurs demandèrent des instructions et des pouvoirs extraordinaires au gouvernement, afin de pouvoir agir suivant les événements, il leur fut répondu par une ordonnance qui leur accordait l'autorisation d'agir sous leur propre responsabilité, sans être obligé de consulter le Conseil privé. En même temps, il était ordonné de faire disparaître toute distinction blessante à l'égard des gens de couleur libres et de les assimiler complètement aux blancs ; quant aux esclaves auxquels le nouveau gouvernement de France portait de l'intérêt, on espérait pouvoir les affranchir partiellement, c'est-à-dire un certain nombre par an.

Le gouverneur Dupotet, pour fusionner les gens de couleur libres avec les blancs et les attacher à la cause de l'ordre, rendit un arrêté qui leur accordait une position sociale égale à celle des blancs. Cet arrêté, du 12 novembre 1830, faisait disparaître les règlements locaux dont la plupart étaient tombés en désuétude.

Pendant ce temps, il avait été décidé par ordonnance du nouveau roi que les députés des colonies, près le ministre de la marine, cesseraient leurs fonctions, et qu'à l'avenir ils seront nommés directement par les Conseils généraux.

Le Conseil général de la Martinique, voulant faire connaître ses sentiments au roi Louis-Philippe, vote une adresse, dans sa séance du 7 novembre 1830, où l'on remarque le passage suivant :

« Sire, les colons osent implorer la protection de
« V. M. Placés dans une position toute spéciale, leur
« premier besoin est l'ordre public. Rien ne saura
« mieux le conserver que cette sage lenteur qui
« répare sans secousse, qui doit reconstruire sans
« violence et sans danger pour l'Etat. »

1831. Cette année, les esprits sont fort agités en France par les événements survenus l'année précédente, il semble que le corps social tout entier soit atteint de la fièvre politique. Le nouveau gouvernement, malgré les meilleures intentions, reçoit des assauts continuels qui l'ébranlent sans parvenir à le renverser : les légitimistes et les républicains unissent leurs efforts dans les Chambres, dans la presse, et dans la rue dans une commune haine ; mais vainement, ils ne purent qu'agiter le pays à son détriment.

A la Martinique, les noirs s'agitent aussi, non pour la politique, mais pour devenir libres ; ils se réunissent et se concertent pour agir contre l'ordre existant. C'est à St-Pierre qu'aboutissent tous les fils de la conspiration, où se trouvent les chefs du mouvement.

Qu'on se figure une ville de 25,000 habitants contenant à peu près 15,000 noirs, 6,000 hommes de couleur et 4,000 blancs. On voit de suite, d'après cette proportion, la position critique des blancs ; mais fort heureusement les gens de couleur eurent la raison, le patriotisme de comprendre que l'intérêt du pays voulait qu'ils fussent unis aux blancs, et c'est ce qu'ils firent au moment du danger. On leur doit cette justice qu'ils prêtèrent un loyal concours à l'autorité.

A cette époque, le gouvernement de l'île était confié à un homme de tête et de cœur, le contre-amiral Dupotet, qui sut, dans ces moments difficiles, s'attirer l'estime et la sympathie des gens de bien, et prendre des mesures pour préserver la colonie de l'incendie et de la dévastation. Il commença par faire publier que, vu les circonstances, l'état de siége était déclaré.

Contre une population d'esclaves de 78,000 âmes disposés à s'insurger, il fallait calculer les moyens de résistances ; or, avec 6,000 hommes environ de milice et 2,000 hommes de garnison, on ne pouvait guère s'endormir ; c'est pourquoi il fit appel aux esclaves mêmes pour en former des compagnies supplémentaires de milice, en leur promettant la liberté s'ils se conduisaient bien, et 2,000 se rangèrent sous le drapeau de l'ordre.

Dans la nuit du 9 au 10 février, les esclaves de St-Pierre, réunis en grand nombre à ceux des habitations des environs, se ruèrent sur la ville où ils mirent le feu à plusieurs endroits, ainsi qu'à une douzaine d'habitations de la banlieue ; dans cette échauffourée plusieurs maisons furent l'objet de leur haine particulière, surtout celle de M. de Périnelle. Pour augmenter le désordre, ils incendièrent aussi les champs de cannes à sucre, qui brûlent si facilement, et par ce moyen, ces forcenés produisirent un vaste incendie.

Mais le zèle et le dévouement des milices blanches et de couleur, de la garnison, des marins de l'Etat et du commerce, parvinrent à préserver la ville d'une destruction totale.

Les esclaves, voyant l'efficacité des mesures prises, se dispersent de toutes parts, et ceux qui sont pris implorent la générosité des blancs.

Le gouverneur décide que les esclaves faits prisonniers dans cette révolte seront livrés aux tribunaux ordinaires ; et des détachements de milice de couleur habitués au pays et des chasseurs de montagnes, parcourent l'intérieur de l'île pour rassurer les planteurs, et arrêter les esclaves en état de vagabondage.

Dans cette affaire, 360 esclaves furent arrêtés, mais quelques jours après 300 furent rendus à la liberté.

Il était juste de récompenser ceux qui avaient pris du service dans la milice et qui s'étaient fait remarquer dans l'incendie de St-Pierre, le gouverneur accorda 73 libérations de ce chef, par arrêté du 19 février ; puis une demande fut adressée au Ministre de la marine pour en libérer un plus grand nombre par mesure d'exemple, de philantrhopie et d'humanité. Il fallait montrer à cette classe déshéritée que ceux qui se montreraient dignes de la liberté pourraient l'obtenir, soit en servant l'Etat, soit en servant leurs maîtres convenablement.

A l'occasion de la libération accordée par le gouvernement de la métropole, sur la proposition dont il a été parlée déjà, un arrêté fut pris, le 4 décembre 1831, digne d'être rapporté :

« Nous, gouverneur de la Martinique,

« Voulant récompenser par le bienfait de l'affran-
« chissement les individus qui se sont rendus dignes,
« soit par leur service dans la milice, soit par leur

« dévouement à leurs maîtres, ainsi que les individus
« porteurs de titres non ratifiés, et ceux des patron-
« nés qui ont fait preuve de bonne volonté ;

« Avons arrêté ce qui suit :

« Les individus servant dans les milices pour obte-
« nir leur liberté ; ceux qui sont porteurs de titres
« non ratifiés ainsi que les autres individus dont les
« noms sont compris dans les états qui suivent, sont
« déclarés libres et affranchis de toute servitude. »

Sur ces états, il y avait 1769 noms d'esclaves, et en y joignant ceux déjà libérés précédemment, on trouve un total de 2370 pour l'année 1831.

Cependant des esclaves ayant participé aux troubles étaient parvenus à se réfugier dans les îles voisines, qu'ils quittèrent pour venir à Ste-Anne soulever les ateliers d'esclaves de ce quartier ; le gouverneur, voulant prévenir la suite de ce mouvement, prit un arrêté par lequel il était accordé une prime de 200 francs à celui qui arrêterait un noir esclave en fuite ; et si celui qui aura arrêté un esclave n'est pas libre, la liberté lui sera acquise par ce fait.

A la fin de mars, la tranquillité était revenue, l'instruction judiciaire se poursuivait, et il résultait des preuves acquises que le complot avait été conçu et exécuté par les esclaves de la ville de St-Pierre.

Le nouveau règne devait amener une politique large et libérale en France et dans les colonies, il était logique d'effacer autant que possible les traces d'un passé où l'on avait attaqué l'ancien ordre de choses ; en conséquence, et sur l'ordre du gouvernement de la métropole, le gouverneur Dupotet promulgue la libération des peines prononcées en 1824 par la Cour royale de la Martinique contre les hommes de couleur. Il en fut de même pour ceux qui avaient été condamnés par le Conseil spécial à la déportation. Ainsi, les hommes de couleur de ces deux catégories purent rentrer dans leurs foyers et à leur tête se trouvait Bisette.

1832. Le gouverneur Dupotet, usant de ses pouvoirs à l'occasion de la fête du roi Louis-Philippe, le 1er mai 1832, accorde des concessions de liberté à 824 individus signalés pour leur conduite régulière.

C'était faire un bon usage de son autorité que d'appeler ainsi de bons sujets à la liberté ; c'était surtout d'un bon exemple pour les autres esclaves que de leur montrer la marche que le gouvernement entendait suivre dans l'avenir.

Pour donner plus de précision aux formalités à remplir dans les concessions d'affranchissement, une ordonnance parut, le 12 juillet 1832, signée de l'amiral de Rigny, ministre, établissant la marche à suivre en pareil circonstance.

1833. C'est une époque où l'on cherche à mettre les institutions en harmonie avec les principes libéraux de l'époque ; mais malheureusement cela se fait de pièces et de morceaux, au lieu d'un ensemble régulier qu'il serait facile à étudier et à comprendre dans un même travail.

Le ministre de la marine, de Rigny, propose au roi, le 14 juillet 1833, la formation d'une Commission judiciaire permanente, près le département de la marine, pour connaître la conduite de certains fonctionnaires, et notamment ceux de l'ordre judiciaire employés aux colonies, qui préféreraient venir en France en rendre compte au ministre que d'être déférés au Conseil privé.

Le département de la marine a toujours été investi du pouvoir sur toutes les colonies qui ont été régies jusqu'ici par ordonnances; mais, après la révolution de 1830, il fallut céder à l'opinion publique et aux chambres qui voulaient participer à leur législation ; ces pays eux-mêmes demandaient aussi à être appelés à donner leur opinion sur des sujets qui les concernaient particulièrement. Ces causes motivèrent la loi du 24 avril 1833 sur le régime législatif colonial.

On donne ci-après une analyse suffisante pour connaître l'économie de cette loi :

1° Le Conseil général est remplacé par un Conseil colonial. Les lois qui seront faites se rapporteront aux lois civiles et criminelles concernant les personnes libres, les lois spéciales pour les personnes non libres, les cas où la peine capitale est applicable, les lois sur le commerce, le régime des douanes, l'organisation administrative, l'organisation judiciaire, les droits politiques, la répression de la traite et toutes les lois que le gouvernement jugera nécessaire d'établir pour régler les relations entre la métropole et les colonies.

2° Il sera statué par ordonnance, les colonies entendues, savoir : les concessions d'affranchissement, les droits de legs, la presse, l'instruction publique, l'organisation du service des milices, les recensements, les améliorations à introduire dans la condition des personnes non libres, les pénalités applicables à cette classe, et le régime des habitations.

3° Seront proposés par le gouverneur au Conseil colonial : les projets et décrets coloniaux sur les matières non comprises dans les art. 1 et 2. Le gouverneur nomme un ou plusieurs commissaires pour soutenir les discussions des projets de décrets présentés au Conseil colonial.

4° Le Conseil colonial donne son avis sur les dépenses de garde et de protection concernant le service militaire à la charge de l'Etat. Il détermine l'assiette et la répartition de l'impôt ; il vote le budget des recettes et dépenses du service intérieur, excepté le traitement du gouverneur ; les dépenses du personnel de la justice et des douanes sont fixées par le gouvernement.

Les décrets adoptés par le Conseil colonial ne peuvent être exécutés que provisoirement, ils ne seront définitifs qu'après avoir reçu la sanction du roi.

Le Conseil colonial peut émettre un vœu, soit par une adresse au roi, soit par un mémoire au gouverneur, suivant le cas, des matières mentionnées ci-dessus.

5° Le gouverneur rend des décisions pour régler les matières d'administration et de police et pour l'exécution des lois et ordonnances publiées dans la colonie. Il convoque le Conseil colonial, il le proroge et peut le dissoudre; mais dans ce dernier cas il doit en convoquer un nouveau dans un délai de cinq mois; il assiste aux séances d'ouverture et de fermeture.

6° Le Conseil colonial sera de 30 membres pour la Martinique et la Guadeloupe; les membres seront élus pour cinq ans par les colléges électoraux, leurs fonctions seront gratuites.

7° Le gouverneur peut convoquer extraordinairement le Conseil colonial; il ne peut s'assembler qu'à l'époque et dans les lieux indiqués par le gouverneur, il ne peut délibérer que lorsqu'il se trouve en nombre suffisant; les délibérations du Conseil auront lieu à huis clos; mais l'extrait des procès-verbaux des séances sera imprimé et publié à la fin de chaque session. Chaque membre du Conseil prêtera serment.

8° Le Conseil colonial nomme les deux délégués près le gouvernement du roi et fixera leur traitement; ils seront nommés pour 5 ans.

La Martinique et la Guadeloupe auront deux délégués pour chacune des deux îles. Tout Français peut être choisi pour délégué, s'il est âgé de 30 ans et s'il jouit de ses droits civils et politiques ;

9° Pour être électeur, il faut être âgé de 25 ans, né dans la colonie ou y être domicilié depuis deux ans, jouir de ses droits civils et politiques, payer une contribution directe de 300 fr., ou justifier d'une propriété de 30,000 fr.

Pour être élu membre du Conseil colonial, il faut être âgé de 30 ans et payer une contribution directe de 600 fr., ou posséder une propriété de 60,000 fr.

En donnant ces garanties constitutionnelles, une autre loi, rendue le même jour, était promulguée pour faire admettre, sans distinction de couleur, toute personne de condition libre à la jouissance des droits politiques, sous la condition prescrite par les lois.

En résumant ces dispositions remarquables sur la législation coloniale, on doit remarquer une tendance à concilier le régime exceptionnel des colonies avec le droit commun existant en France. Cette tâche, quoique morcelée, a été remplie par le gouvernement, les Chambres législatives, le Conseil d'État, les législatures coloniales et les délégués des colonies ; il est juste aussi de citer l'habile ministre de la marine, M. de Rigny.

Il parut encore différentes ordonnances relatives

au régime colonial, leur importance étant secondaire, on n'en parlera pas.

La guerre civile existait en Colombie depuis quelques temps ; les résidents étrangers n'étaient plus en sûreté à Carthagène ; M. Barrot, notre consul, et le consul anglais avaient été forcés de fuir pour mettre leurs personnes en sûreté.

Le gouvernement voulant protéger nos intérêts et nos nationaux, ordonne de rassembler à la Martinique des bâtiments de guerre pour aller bloquer Carthagène.

L'amiral Makau se rendit à la Martinique dans le mois de décembre, sur l'*Atalante*, pour commander l'expédition. Il s'occupa, aussitôt son arrivée, de rassembler un personnel et un matériel convenables pour bloquer ce port de mer. Les Anglais, qui avaient les mêmes motifs que nous de faire cette expédition, réunirent leurs bâtiments aux nôtres pour se présenter ensemble avec des forces imposantes.

CHAPITRE XIV.

1834. — Trouble de la Grande-Anse. — Pillage d'une habitation. — La troupe s'empare de 86 mulâtres. — Licenciement et désarmement de la milice. — La chasse réglementée. — Conseil colonial. — Convocation et discours. — Départ du contre-amiral Dupotet. — Arrivée du vice-amiral Halgan. — Affaire de la Grande-Anse, 105 accusés. — 18 condamnations à mort. — 1835. Diverses ordonnances. — 1836. Le contre-amiral Makau. — Ouverture de la session coloniale. — Esclaves conduits en France. — L'Angleterre proclame l'abolition de l'esclavage. — La Chambre des députés et l'esclavage. — Le gouvernement veut la liberté partielle des esclaves.

1834. Le vice-amiral Halgan est nommé gouverneur de la Martinique en remplacement du contre-amiral Dupotet, par ordonnance du roi du 5 janvier 1834.

Les lois et les ordonnances qui avaient été faites pour fusionner les blancs et les gens de couleur, en ôtant aux premiers une partie de leur *prestige*, n'avaient pu éteindre chez les seconds, ce fond de jalousie provenant de leur caractère. Dans ce climat la passion est plus impérieuse qu'ailleurs, elle emporte trop facilement l'homme. On aura beau décréter l'égalité sociale, elle n'existera jamais. Il y a tant de manières de faire sentir le dédain et l'orgueil que ceux qui sont en cause finissent par être irréconciliables. Les troubles arrivés au bourg de la Grande-Anse n'avaient pour cause que la supériorité de race sur une autre ; c'était une conspiration d'hommes de couleur contre les blancs de ce quartier ; entrons en matière.

Au mois d'août 1833, des querelles eurent lieu entre Lasserre, de race blanche, propriétaire, et plusieurs habitants du bourg de la Grande-Anse. Un rassemblement hostile contre Lasserre se forma, composé de toutes sortes de gens ; celui-ci se voyant en danger, alla demander aide et protection à l'autorité, il revint avec deux dragons sur lesquels on tira des coups de feu ; un cheval fut blessé.

Le nommé Cesaire, de couleur, fut désigné comme le principal coupable et envoyé devant la Cour de St-Pierre. Après trois jours de débats, il fut condamné à la peine de mort, le 22 décembre 1833, pour complicité et non révélation de la tentative d'assassinat contre Lasserre. La Cour, après le prononcé, recommande Cesaire à la clémence du roi.

Le condamné ayant fait des révélations sur les complices de la scène du 4 août, des mandats furent lancés contre les nommés Rosemond et Louis Adolphe, qui avaient disparu.

Ce qu'il y a de particulier aux gens de ce pays, c'est que pendant la durée du procès, les affidés du complot se signalèrent par des menaces de violences, soit secrètes, soit publiques, contre les membres de la Cour d'assise et les magistrats instructeurs, sans épargner l'avocat de Cesaire, qui avait fait honorablement son devoir.

Le 25 décembre, Rosemond et Louis Adolphe, tous deux sous-officiers de la milice de couleur de la Grande-Anse, convoquent leurs compagnies au bourg: lorsqu'elles furent réunies, au nombre de 40 à 50 hommes, ils se portèrent à 5 heures du matin sur l'habitation Lasserre qu'ils pillèrent et tentèrent d'incendier ; mais ils en furent empêchés par les noirs qui se conduisirent avec dévouement dans ce moment critique.

Ces mulâtres se portèrent ensuite chez le sieur Duval-Dugué, assesseur, qui avait siégé dans l'affaire de Cesaire, et y brûlèrent une pièce de cannes à sucre. Un détachement de 25 hommes fut dirigé sur les lieux ; puis le gouverneur Dupotet, arrivé à St-Pierre, jugea l'affaire assez grave pour y envoyer une compagnie de grenadier et d'y joindre un détachement de milice de la ville.

Mais ces brigands, réunis en bandes nombreuses, osèrent faire feu sur des gendarmes. Les habitants de la Grande-Anse avaient abandonné leurs maisons à leurs nègres et s'étaient réunis en un endroit pour défendre leurs femmes et leurs enfants.

A St-Pierre, il régnait une grande agitation : l'on y arrêta le nommé Léonce, soupçonné d'avoir provoqué la révolte à la Grande-Anse et de vouloir incendier la ville avec ses complices.

Les troupes envoyées contre les rebelles eurent une rencontre, le 27 décembre, à 10 heures du matin, avec les mulâtres, qui mirent bas les armes au nombre de 86, et furent conduits sur l'habitation Bonafous.

Le gouverneur, à son arrivée, trouva plus de 300 personnes campées et réunies sous la garde de leurs parents ; il leur témoigna un intérêt et une sollicitude qui relevèrent leur courage. Il donna ensuite l'ordre de réunir la milice de couleur qui se rendit à cet appel, moins les chefs du complot. On arrêta six miliciens accusés d'avoir pillé. Tous prétendirent avoir été entraînés par les chefs de la révolte qui les menaçaient de les fusiller en cas de refus. Ces chefs comptaient sur le soulèvement des nègres pour piller, incendier et massacrer dans toute la colonie ; mais ces nègres ont montré un calme et une modération qui ont fait le désespoir des révoltés ; quelques-uns même se sont honorés par des traits de fidélité : un, entre autres, a sauvé une cassette contenant 10,000 fr., qu'il a remis à son maître, M. Lasserre ; la liberté lui fut donnée sur-le-champ pour cet acte de probité.

La population, en général, a conservé pendant ces événements une attitude calme et modérée.

Les troupes envoyées contre les rebelles montrèrent de la modération en faisant leur devoir ; le gouverneur cite la conduite du capitaine de grenadiers Criston et celle du lieutenant de gendarmerie Lafreté, qui sortait de l'arme du génie.

Le 8 janvier, dans une séance du Conseil privé, on a résolu le licenciement et le désarmement de la milice de l'île, pour la réorganiser sur de meilleures bases; aucune opposition ne se manifesta contre cette mesure de la part de la milice des autres localités.

Il est temps de quitter cette longue histoire de mulâtres révoltés pour reprendre le cours des choses utiles. Ainsi, d'après le relevé extrait du *Moniteur* du 5 février 1834, le nombre des affranchissements accordés à la race noire, s'élevait pour la Martinique à 11,587, pour la Guadeloupe à 4,671, et pour la Guyanne française à 614.

Pour régler l'action de l'administration sur les maîtres à esclaves, une ordonnance est rendue, le 4 août 1833, et dut être exécutée le 1er janvier 1834.

L'administration a toujours été en droit d'exiger des états de recensement pour l'intérêt du fisc, puisque chaque esclave paie un impôt de capitation, et pour reconnaître s'il y a des introductions de noirs de traite; mais cette formalité serait illusoire si une peine n'était prononcée, lorsqu'on y manque, et dans ce cas, il peut y avoir une amende de 20 à 200 fr.

Quant au manque de recensement, c'est plus grave, car on peut encourir une amende de 300 à 3,000 fr.

Les maîtres sont encore tenus de faire les déclarations de naissances, de mariages et de décès de leurs esclaves en temps voulu ; les infractions pouvant être punies suivant l'art. 352 du Code pénal et prononcées correctionnellement. Maintenant on va passer du recensement à un exercice qui ne se pratique guère dans ce pays.

La chasse, dans nos possessions, était le privilége de l'homme libre, il n'y avait aucune gêne à cet égard. On pouvait chasser partout, n'importe de qu'elle manière, soit au bois, soit en pleine ou dans les marais du bord de la mer, appelés palétuviers.

Dans ces pays, on ne craignait pas les procès-verbaux ; mais on craignait la rencontre des serpents enroulés autour d'une branche d'arbre, et pouvant mordre le chasseur au passage.

Le nouveau gouverneur décrète, le 30 avril 1834, que la chasse sera interdite pendant l'époque de l'incubation, qui dure du 15 février au 15 juin, et, qu'après cette époque, nul ne peut chasser s'il n'a obtenu un permis de port d'armes se payant 20 fr. pour un an.

L'esclave porteur du gibier en temps prohibé, sera arrêté et détenu, jusqu'à ce qu'il soit réclamé par son maître qui paiera les frais encourus.

Il arrive souvent que l'histoire présente de l'aridité, de la sécheresse, quand il faut parler de la politique et de l'administration, mais ces choses là faisant partie de l'existence d'un pays, il faut nécessairement s'en occuper.

Les colléges électoraux furent réunis le 10 février 1834, pour procéder à la nomination des membres du Conseil colonial, et se conformer à la loi du 24 avril 1833 et à l'ordonnance du 13 mai suivant. Les suffrages des électeurs tombèrent sur les personnes portées ci-après, savoir :

MM. Gauvin, Artaud, de Catalogue fils, de Latuillerie, Cicéron, Moussard, Lepeltier, des Roseaux, de Chastelus, Gibert, Bonnet, Comte de Mauny, de Crozant, Desgrottes, vicomte Villarson, de Perein fils, Desabaye, d'Eulleville, de Bernard, de Lagrange, Pellerin-Lasouche, Gaudelat, Eyma, Maillet, de Porinelle, Peissal de Grenouville, Mis Duchastel, Massel, Catala, Vergeron.

Le Conseil colonial est convoqué, le 1er mars, par le gouverneur Dupotet, avec un cérémonial approprié à la circonstance, et le gouverneur y prononce un discours dont on donne seulement l'analyse.

Pour la première fois le Conseil colonial est appelé à exercer le pouvoir législatif. La tranquillité règne dans tous les quartiers de l'île par l'effet de la sagesse des habitants.

Des misérables, ayant osé troubler la tranquillité par le feu et le pillage, ont été réprimés. Une surveillance active garantira, à l'avenir, le retour d'une tentative insensée. La fidélité montrée par les ateliers des noirs est un hommage rendu aux bons traitements qu'ils éprouvent, et détruisent les calomnies de nos détracteurs.

Les chefs d'administration vous soumettront les budgets des recettes et des dépenses ; vous aurez également connaissance des ressources de toute nature, et des documents vous seront remis pour éclairer vos discussions.

Ce qui acquiert une grande importance en premier lieu, ce sont les projets d'organisation de la milice, de la forme des affranchissements et du code pénal des esclaves ; puis, en second lieu, les projets de loi qui suivent :

Sur les esclaves devant subir la peine de mort.
Sur le Code civil.
Sur le Code de procédure civile.
Sur le Code de commerce.
Sur l'organisation judiciaire.
Sur l'organisation municipale.
Sur le régime des douanes.

Le gouvernement, en proclamant le besoin d'une sévère économie, reconnaît la nécessité de faire face aux charges présentes et d'assurer l'avenir. C'est ainsi que vous pourrez maintenir la tranquillité et protéger les intérêts de toutes les classes. Enfin, conserver en améliorant, telle est la pensée du gouvernement.

Le Conseil colonial formula ensuite une adresse, en réponse au discours, contenant ce qui suit :

« La Martinique apprécie l'importance des nouveaux pouvoirs qui lui sont confiés.

« Un complot s'était organisé ouvertement avec de vastes ramifications, la révolte a prématurément éclaté dans le quartier de la Grande-Anse. L'existence de la colonie a été compromise par des hommes qui ont méconnu la voix de la reconnaissance, ont cru devoir payer les bienfaits du gouvernement du roi par une rebellion à main armée accompagnée de pillage et d'incendie ; mais vous vous êtes promptement porté à l'endroit du danger pour comprimer le désordre et rassurer la population qui n'aspire qu'au repos.

« La justice éclatante que vous rendez à la modération des colons est d'autant plus précieuse pour eux qu'elle sera connue en Europe, et qu'elle servira à détruire les préventions injustes auxquelles se livrent si légèrement les personnes ignorantes des hommes et des choses de ce pays.

« La fidélité des esclaves dans les derniers événements est une preuve non équivoque de l'administration toute paternelle du maître, et répond victorieusement à nos détracteurs.

« Les budgets des recettes et des dépenses qui vont nous être soumis seront l'objet de la plus sérieuse attention. Nous aviserons aux moyens de mettre en rapport les besoins et les ressources de la colonie, qui est affligée depuis plusieurs années par le luxe des emplois et des traitements.

« La stagnation du commerce et la dernière loi sur les sucres, réclament de nous la plus stricte économie.

« Les projets de loi seront examinés attentivement, et nous mettrons dans nos délibérations la maturité convenable.

« Le Conseil s'occupera du budget de 1834, et nous reconnaissons la juste répartition de l'impôt. Nous prêterons un loyal concours au gouvernement du roi et à la juste confiance qu'il nous témoigne. »

Le Conseil procéda ensuite à la nomination des deux délégués au ministère de la marine : ce furent MM. Charles Dupin, membre de la Chambre des députés, et le baron Cools, délégué actuel.

Après que ces travaux importants de l'installation du Conseil colonial furent terminés et que la direction des séances fut entrée dans une bonne voie, le contre-amiral Dupotet retourna en France ; son successeur, le vice-amiral Halgan, étant arrivé pour prendre le gouvernement de la colonie.

Ce nouveau gouverneur, voulant connaître la situation matérielle et morale des habitants, entreprit une tournée dans la colonie, et il reconnut par lui-même que la population était calme et que chacun était occupé à mettre à profit une récolte favorable.

Il profita de son voyage pour examiner le régime

des habitations, et les traitements qu'éprouvent les esclaves de la part des maîtres; leur condition lui parut convenable, les châtiments corporels étaient tombés en désuétude. Les esclaves paraissaient contents du présent et sans inquiétude sur l'avenir. Ils étaient attachés au bien-être dont ils jouissaient et se livraient volontairement aux travaux qui n'excédaient pas leurs forces physiques.

La vérité de cette situation était de nature à dissiper d'injustes préventions soulevées par la calomnie et à convaincre que le sort des noirs laissait peu à désirer aux amis de l'humanité.

Pendant que ces choses se passaient, l'affaire de la Grande-Anse se déroulait devant la Cour d'assises de St-Pierre. Le nombre des accusés était de 105 ; c'était des hommes appartenant à la classe des gens de couleur, et plusieurs d'entre eux avaient été affranchis depuis peu de temps; il faut convenir qu'on n'avait pas eu la main heureuse à l'égard de ces derniers.

Les débats se terminèrent le 30 juin 1834, et 18 accusés furent condamnés à la peine de mort, 6 à la peine des travaux forcés à perpétuité, 3 à 5 ans de cette peine, les autres à des peines légères ou furent libérés.

Des commutations de peine pour les moins coupables furent demandées par le gouverneur au chef de l'Etat, qui en accorda un certain nombre, dans lesquelles figuraient quinze condamnations à mort sur dix-huit.

On est entré dans beaucoup de détails relatifs aux événements qui se sont produits cette année, dans le but de faire connaître au lecteur la situation exceptionnelle dans laquelle ce pays s'est trouvé avec une nouvelle organisation législative et une insurection qui ont dû inquiéter des esprits si prompts à s'alarmer.

Le gouvernement ne s'arrêtait pas dans la voie qu'il s'était tracée pour les affranchissements, malgré les obstacles : une note insérée au *Moniteur* du 27 décembre 1834 en porte le nombre à 23,268, tant au compte de l'Etat qu'à celui des particuliers, dans les quatre colonies à esclaves.

La tranquillité ne fut pas troublée cette année par les partis, qui tendaient à se fusionner les uns dans les autres ; mais avec des esprits aussi impressionnables que ceux des créoles, on ne pouvait croire à une sécurité complète pour l'avenir.

A l'occasion de la fête du roi, le 1er mai 1835, il est accordé des remises de peines entières à quatre individus libres ou esclaves.

Une ordonnance du roi du 22 juin 1835, déclare applicable aux deux colonies de la Martinique et de la Guadeloupe, la loi du 28 avril 1832, contenant des modifications au Code d'instruction criminelle et au Code pénal.

Une autre ordonnance, qui touchait aux intérêts de tous les planteurs, fut rendue le 10 octobre 1835 ; elle affranchissait de tous droits de douane les sucres exportés de la Martinique et de la Guadeloupe pour la France. Mais en même temps elle créait un droit de 3 pour cent sur les marchandises exportées de France pour ces deux colonies, et compenser la perte du droit sur les sucres.

Le contre-amiral Makau est nommé gouverneur par ordonnance du 5 février 1836, en remplacement du vice-amiral Halgan dont les fonctions de gouverneur n'ont duré que deux ans.

Pendant son séjour, il sut raffermir l'ordre et s'attirer les sympathies des habitants. Avant son départ, le bureau du commerce lui vote une adresse à l'unanimité pour le remercier de ses soins éclairés dans la direction générale des affaires du pays.

Le Conseil colonial, organe de leurs concitoyens, éprouva aussi le besoin d'exprimer la reconnaissance du pays pour avoir ramené l'ordre et la confiance dans la société coloniale.

D'après une note insérée au *Moniteur*, le 25 février 1836, le nombre des affranchissements accordés dans nos colonies à esclaves, s'élevait à 27,150 individus, tant hommes que femmes et enfants.

Des commutations de peines avaient déjà été accordées à des individus condamnés pour avoir pris part à l'insurrection de la Grande-Anse, en 1834. Un nouvel acte de clémence du roi est exercé à l'égard de 23 individus, par ordonnance du 29 janvier 1836. Tous ces hommes étaient de condition libre, et appartenaient à la classe des gens de couleur. Ils purent rentrer dans leurs foyers, sous la condition de 5 ans de surveillance de police, pour les empêcher de retomber dans une erreur funeste.

L'ouverture de la cession a lieu, le 23 mai 1836, par le gouverneur Makau ; dans cette circonstance, il prononça un discours dont voici l'analyse.

Les efforts du gouvernement colonial tendent à réaliser les vues du gouvernement du roi en ménageant tous les intérêts. Il sera démontré au Conseil que depuis 1832, les ressources du trésor colonial se sont successivement affaiblies. Le budget qui vous sera présenté pour 1837 offrira les moyens de mettre en équilibre les recettes et dépenses.

Il sera tenu la main à une stricte économie dans l'emploi des deniers publics, et par ce moyen, on arrivera à alléger les charges qui pèsent sur le pays.

La France vous demande d'entrer dans une voie de progression et de concession, mais elle n'entend nullement qu'il puisse être porté atteinte à la fortune coloniale.

La situation satisfaisante du commerce et la culture permettront de triompher des difficultés qui pourraient se présenter.

« C'est avec une conviction profonde, Messieurs

les conseillers, que jamais une confiance mutuelle et complète ne fut plus nécessaire dans l'intérêt de cette colonie entre ses mandataires et le dépositaire de l'autorité royale. »

Ce discours, en partie énigmatique, faisait allusion à la question de l'esclavage qui ne pouvait tarder à devenir brûlante pour les propriétaires d'esclaves; on ne pouvait encore l'aborder franchement par ménagement pour les intérêts; mais déjà on s'en préoccupait ici et à la Guadeloupe.

Une ordonnance du 29 avril 1836, qui se rapportait à l'esclavage, prescrivait aux habitants des colonies qui voudraient conduire en France un esclave de l'un ou de l'autre sexe de le faire préalablement affranchir.

De criminelles tentatives s'étaient trop souvent produites contre la vie du roi, Louis-Phillippe Ier, celle qui fut commise, le 25 juin 1836, par le nommé Alibaud, eut pour résultat de faire voter spontanément à la Martinique, par les autorités civiles et militaires, une adresse exprimant leur indignation, et, en même temps, leur dévouement au chef de l'État (1).

Les sucreries du continent américain faisaient usage depuis plusieurs années de locomobiles pour le transport des récoltes et le travail intérieur des

(1) *Moniteur* du 12 octobre 1836.

usines. Le ministre des finances, M. Duchatel, demanda au roi d'en permettre l'importation dans les colonies moyennant un droit de 4 pour cent de la valeur, les constructeurs français n'étant pas encore en mesure de pouvoir fournir de semblables machines à l'agriculture coloniale.

L'Angleterre avait proclamé la liberté des esclaves dans ses possessions d'Amérique, presque malgré les colons ; elle exigeait de l'esclave un apprentissage variable qui commençait en 1837 et devait durer cinq ans ; certaine catégorie d'esclaves pouvait être libérée avant ce temps.

La France, qui s'enthousiasme facilement des grandes choses, fut frappée de voir l'Angleterre la devancer dans la civilisation ; elle qui avait été la première en 1794 à proclamer le principe de liberté, à l'époque où aucune nation ne songeait même à l'imiter. On avait seulement institué une commission composée de notabilités pour veiller aux intérêts des esclaves, laquelle poussait la Chambre des députés et le gouvernement à accorder sans tarder l'émancipation.

L'esprit public était peu au courant de cette question de l'esclavage dont le nom était un effroi pour lui. Pour l'éclairer, il fut résolu qu'un débat solennel aurait lieu contradictoirement à la Chambre des députés, qui ferait connaître en même temps les dispositions du gouvernement à cet égard. Le budget de la marine présentait une occasion favorable aux explications qu'on désirait obtenir sur la situation de l'esclavage dans nos colonies.

Lamartine, dans la séance du 26 mai 1836, ne manqua pas de déployer son éloquence à la tribune en faveur des nègres esclaves, il cherche à toucher l'assemblée par des peintures vives et animées. Il tire ses moyens d'éloquence des sources les plus pures : de Dieu, de la religion et de l'humanité, en y joignant toutes les ressources de son imagination. Il pousse même des parties de son discours jusqu'à l'absurde ; mais tout est permis aux poètes. Revenant à une appréciation plus exacte, il dit que l'Angleterre, qui a quatre fois plus d'esclaves que nous, n'a pas craint de les appeler à la liberté par son acte du 4 août 1833, et de dépenser 500 millions pour indemniser les maîtres à esclaves, et conclut à l'affranchissement immédiat.

Mais M. Ch. Dupin ne partageait pas du tout cet enthousiasme pour la liberté ; il prend la défense des colons, que l'on a souvent dépeints comme des êtres durs et cruels ; à qui aujourd'hui il est juste de rendre hommage, car ils ne manquent ni de sagesse, ni de lumières, ni d'humanité. Les colons sachant pratiquer la véritable bienfaisance dans une proportion toujours croissante et limitée seulement par les nécessités du travail qui font substituer la famille.

L'Angleterre, en donnant 500 millions pour deux millions d'esclaves, n'a fait que satisfaire aux idées d'une secte puissante qui voulait du bien aux noirs, sans s'inquiéter du sort des blancs.

M. Ch. Dupin pensait que la mesure d'émancipation ne pouvait être exécutée aussi promptement, par la raison que les noirs n'auraient pas le temps de s'habituer à la liberté, et, dans ce cas, il valait mieux qu'ils fussent libérés par degré et amenés à l'amour du travail progressivement.

Le gouvernement partageait cette manière de voir, et forcé d'avoir à déclarer s'il oserait maintenir l'esclavage, il répondit qu'il fallait arriver à la solution de la question de l'émancipation par des améliorations successives et l'adoption de mesures de prévoyance, d'ordre et de morale qui sont mises en pratique dès à présent.

Le bill anglais, par son retentissement dans nos deux îles de la Martinique et de la Guadeloupe, fit passer à la Dominique et à Ste-Lucie, situées à peu de distance, environ 600 esclaves ; mais le premier effet produit, la désertion n'eut plus lieu.

Les règlements anglais qui leur promettaient de larges conditions de liberté ne leur assuraient ni travail ni subsistance. On exigeait des déserteurs qu'ils servissent dans la milice ; mais on ne leur permettait pas de retourner dans les îles d'où ils sortaient.

Depuis la mise en vigueur du bill d'émancipation, des nègres anglais ont fui leurs îles pour échapper aux moyens coërcitifs employés contre eux ; ils abordent aux îles françaises où ils sont libres, même de retourner dans les îles britanniques, si cela leur plaît.

Telle était, en résumé, la situation de la question de l'esclavage dans nos îles à l'époque où l'Angleterre venait de prononcer l'affranchissement des noirs dans ses possessions d'Amérique.

CHAPITRE XV.

1837. — Session du Conseil colonial. — Duel à coups de fusil. — M. de Makau est nommé vice-amiral. — Catastrophe de la pointe du prêcheur. — 2ᵉ session du Conseil colonial. — 1838. Le contre-amiral de Moges est nommé gouverneur. — Arrivée du prince de Joinville. — Session du Conseil colonial. — Affranchissement d'esclaves depuis 1830. — 1839. Ravages de la fièvre jaune. — 1ᵉʳ tremblement de terre, le 11 janvier. — Recencement général de la population. — 2ᵉ tremblement de terre, le 2 août. — Dégrèvement du sucre. — 1840. Société d'agriculture. — M. Duval d'Ailly, capitaine de vaisseau, est nommé gouverneur. — Affranchissement d'esclaves depuis 1830. — Commission consultative des colonies. — Don de 30,000 francs fait par le comte Dourches. — Combat livré à un serpent de 7 pieds de long. — Lois sur les sucres. — Session du Conseil colonial, dissolution, élections et convocation.

La session du Conseil colonial est ouverte par le gouverneur, le 10 janvier 1837 ; elle a pour objet d'examiner les projets financiers tendant à ramener l'équilibre entre les recettes et dépenses. Les combinaisons employées dans la formation du budget de 1836 font espérer au gouverneur que les comptes de cette année se liquideront avec moins d'embarras que pour ceux des exercices antérieurs.

Depuis la dernière session, la tranquillité n'a pas été troublée. Partout le respect des lois s'est maintenu et garantit à chacun leur salutaire appui.

La saison de l'hivernage s'est heureusement passée sans désastres pour la navigation et le pays, la récolte s'annonce sous les meilleurs auspices.

Le gouverneur fait encore connaître au Conseil colonial qu'il aura à prendre connaissance des ressources dont dispose le pays pour asseoir l'établissement d'un bon système financier.

Un événement à sensation s'est passé dans le courant de mai, et peut donner une triste idée de l'exaltation des caractères poussés par la haine et la vengeance.

Un duel terrible a eu lieu entre MM. Maynard et Ste-Croix-de-Thounens et dont la cause n'était pas connue du public. M. Maynard a été tué. Les deux adversaires, placés à 15 pas, ont d'abord tiré chacun deux coups de fusil et un coup de pistolet sans amener de résultat; au second coup de pistolet, M. Maynard a été atteint au bas-ventre et a succombé.

Cet événement a produit sur les habitants un douloureux effet, tout habitués qu'ils puissent être à ces sortes d'affaires d'honneur, qui se renouvellent souvent dans ces pays où le duel tient une trop grande place dans les mœurs.

Une nouvelle qui fit oublier cette histoire tragique était celle concernant l'excellent gouverneur, M. Makau, que le roi venait de créer vice-amiral pour ses honorables services ; l'ordonnance qui le portait à cette dignité était du 30 mai 1837.

Les travaux du Conseil colonial étant terminé, le

gouverneur, M. de Makau, en fit la clôture, le 17 juin 1737, par un discours dont voici les passages principaux :

« La discussion approfondie à laquelle a donné lieu l'examen de projet de décret sur l'organisation du régime municipal, a prouvé le soin que vous apportez à l'étude de tout ce qui se rattache aux intérêts du pays. Nous avons la confiance que ce décret, dans lequel vous avez introduit très-peu d'amendements, sera éminemment utile à la colonie, que l'administration des communes en éprouvera une amélioration, sans que l'autorité ait à regretter d'avoir renoncé à une partie de ses attributions pour les confier aux municipalités.

« Nous appelons de tous nos vœux le moment où le gouvernement de la métropole nous mettra en jouissance du régime des entrepôts. Nos ports, si avantageusement placés, ne voient plus flotter que très-rarement les pavillons étrangers. Cependant ce n'est que dans les relations actives du commerce étendu que nous pourrions recouvrer une partie de l'ancienne prospérité de cette île.

« Je remercie le Conseil de l'accueil qu'il a fait à une proposition tendant à obtenir une allocation pour augmenter le personnel du clergé. Les prêtres catholiques que nous allons demander à la France auront ici la plus belle mission à remplir : ils seront chargés spécialement sur les habitations de l'instruction religieuse des enfants. Ce que la générosité et les nobles sentiments de plusieurs colons ont réalisé sur leurs terres, le devoir du gouvernement et de l'offrir à tous, à l'habitant peu riche comme à celui qui peut pourvoir aux frais de ce moyen puissant d'amélioration morale des ateliers. »

Le Conseil colonial avait formulé trois demandes importantes dont la réalisation importait beaucoup aux habitants : l'organisation du conseil municipal, l'établissement d'entrepôts de marchandises étrangères et une demande d'augmentation de prêtres pour civiliser les noirs esclaves et les conduire à la liberté ; c'était bien répondre aux intentions du gouvernement et de la civilisation que d'agir ainsi.

Mais quittons les affaires politiques et administratives pour entrer dans le domaine des faits.

Dans le courant de novembre, un grand malheur est venu jeter le deuil dans bien des familles. Depuis quelques temps on était dans l'habitude de fréquenter les bords d'un torrent qui débouche à la mer, près la Pointe-du-Prêcheur, aux environs de St-Pierre, pour prendre des bains.

Beaucoup de familles y étaient installées quand une crue d'eau subite eut lieu le 20 novembre. Onze personnes ont été emportées sans qu'on pût les secourir. Parmi les plus connues, on cite Madame de la Rozière, femme du directeur des douanes ; Melle Monnerot et M. Raneureau.

Le gouverneur de Makau s'est transporté immédiatement à St-Pierre pour connaître les détails de ce triste événement, et présider à l'inhumation des personnes noyées. Au service, toutes les classes étaient représentées : blancs, mulâtres et noirs, étaient confondus dans un même sentiment de piété et de douleur.

Dans le mois de décembre, le Conseil colonial est convoqué une seconde fois par ordre du Ministre de la marine, mécontent de voir que ce Conseil vise à faire des économies dans ses dépenses ; de nouvelles combinaisons financières étaient présentées avec de nouveaux décrets, dans le but de les faire adopter par le Conseil colonial.

Pour adoucir cet acte d'autorité, le gouverneur, M. de Makau, annonce que la métropole est bien décidée à pourvoir la colonie d'entrepôts de douane, et qu'il a reçu l'autorisation de retourner en Europe pour rétablir sa santé.

Le Conseil colonial vit avec regret qu'il fallait reviser, dans une session extraordinaire, les budgets de 1837 et 1838, et que les modiques économies opérées sur la dépenses allaient disparaître.

1838. Le contre-amiral de Moges est nommé gouverneur de la Martinique par ordonnance du roi, en remplacement du vice-amiral Makau dont la santé s'est trouvée tellement altérée par le climat, qu'il a été obligé de demander sa rentrée en France.

Avant de quitter la colonie, il publie une proclamation pour annoncer son départ aux habitants ; en voici quelques passages :

« J'ai besoin de vous dire que je m'efforcerai, dans tous les temps de vous être utile, et de vous témoigner ma reconnaissance pour les sentiments d'affection dont je me suis vu constamment entouré ici avec ma famille, et pour les preuves de confiance que j'y ai personnellement reçues de toutes parts.

« Jamais je ne resterai indifférent au sort de nos intéressantes possessions des Antilles, établissements qui importent au plus haut point à la prospérité du commerce colonial et au développement de notre marine. »

A la fin de mars, le prince de Joinville arriva à la Martinique, venant de la Guyane française sur le vaisseau l'*Hercule*, commandé par le capitaine Casy.

Il était attendu dans les deux îles de la Martinique et de la Guadeloupe où de brillantes réceptions étaient préparées pour son arrivée. Les villes votèrent des fonds, et les particuliers organisèrent des souscriptions pour lui offrir des bals et des banquets. Enfin, le fils du monarque, qui régnait alors sur la France, fut dignement reçu dans nos deux colonies.

Un planteur de la Martinique, M. Brière de l'Ile, s'était attiré par ses travaux en agriculture une réputation d'homme habile ; il avait été le premier à introduire sur ces terres des instruments aratoires tirés de France, et notamment la charrue à la Dombasle. Pour le récompenser, il fut proposé pour une médaille d'or qui lui a été accordée, par une décision royale du 21 avril 1838.

M. le contre-amiral de Moges, gouverneur, convoque le Conseil colonial en session, le 1er août 1838, pour traiter les affaires de la colonie.

Voici l'analyse de son discours d'ouverture :

Messieurs les conseillers, le roi ne veut pas que ses colonies périssent ; qu'il me soit permis de me féliciter de vous le témoigner, et d'avoir à remplir une mission dont je suis chargé. Le pays est tranquille malgré les excitations du dehors, et toutes les classes ont compris que la loi les protége, et que la loi seule doit présider aux destinées d'une société pour assurer le présent et l'avenir.

Vous avez demandé avec dignité que l'on s'éclaire sur vos intérêts ; qu'une loi juste et sage intervienne quand le moment sera venu, et que l'instruction religieuse soit donnée avec abondance à la population.

J'ai désiré que cette session fut courte, en conséquence on vous présentera les affaires de finances qui réclament votre concours et les projets de décrets nécessaires à l'exécution du service de l'administration.

Aucun nouveau sacrifice ne vous sera demandé, les découverts de 1837 et 1838 pourront être balancés par quelques ressources anciennes, sans qu'il soit nécessaire d'avoir recours à un emprunt ; quant au budget de 1839, vous remarquerez aux voies et moyens, l'impôt personnel, resté jusqu'ici à l'état fictif, et le tarif plus avantageux des droits de navigation.

Le Ministre de la marine, pour nous soulager, se propose de faire porter au budget de la métropole les dépenses de la gendarmerie et du service des douanes.

L'organisation municipale, décrétée l'année dernière, facilitera toutes les mesures d'ordre intérieur, et l'octroi que les conseils municipaux seront en droit de voter, deviendra une nouvelle source pour couvrir les dépenses.

Le temps viendra où les relations avec la côte ferme reprendront ; les conseils doivent seconder le courant commercial qui devra partir d'ici par la création d'entrepôts de douanes.

En réponse au discours du gouverneur, le Conseil coloniale expose la situation du pays par rapport aux souffrances qu'il endure, pour appeler l'attention de la métropole, qui seule pourrait le guérir de ses maux. Voici cette réponse textuelle :

« Vous avez compris, Monsieur le gouverneur, notre résistance sur la question que vous indiquez ; elle n'a rien d'un entêtement injuste. A l'appui de la politique et de l'humanité, nous invoquons la loi qui rend la propriété sacrée, texte inscrit dans toutes les constitutions de la France et qui fut toujours dans le cœur de l'homme le moins civilisé. C'est la loi qui a fait notre propriété, c'est l'Etat qui l'a voulu, qui en a encouragé et excité la formation ; qui nous a décidés, nous et nos pères, à venir dans ces contrées lointaines établir sur cette base tous nos moyens d'existence. C'est la France européenne surtout qui en a recueilli les fruits, tant que nous avons prospéré.

« La vue de notre intérieur vous apprendra ce qui nous en est resté pour nous-mêmes. Et maintenant, prétextant, on ne sait quel progrès, on anéantirait cette propriété solennellement consacrée !

« Au milieu des angoisses d'une misère sans exemple, créée aussi par un autre oubli du droit, notre ordre social serait renversé, notre capital nous serait enlevé ! Non, Monsieur le gouverneur, la raison repousse toute idée d'un pareille injustice.

« Depuis longtemps nos droits sont méconnus par un déplorable abus de la force, que n'autorise même pas la conquête; les produits de la métropole nous sont imposés, nous sommes privés de l'avantage des relations étrangères, tandis que nos denrées, après un transport forcé sur les marchés de la France, sont repoussées par des taxes exorbitantes.

« Voilà, Monsieur le gouverneur, les principales causes de nos souffrances. Dans nos campagnes, dans nos villes, vous verrez l'agriculture, le commerce ruinés, nos produits avilis et encombrant nos ports.

Partout vous apparaîtra l'affreux tableau de notre misère.

« Nous avons lutté avec persévérance ; nous espérions enfin que nos cris seraient entendus. Mais aujourd'hui quel espoir pour ranimer notre courage ? Les réclamations du commerce et des ports de mer, la justice et l'intérêt même de la France, rien n'a pu contenir nos implacables ennemis qui se sont formés en association à l'ombre du pouvoir législatif et de la tolérance ministérielle.

« Vous êtes appelé, Monsieur le gouverneur, dans des circonstances graves à administrer la Martinique, le péril est imminent. Déjà, en France, vous avez pris à cœur nos droits, notre reconnaissance vous est acquise, notre concours ne vous manquera pas. »

Le gouverneur de Moges répondit quelques paroles encourageantes à ces plaintes qui n'étaient que trop fondées, il engagea les colons à avoir confiance dans les bonnes intentions du gouvernement et du souverain.

Enfin, dans cette séance mémorable du 11 août, le Conseil colonial a voté l'adresse suivante au roi :

« Sire, les colons de la Martinique viennent vous porter leurs doléances. C'est votre justice qu'ils implorent, c'est le cri de détresse de tout un pays qu'ils font entendre.

« Tous les français ont un droit égal à votre sollicitude ; du haut du trône, vous étendez votre protection aussi bien sur les Français des colonies que sur ceux qui vivent près de vous, au foyer de leurs pères.

« Sire, un tarif de douanes dont l'injustice et l'abus ont déjà fixé votre attention, a mis le comble à la misère du pays. Les colons attendent avec confiance une égale taxation de droits sur les produits similaires ; mais, Sire, nos denrées avilies et délaissées, notre crédit ruiné, nos rades désertes ont rendu le péril imminent ; la famine est à nos portes. Nous succomberons si la main puissante de votre majesté ne nous arrête pas au bord de l'abîme.

« Sire, nous sollicitons comme adoucissement à nos maux de nous accorder, par ordonnance, un dégrèvement de 20 francs par 100 kil. de nos sucres et l'autorisation d'en exporter 30,000 barriques à l'étranger.

« Cette mesure, que commande la nécessité, peut seule nous faire vivre jusqu'au jour où une justice complète sera rendue. »

Cette crise, commencée à la Martinique et à la Guadeloupe, comme aussi aux deux autres colonies à sucre, était déterminée par plusieurs causes : la suppression en 1834 de la prime accordée au sucre raffiné pour l'exportation de 120 francs par 100 kil. ; de la diminution des droits sur les sucres étrangers ; de la concurrence créée par le sucre de betterave et l'énorme taxe de 45 francs par 100 kil. de sucre colonial. Il en est résulté un encombrement dans les ports qui a profité à l'étranger produisant à meilleur marché. Le sucre de betterave fut taxé en 1837 pour la première fois à 11 francs par 100 kil., et cette taxe détermina la fermeture de plus de 150 fabriques ; mais à cette époque on ne voyait que la lutte du sucre de betterave contre celui des colonies, on était tellement aveuglé qu'on ne voyait pas le rôle que jouait le sucre étranger. Ce qui était faux, c'était la combinaison des tarifs : il fallait concilier la production coloniale avec celle du sucre indigène et exclure de notre marché la production étrangère, qui importait en France 12 millions de kil. de sucre par an, sur une consommation de 100 millions de kil.

Avant de terminer ce qui a rapport à l'histoire de cette année, il est intéressant de donner le relevé des affranchissements fournis par le *Moniteur* depuis 1830.

Martinique	19,014	
Guadeloupe	9,758	33,456
Guyane française	1,515	
Bourbon	3,172	

On voit que pendant une période de huit ans, il a été affranchi plus du 10e des esclaves dans les quatre colonies.

1839. La fièvre jaune durait depuis plusieurs mois et avait fait de nombreuses victimes. On ne l'avait pas vue depuis 1828 ; elle semblait avoir abandonné le pays.

Cette fièvre est une des plus redoutables maladies

qui attaquent l'homme dans les Antilles où elle immole les européens et les indigènes.

Elle a reparu sans doute à la suite de modifications de l'atmosphère ayant pour cause l'élévation de la température de 30 à 38 degrés, une grande humidité de 70 à 100 degrés de l'hygromètre de Saussure ; les calmes, le fluide électrique et les vents du Sud, chauds, lourds et malsains en toute saison.

Les médecins admettent que la situation des lieux, la nature du sol, le voisinage des marais, la malpropreté des villes, des habitations, et l'intempérance des hommes sont des causes générales qui amènent le mal.

Beaucoup de médecins y perdirent la vie : MM. Luzeau, Delussay et d'autres. M. le docteur Luzeau, médecin en chef, résidait à Fort-de-France depuis 1814 ; il avait de très-beaux services sous le premier empire, et n'était âgé que de 63 ans ; mais les morts vont vite dans les colonies ! (1)

Il y eut quantités de malades traités dans tous les hôpitaux ; à Fort-de-France, l'hôpital reçut pendant l'épidémie 1202 malades, sur lesquels il en mourut 150, à peu près le 1/8.

Dans ce pays extraordinaire, tout est étrange. Il y a des convulsions de la nature qui se produisent souvent sans s'annoncer par aucun indice et frappent

---

(1) Le docteur Luzeau était connu des marins et des militaires qui ont séjourné de son temps pendant quelques années à la Martinique, nous étions du nombre.

l'imagination par leur soudaineté et leur puissance : tels sont les tremblements de terre, les ouragans et les raz de marée.

Les premiers mois de l'année sont ordinairement paisibles ; c'est une époque de calme dans la nature pendant laquelle elle semble renaître ainsi que l'homme, par l'effet d'une température moins brûlante et moins énervantes ; c'est rarement l'époque des maladies inhérentes au climat, et dans cette situation l'on ne pouvait s'attendre à une catastrophe comme celle arrivée le 11 janvier, et dont on va rendre compte.

Il ne faisait pas encore complètement jour, il était cinq heures trois quarts du matin, la plupart des habitants de Fort-de-France étaient encore plongés dans le sommeil, quand ils furent brusquement réveillés par plusieurs secousses de tremblement : en quelques secondes, moins d'une minute, la ville était détruite et une partie des habitants étaient ensevelis sous ses ruines. Le vaste hôpital, pouvant contenir 400 malades, avait subi le même sort ; il avait écrasé ses malades en tombant sur eux. Les casernes, les magasins, le gouvernement étaient ouverts menaçant ruines, malgré l'épaisseur de leurs murailles.

C'était un lugubre spectacle de voir, au point du jour, cette ville perdue dans une immense atmosphère de poussière noire, d'où s'élevaient des cris de terreur et de désolation ; cette ville détruite ne pourra jamais se relever, si la France n'étend vers elle une main secourable (1).

La ville de St-Pierre a beaucoup souffert aussi, mais la plus grande partie de ses maisons sont restées debout.

Le tremblement de terre a été général : les habitants des campagnes ont aussi beaucoup souffert ; les fours, les usines, les moulins sont presque partout renversés, ce qui compromet la récolte des sucres, car partout l'argent manque et les matériaux de construction sont hors de prix.

A Fort-de-France, 500 marins et autant de soldats de la garnison sont venus, officiers en tête, travailler à déblayer les rues, à faire des tentes pour abriter les habitants. En déblayant, on trouve à chaque instant des corps morts. Un service d'ambulance a été créé et plusieurs centaines de morts ont été enterrés avant la nuit.

Comme l'on manquait de tout, le gouverneur a fait demander des vivres dans la campagne, et il a pris un arrêté pour ouvrir les ports à l'introduction en franchise de droits, des vivres et des matériaux de construction.

Dans la nuit du 12 au 13, les habitants effrayés par un grand vent et une pluie diluvienne, ressentirent encore de légères secousses de tremblement de

---

(1) On a évalué à 500 personnes le nombre des tués et blessés, sur une population de 10,000 âmes.

terre ; ils se pressèrent sur les places où l'on avait dressé des tentes avec les voiles des navires pour s'abriter.

Cependant, le 14 janvier, les habitants commençaient à sortir de leur stupeur et à s'occuper du travail du déblaiement effectué jusqu'alors par les marins et les soldats ; et les vivres demandés dans les campagnes commençaient d'arriver en ville.

Le gouverneur, contre-amiral de Moges, fait remettre une somme de 12,000 fr. au bureau de bienfaisance pour subvenir aux premiers besoins d'une foule d'individus sans vêtements et sans argent ayant absolument tout perdu.

La position de cette population naguère dans l'aisance est affreuse, et l'on cherchait vainement de tous côtés des secours qui ne pouvaient venir que de la mère patrie.

La stupeur, une sorte d'engourdissement des facultés morales, s'étaient emparé des habitants qui restaient inertes et sans mouvement ; il fallut une énergique proclamation du Maire pour les tirer de leur abattement et les engager au travail, s'ils ne préféraient être envahis par les mauvaises odeurs et la peste.

Le gouverneur s'empressa de faire parvenir à l'amiral de Rosamel, Ministre de la marine, le récit de la catastrophe, et de demander des secours ; la colonie réduite à une si grande misère ne pouvait acquitter les impôts de l'année courante, et il fallait pourvoir à un budget de deux millions pour le service intérieur.

Quant à la question des sucres, il était évident que le moment du dégrèvement était arrivé ou jamais.

Le roi Louis-Philippe et ses ministres, sous l'impression de cette douloureuse nouvelle, décident qu'une somme de 2 millions 200 mille francs sera mise à la disposition de la colonie, et des souscriptions s'organisent de toutes parts en France pour secourir tant d'infortunes.

Lorsque la France apprit le malheureux sinistre de la Martinique, la surprise fut grande et la compassion plus grande encore ! Tout commandait de venir au secours d'un malheur immérité.

Il s'organise aussitôt un comité central de souscription auquel d'autres comités s'adjoignirent pour recueillir les sommes qui étaient offertes de toutes parts. Le comité central était composé de notabilités et présidé par l'amiral Duperré. MM. Ch. Dupin, président du comité des colonies, et Cools, membre de ce comité, en faisaient partie ainsi que les vice-amiraux Halgan et Makau.

Dans les départements, des souscriptions furent ouvertes et les receveurs généraux étaient chargés d'en faire parvenir le montant au comité central de Paris.

Une solennité eut lieu à St-Roch, le lundi-saint,

à laquelle assista la reine de France, avec les dames de sa famille et de sa suite. Le curé de cette paroisse, M. l'abbé Olivier et les dames patronnesses, la duchesse Decaze, la baronne Ch. Dupin, la baronne Makau et Madame Delessert (Gabrielle) en prirent la direction.

Un sermon fut prononcé touchant la charité, cette céleste vertu qui vient toujours au secours des hommes malheureux quand on l'implore. Dans cette réunion religieuse il y eut des femmes assez généreuses pour donner tout leur argent, et même des anneaux, des chaînes d'or ; et la quête produisit 28,766 fr. En dehors de cette somme, la famille royale avait donné à elle seule 27,600 fr.

Bientôt on put envoyer un premier secours de 50,000 fr. par le navire le *Zampa*, provenant des premières souscriptions. Cette somme fut remise au capitaine Patin, commandant ce navire, qui n'a rien voulu accepter pour sa commission et le fret de transport.

D'après les listes de souscription publiées le 8 juin, par le comité central de souscriptions à Paris, le montant des listes était de 267,311 fr., sans compter les autres listes formées par d'autres comités.

Plusieurs expositions de tableaux, d'objets d'art eurent lieu à Paris, dans l'intention d'en consacrer les recettes aux infortunés de la Martinique.

Maintenant on va voir les mesures prises par le

contre-amiral de Moges, gouverneur, pour parer aux inconvénients de la situation.

Le gouvernement devait se charger naturellement de relever les édifices publics, les églises, les casernes, les hôpitaux qui tombaient en ruines. Les souscriptions devaient aider une foule de familles qui avaient tout perdu par l'anéantissement du toit domestique et la destruction du mobilier. C'était la classe la plus nécessiteuse qu'il s'agissait de secourir, celle dans laquelle se trouvaient les veuves et les orphelins.

Le gouverneur rend deux arrêtés, sous la date du 14 mai, qui ont pour objet les fonds à distribuer.

Dans le premier arrêté, il est dit que dans chaque ville et chaque commune, il sera formé une commission composée du maire ou du commissaire commandant, du premier adjoint ou du lieutenant du commissaire, du curé de la paroisse et de quatre habitants les plus imposés pour dresser l'état nominatif des personnes devant être secourues à titre de victimes sans ressources.

Le deuxième arrêté était fait en vue de la ville de Fort-Royal, aujourd'hui Fort-de-France.

Le conseil municipal devait se réunir à l'effet de procéder à la confection des états de répartition de secours qui doivent être accordés aux personnes victimes du désastre. Le curé de la paroisse faisait partie de cette commission aussi bien que les membres du bureau de bienfaisance.

Les fonds de secours, destinés autant que possible à réparer les désastres du 11 janvier, étaient considérés comme un secours spécial et d'humanité, et par conséquent insaisissables, et devaient être remis entre les mains des titulaires dûment désignés.

Le lendemain, 15 mai, le gouverneur fait un nouvel arrêté qui permet l'exportation des sucres à l'étranger par tous pavillons ; cet arrêté, qui arrivait si tardivement, avait l'approbation du gouvernement de la métropole et apportait un adoucissement à la situation des colons ; mais cette autorisation n'était que temporaire, une ordonnance du roi la fit cesser en juin.

Toutes ces précautions prises par le gouverneur font honneur à son intelligence et à son activité.

Les secours en argent arrivaient de France, la répartition se faisait suivant de sages et justes prescriptions ; mais la reconstruction des maisons ne pouvait aller vite, les ouvriers en bâtiments sont rares, le prix de la main-d'œuvre et plus élevé qu'en France, et les ressources étaient relativement inférieures aux besoins de la population.

Cependant on commençait à s'organiser dans cette situation difficile, lorsque la fièvre jaune vint à reparaître dans les mois de mai et juin ; rien n'aura manqué aux malheureux martiniquais, les tremblements de terre d'abord et la peste ensuite. Le capitaine de vaisseau Garnier, commandant la frégate l'*Astrée*, fut l'une des victimes du fléau le 13 mai ; il est mort de cette redoutable maladie en 48 heures seulement.

Une ordonnance du roi, en date du 11 juin 1839, prescrit un recensement général de la population libre et esclave. On devra établir des registres contenant la matricule individuelle des esclaves recensés dans la commune, au moyen desquels on puisse suivre et constater les mutations de cette population. Par suite de cette mesure, il sera facile de constater la naissance, le mariage et le décès d'un esclave.

Une autre ordonnance du roi du même jour, modifie les ordonnances sur les affranchissements du 1er mars 1831 et du 12 juillet 1832, sous l'empire desquelles il a été opéré 34,000 affranchissements d'individus. Mais des abus s'étant produits, et la moralité des individus jetés dans la société, n'étant pas satisfaisante, cette ordonnance a pour but d'y remédier en rendant les conditions d'affranchissements plus difficiles.

Les dures épreuves n'étaient pas terminées pour ce malheureux pays qui avait déjà tant souffert ; car le tremblement du 11 janvier avait coûté la vie à 500 personnes, tant à Fort-de-France qu'à Case-Pilote, et en outre 300 personnes avaient été blessées ou contusionnées.

Dans la nuit du 1ᵉʳ au 2 août, à 2 heures 27 minutes du matin, trois fortes secousses se font sentir et ont duré environ 15 secondes. Le mouvement de trépidation a été brusque et saccadé ; il s'est fait sentir dans plusieurs directions.

L'alarme fut grande partout : à Fort-de-France plusieurs murs ont été renversés et il y a eu quelques blessés. Toute la population s'est jetée dans les rues et sur les places.

A St-Pierre, il y a eu peu de mal ; mais la crainte était telle qu'une panique s'est manifestée à la caserne. Les soldats voulant sortir en foule par les portes et les escaliers se ruèrent les uns sur les autres ; il y eut 15 hommes blessés ou contusionnés.

Dans le court espace de six mois, voilà deux tremblements de terre qui ont lieu et d'une violence étrange. Sans vouloir en rechercher les causes, on peut constater l'état météorologique du moment : ainsi, une sécheresse continuelle, les vents du Sud dominants et une température lourde et chaude ont précédé le tremblement de terre. Après, la pluie s'est mise à tomber à torrent, le ciel était bas, couvert, et l'on éprouvait une chaleur insupportable.

Mais la mauvaise fortune ne pouvait toujours appesantir sa main terrible sur ce pays intéressant ; de bonnes nouvelles et des fonds étaient envoyés de France, et le contre-amiral de Moges en fit connaître le montant et la répartition par un arrêté du 23 juillet 1839.

Les fonds de secours accordés par le roi, la famille royale et les particuliers, soit Français soit étrangers, s'élevaient à la somme de 1,100,000 francs, et l'on savait que ce chiffre serait dépassé. Alors le gouverneur ordonne la distribution de cette somme, savoir : 700,000 francs pour la ville de Fort-de-France et 400,000 francs pour les autres communes, avec une réserve de 100,000 francs pour les églises. Une autre somme devait être aussi réservée pour encourager l'instruction religieuse et les diverses branches de l'agriculture.

Ces mesures ne pouvaient satisfaire tous les besoins créés par l'événement du 11 janvier, mais les colons éprouvaient la satisfaction morale de voir que la mère patrie avait voulu sympathiser avec ses enfants de la Martinique, en venant à leur secours.

Une autre source de consolation provenait, à l'époque du mois de septembre, de l'amélioration de l'état sanitaire : la fièvre jaune avait disparu.

Le 3 octobre, un épisode intéressant se passa à St-Pierre, qui est le port du commerce, comme l'on sait. Un navire du Hâvre venait d'arriver avec une inscription singulière à son mat de hunier, portant ces mots : ordonnance de dégrèvement, 12 fr. Les négociants de la place Bertin connurent bientôt le mot de l'énigme ; il s'agissait du dégrèvement sur les sucres, que l'*Evelina* du Hâvre était chargé d'annoncer. Cette nouvelle était de nature à satisfaire les planteurs et les négociants, aussi ce fut une joie dans tous le pays. L'ordonnance du roi, du 21 août 1839, fut lue publiquement dans les villes et applaudie par la population.

Sans vouloir entrer ici dans la législation sur les sucres, il était du devoir du gouvernement d'apporter un soulagement à une position vraiment intolérable, et il était fâcheux que dans la situation du pays, la métropole n'ait pas accordé le dégrèvement de 20 fr. par 100 kil. demandé par le Conseil colonial, dans sa séance d'ouverture de 1838. Un dégrèvement de 13^f,20 était insuffisant, sur une taxe de 49^f,50 décimes compris pour 100 kil., quand le sucre de betterave ne payait, pour la même quantité, que 25^f,00 de taxe, et que les sucres étrangers étaient admis en concurrence avec une surtaxe insuffisante.

Le Conseil colonial, interprète des sentiments de ses concitoyens, vote une adresse au roi Louis-Philippe, le 21 novembre 1839, pour le remercier d'être venu au secours d'un pays désolé par une catastrophe effroyable, et en même temps pour s'être ému de la situation malheureuse du colon, qui est découragé de voir qu'il ne trouve plus le prix rémunérateur de ses récoltes et de ses travaux ; et, pour avoir, par un heureux usage de sa prérogative, prononcé le dégrèvement sur les sucres. Cette mesure insuffisante ne pourra rendre au pays sa prospérité ; mais elle permettra d'attendre l'égalité de l'impôt du sucre de canne et du sucre de betterave.

1840. La ville de Fort-de-France se rebâtissait assez rapidement, on la voyait sortir de ses ruines, mais avec un aspect nouveau, parce qu'on employait généralement des matériaux en bois à sa reconstruction, ce qui était moins coûteux et offrait moins d'inconvénient que les constructions en pierre, en cas de nouveaux tremblements de terre.

L'hôpital, que l'on rebâtissait aussi en bois, se relevait lentement à cause de la rareté des ouvriers et des matériaux.

Une société d'agriculture et d'économie rurale s'était formée en vue de lutter contre le découragement provenant des souffrances de l'industrie agricole.

Elle s'était imposé l'obligation de développer les ressources naturelles du pays par l'introduction de découvertes industrielles susceptibles d'application. Elle cherche aussi à diriger vers la culture des terres les goûts et les habitudes des nouveaux affranchis auxquels elle prépare ainsi des éléments de bien être.

La société a choisi pour son président M. Pécoul, agronome distingué, que l'on sait apte à donner une bonne direction à tout ce qui peut servir les intérêts du pays.

M. le contre-amiral de Moges, dont la santé avait été

affectée par l'influence du climat, demande au ministre de la marine à être remplacé dans son gouvernement, et le capitaine de vaisseau Duval-d'Ailly est nommé gouverneur de la Martinique, par ordonnance du roi en date du 10 mars 1840.

Il annonce son avénement à ces fonctions par une proclamation aux colons, et s'exprime en ces termes :

« Avant de me mettre en rapport avec vous, j'ai voulu vous laisser recevoir les adieux de l'amiral de Moges qui vous quitte, et qui vient de diriger ici pendant plus de deux ans vos affaires avec tant de succès, d'habileté et de dévouement.

« Vous avez tous été témoin de sa fermeté et de ses efforts en votre faveur dans les circonstances très-difficiles qui se sont présentées et vous n'ignorez pas non plus les progrès qu'il a fait faire dans la métropole à toutes les questions qui vous intéressent.

« Quant à moi, en acceptant la haute mission qu'il a plu au roi de me confier, je suis venu au milieu de vous avec la ferme intention de faire respecter les lois à l'égard de tous, et de veiller au salut de votre pays et à vos intérêts que le gouvernement de S. M. ne veut sacrifier à aucune impatience ; mais je tâcherai toujours de conserver cette impartialité et cette modération qui pourront seules donner quelque crédit à mes paroles et que chacun doit s'attacher à pratiquer aujourd'hui ; en un mot, j'arrive avec le désir de faire le bien, et je crois pouvoir demander avec confiance votre concours pour le réaliser. »

Les affranchissements des noirs esclaves continuaient leur cours, malgré l'agitation qui se produisait sur plusieurs points de l'île. Des hommes égarés quittaient leurs ateliers pour se livrer au maronnage, et l'on avait été obligé de faire exercer une surveillance sévère par la milice, la gendarmerie et les soldats de la garnison.

Voici le relevé des affranchissements depuis 1830 :

Martinique	19,290	
Guadeloupe	10,373	34,587 (1).
Guyane française	1,608	
Bourbon	3,316	

Le nombre et la gravité des questions coloniales augmentant sans cesse, comme celle des sucres, de l'esclavage, des douanes, de la marine et du commerce, et leur solution soulevant des difficultés qui demandaient un examen long et attentif, le ministre de la marine éprouve le besoin de faire examiner ces matières par une commission consultative, choisie parmi les membres des premiers corps de l'Etat, et composée ainsi qu'il suit : MM. de Broglie, président, de St-Cricq, le marquis d'Audiffret, le comte de Sade, Vustemberg, de Tracy, Passy, Lepeltier d'Aunay, Bignon, de Makau, vice-amiral, de Moges, vice-amiral, et de St-Hilaire, directeur des colonies.

(1) *Moniteur* du 8 février 1840, page 253.

Les souscriptions pour les victimes du tremblement de terre ne s'étaient point ralenties, car au mois de juin la réunion des listes présentait une somme respectable de plus de 600,000 fr. Une seule personne, M. le comte d'Ourches, de Metz, très-connu pour son désintéressement et sa générosité, avait fait don à l'œuvre d'une somme de 30,000 fr. (1).

La chasse offre dans ce pays de montagnes et de forêts beaucoup d'attraits aux amateurs. On y trouve du gibier de terre et de mer en assez grande quantité, et un gibier a bien sa valeur ; tels que : l'excellent ortolan, les grives, les piqueris, les tourterelles, le ramier, le canard qui se tient à l'entrée des rivières, et beaucoup de gros oiseaux de mer s'abattant dans les marais, la spatule rose, le paille-en-queue et la frégate au vol superbe.

Mais l'agrément n'est pas sans mélange fâcheux ; on y rencontre des serpents en quantités dans les bois et les halliers, et qui, surpris dans leur position, ne craignent pas de s'élancer sur l'homme.

Cette mauvaise fortune est arrivée à M. Pichery, négociant à St-Pierre, qui était en chasse avec plusieurs amis, le 26 septembre. Il eut le malheur de faire la rencontre d'un serpent de sept pieds de longueur qui lui livra combat. M. Pichery, mordu deux fois à la jambe, tua le serpent de deux coups

---

(1) *Moniteur* du 7 juin 1840.

de fusil ; mais n'étant pas secouru à temps, il mourut de ses blessures.

La France, les ports de mer comme les colonies à sucre étaient vivement préoccupés de la discussion de la loi sur l'impôt des sucres dont la Chambre était saisie dans le mois d'avril. Cette loi avait pour rapporteur le général Bugeaud, agronome distingué, qui était connu par son esprit tranchant. Il était partisan du sucre indigène, et semblait peu se soucier de voir prospérer les colonies.

Après des discussions longues et laborieuses, où l'on vit combattre les partisans du sucre colonial et du sucre indigène, la loi fut votée en maintenant le droit de 45 fr. les 100 kil. sur le sucre des colonies, de 25 fr. sur le sucre indigène et une surtaxe de 20 fr. sur le sucre étranger ; puis l'on abaissait à 70 pour cent le rendement du sucre destiné au raffinage. Telle était l'économie de la loi qui changeait peu de chose à celle qui avait été rendue le 18 juillet 1837.

D'après le rapporteur et ses calculs, on suppose que le producteur de sucre des colonies aura un bénéfice de 10 pour cent, et que le producteur de sucre indigène n'aura que 6 pour cent. Il serait difficile de se prononcer sur des chiffres semblables ; et c'est le cas de dire : qui veut trop prouver ne prouve rien.

Dans cette discussion on a bien parlé de l'égalité

de l'impôt sur les deux provenances, mais sans rien préciser sur ce sujet.

Ainsi cette loi ne change rien au fond des choses, il n'y avait que l'ordonnance du roi, du 21 août 1839, sur le dégrèvement, qui rendait un service efficace à ces malheureuses colonies à sucre ; mais cette ordonnance était temporaire et pouvait cesser bientôt son effet.

On a calculé aussi que la consommation de la France à cette époque pouvait être de 110 millions de kil. ; que les îles en fournissaient 80 millions de kil. ; le sucre indigène 23 millions de kil. et le sucre étranger 7 millions de kil.

Pour assurer aux colonies une prospérité nécessaire, il aurait fallu des prix rémunérateurs, puisque l'on maintenait les taxes, et le sucre se vendait à des prix minimes qui mettait les producteurs en perte sur le prix de fabrication. Malheureusement, le mal qui les minait remontait haut, et on devait l'attribuer à nos guerres maritimes, aux mesures fiscales employées contre leurs produits, à la nature du sol et au monopole maintenu avec obstination.

La situation des affaires de la colonie avait causé un retard dans la réunion du Conseil colonial, qui fut convoqué le 5 novembre, par le gouverneur Duval-d'Ailly, qui y prononça un discours dont voici le sens :

La colonie est tranquille, l'ordre règne sur les habitations, et le travail y continue ; c'est une preuve évidente que l'administration des habitants est bienveillante, malgré leur gêne extrême à pourvoir leurs ateliers de ce qui est nécessaire.

Les débats des Chambres ont fait ressortir l'importance des colonies, et si vous n'avez pas obtenu un succès complet, vous avez eu une satisfaction qui vous permet d'attendre un meilleur avenir.

Une subvention de six cent mille francs, votée par la métropole, comblera le déficit de l'exercice 1839, il sera nécessaire de demander sa continuation pendant plusieurs exercices.

Vous aurez à examiner le projet des recettes et dépenses pour 1841. Il aurait été utile de vous demander une allocation plus forte pour les travaux des routes, mais cela est devenu impossible dans la situation actuelle.

Vous remarquerez le projet sur l'organisation municipale que vous avez voté en 1837 ; mais la sanction du gouvernement du roi ayant manqué, il vous est soumis de nouveau.

La commission de Paris ayant mission d'examiner les questions concernant les colonies, a envoyé un premier travail que vous aurez à examiner.

Par suite de l'état actuel de notre politique extérieure, la métropole s'occupe en ce moment des mesures à prendre pour assurer l'honneur de notre pavillon.

Quelques jours après cette réunion, la dissolution fut prononcée ; de nouvelles élections eurent lieu qui reproduisirent à peu près les mêmes membres au Conseil colonial. Le gouverneur Duval d'Ailly, le convoque en session le 10 décembre 1840, un mois après l'autre session, et leur dit dans son discours, qu'il désire voir régner la paix et la prospérité dans la colonie ; que pour les travaux à exécuter par le nouveau Conseil, il faut se reporter à son discours prononcé il y a un mois.

Depuis ce temps, le ministre de la marine a demandé qu'il soit étudié un projet d'ordonnance pour réorganiser la milice du pays dans le but d'ajouter un moyen de défense en cas de besoin.

Le gouverneur termine son discours en excitant le Conseil colonial à faire les concessions nécessaires en vue du nouveau régime colonial, que le gouvernement de la métropole se propose d'opérer, et dont il ne donne aucun aperçu pour le moment.

CHAPITRE XVI.

1841. Loi relative au régime financier des colonies. — Pénalité des esclaves. — Affranchissements d'esclaves depuis 1830. — 1842. Session du Conseil colonial. — 1843. Secours envoyés à la Guadeloupe. — La Chambre des députés protége le sucre de betterave. — Session du Conseil colonial. — 1844. M. Mathieu, capitaine de vaisseau, est nommé gouverneur. — Session du Conseil colonial. — Sur l'émancipation des noirs. — 1845. Loi sur le régime des esclaves. — Election des membres du Conseil colonial. — Session du Conseil colonial.

1841. Une loi relative au régime financier de la Martinique, de la Guadeloupe, de la Guyane française et de Bourbon, est rendue le 25 juin 1841. Elle dispose que les recettes et dépenses de ces colonies font partie des recettes et dépenses de l'Etat, et, par ce motif, font partie de la comptabilité générale du royaume, et qu'elles sont soumises aux mêmes formalités que celles ci.

Les affranchissements opérés depuis 1830, les adoucissements apportés à la condition des esclaves, l'amélioration de leurs mœurs sous l'empire des croyances religieuses et d'une législation libérale, et relativement progressive, tendaient à effacer les préjugés de race ; mais il existe partout des natures rebelles, et surtout dans l'homme asservi par le joug de l'esclavage ; il était donc indispensable d'avoir des moyens de répression contre ces êtres incorrigibles et insensibles aux bons traitements. L'ordonnance royale du 16 septembre 1841 établit une échelle de pénalité dans les châtiments que les maîtres pourront infliger aux esclaves.

Les affranchissements opérés dans les colonies de la Martinique, de la Guadeloupe, de la Guyane française et de Bourbon, au commencement de cette année, étaient de 37,156 individus.

1842. La Martinique se trouvait dans une position très-critique, elle se ressentait encore des effets du tremblement de terre de 1839 ; la loi sur les sucres n'avait pas été favorable au sucre des colonies qui était chassé du marché français par le sucre indigène ; elle était menacée de perdre ses nègres, instruments de travail, qu'on voulait affranchir, et on la torturait d'ordonnances et de règlements qui lui ôtaient la liberté de ses mouvements. Aussi c'est avec raison que le Conseil colonial jette les hauts cris dans sa réponse au discours du gouverneur Duval-d'Ailly, à l'ouverture de la session, le 5 janvier 1842.

Ce discours, dont on donne les principaux passages, caractérise assez bien la situation du moment :

« L'évaluation des recettes de l'année dernière était exagérée, il a fallu profiter de l'expérience acquise pour en faire porter le taux à un chiffre réalisable.

« Il a fallu suspendre les travaux en cours d'exécution pour ne pas arriver à la fin de l'exercice avec un déficit qu'on n'aurait pu couvrir.

« Le but de la loi du 25 juin 1841 a été de mettre la comptabilité coloniale en harmonie complète avec celle de la métropole ; elle est l'accomplissement d'un vœu exprimé par la cour des comptes et renouvelé par la Chambre des députés.

« Rien donc n'est changé à la loi du 24 avril 1833, et les attributions des Conseils coloniaux ne cesseront pas de s'exercer librement, en ce qui concerne le chiffre, le produit et l'emploi des revenus locaux.

« Il m'est pénible, dit le gouverneur, d'avoir à vous annoncer qu'un notable déficit s'est opéré dans les communes et qui provient de la non réalisation de certaines recettes dont les évaluations étaient trop élevées.

« J'avais espéré que la loi du 3 juillet 1840 aurait maintenu le sucre colonial à un taux susceptible d'indemniser au moins l'habitant des frais de son exploitation ; mais l'accroissement de la production indigène, qui est venue envahir le marché métropolitain, en a exclu en quelque sorte le sucre colonial. Si la surabondance de cette denrée a été préjudiciable à l'industrie de la métropole, elle a porté un coup bien plus funeste aux colonies, qui sont, par la nature de leur sol, dans l'impuissance de changer leurs cultures.

« J'ai fait connaître au ministre de la marine et des colonies cette nouvelle calamité qui vient s'ajouter aux maux qu'éprouve la Martinique. Je n'aurai pas vainement excité sa sollicitude. J'ai la confiance qu'une mesure prompte et efficace sera adoptée.

« La paternelle et sage administration des colons a maintenu l'ordre et le travail dans les ateliers, et si on a eu à déplorer quelques évasions, on ne peut les attribuer qu'à de perfides conseils et à de coupables excitations du dehors.

« Les véridiques rapports constatent les soins bienveillants des maîtres envers leurs esclaves; livrés à la publicité, ces rapports rendront plus notoires encore les améliorations qui se sont introduites dans le régime des ateliers; ils détruiront d'injustes préventions et seront la réfutation la plus complète qu'on puisse opposer aux calomnies dont les colonies sont trop souvent l'objet.

« Conservateur de tous les intérêts, le gouvernement du roi n'a pas voulu entrer en aveugle dans la nouvelle voie qu'une nation voisine vient de lui ouvrir, et dans laquelle des hommes animés de bonnes intentions, mais trop impatients, veulent le précipiter.

« Avant de prendre un parti, il a voulu s'entourer de lumière ; il fait étudier les effets de cette transformation sociale des colonies anglaises sur les lieux mêmes où elle s'opère ; il a chargé de cet examen des hommes éclairés, consciencieux ; leurs observations, celles des Conseils coloniaux, composés d'hommes pratiques, ayant la connaissance des lieux, des choses et des faits ; tels sont les documents qui doivent éclairer les grands pouvoirs qui seront appelés à délibérer sur ces graves matières.

« Ayez donc confiance, ajoute le gouverneur, dans la haute sagesse qui préside aux destinées du royaume, fiez-vous à l'équité des Chambres, qui sauront concilier ce que réclame les besoins de l'époque avec le respect des droits acquis solennellement reconnus, et croyez que la colonie sortira encore triomphante des dures épreuves qu'elle subit. »

A ce discours clair, précisant nettement une situation provenant de malheurs immérités, la métropole aurait dû chercher un remède immédiat ; il était facile de prévoir que la loi sur les sucres de 1840 n'amènerait aucun soulagement tant que le sucre serait dans les prix de 60 fr. les 100 kil.

Les colonies demandaient l'égalité de l'impôt et les fabricants de sucre indigène en demandaient la suppression ; les pétitions affluaient de toutes parts. Les colonistes disaient : « *Tuez-les* » et les betteravistes répétaient avec humilité : « *Tuez-nous* ! » mais en nous payant une bonne indemnité.

Telles sont les péripéties de l'industrie du sucre en ce moment, et pour laquelle le gouvernement de la métropole ne sait adopter aucun remède énergique.

Aussi le mécontentement était-il grand dans les deux partis ; on ne saurait exprimer celui des betteravistes ; mais on peut faire connaitre celui des colonistes par la réponse que le conseil colonial fit au discours du gouverneur Duval-d'Ailly, le 8 janvier 1842.

« Monsieur le gouverneur, nous venons répondre avec la sincérité qui a toujours caractérisé les actes du Conseil colonial, aux paroles bienveillantes et d'espoir que vous nous avez fait entendre. Organes du pays, nous ne pouvons vous taire ses doléances ; mandataires de nos concitoyens, nous devons conserver intacte la faible part de liberté constitutionnelle qui nous a été octroyée.

« Nous étions impatients, Monsieur le gouverneur, de vous entretenir de la loi du 25 juin dernier. Nous voudrions croire aux résultats avantageux dont vous nous entretenez, mais de quelque voile qu'on cherche à envelopper le but réel qu'elle se propose, il ne saurait échapper à l'examen consciencieux de ceux qui sont chargés de défendre les intérêts qu'elle menace ; leur vigilance à cet égard n'a besoin pour en apprécier toutes les conséquences, ni des insinuations du rapport calomnieux qui en a précédé l'adoption à la Chambre des députés, ni des paroles imprudentes échappées à la tribune de la Chambre des pairs, lorsque M. le Ministre de la marine et des colonies est venu y réclamer l'omnipotence nécessaire aux fatals changements qu'on veut introduire dans le système colonial.

« Oui, Monsieur le gouverneur, personne ne saurait s'y tromper, c'est à ces changements que tendent les modifications qu'a fait subir une simple loi de finances à une loi fondamentale qui était notre charte, qui faisait notre sécurité et pouvait préserver le pays de ces atteintes incessantes, non moins désastreuses que la mesure générale dont nous sommes menacés ; c'est la loi du 24 avril 1833, tout entière, qu'on a voulu détruire en la mutilant sans cause et sans nécessité dans sa partie financière ; on nous a fait connaître qu'elle foi nous devions avoir dans les garanties qu'elle consacre, et combien peu nous devons compter sur les droits et la franchise qu'on voudra sans doute nous arracher encore.

« Quant à nous, Monsieur le gouverneur, forts de notre conscience, trop hauts placés pour qu'on suppose que quelques considérations personnelles puissent motiver nos démarches, nous réclamons avec énergie des attributions qui nous avaient été confiées avec sagesse ; nous attendons de la justice du souverain une réintégration qui nous est due, et que veut l'intérêt du pays, et si justice nous était refusée, le Conseil aviserait alors s'il doit ou non venir encore faire entendre sa voix dans la discussion des affaires locales.

« Cependant, Monsieur le gouverneur, soutenus par l'espoir que l'erreur sera reconnue et réparée, nous ne vous refuserons point notre concours, et nous apporterons la plus sérieuse attention à l'examen des projets qui nous seront soumis.

« Les déficits qui se sont manifestés dans la caisse coloniale et les caisses municipales ne peuvent nous surprendre. Dans la situation où l'on a placée la colonie, qu'elle subvention peut-on attendre de populations réduites à la misères ? L'économie la plus sévère devra donc présider à la formation du budget.

« Nous n'avons jamais partagé l'espoir que la loi du 3 juillet 1840 put rétablir l'équilibre entre le sucre indigène et le sucre colonial. Nous pensions alors qu'une parfaite égalité dans les droits étaient seuls capables de remédier au mal ; aujourd'hui l'expérience nous a prouvé qu'une législation qui prendrait pour base ce principe serait insuffisante, par suite de la différence du mode de perception, qui laisse à l'un de ces produits trop de chance de se soustraire à l'impôt ; il faut donc que l'une des deux industries périsse. Vos paroles nous font espérer que cette vérité est enfin reconnue et que l'industrie rivale succombera ; mais trop souvent déçus dans nos espérances, nous croyons sage d'attendre, pour nous féliciter de cette tardive justice, qu'elle nous soit enfin rendue.

« L'ordonnance du 5 janvier 1840 a reçu son exécution ; mais en s'y soumettant les colons n'ont cédé qu'à la force ; leur volonté, leur répugnance n'ont pu résister à la menace, quelquefois réalisée, de mesures violentes et illégales. Cette ordonnance n'en est pas moins resté un sujet de crainte et d'antipathie pour les colons, dont vous vous plaisez cependant,

Monsieur le gouverneur, à reconnaitre la sage et paternelle administration.

« Les assurances que vous nous donnez, Monsieur le gouverneur, des dispositions favorables du gouvernement du roi envers la colonie, nous seraient bien douces si l'abandon de nos plus chers intérêts ne venait rendre au moins problématique une protection à laquelle nous avons droit comme Français dévoués à la mère patrie et à son gouvernement. Au nombre des améliorations qui ont paru signaler cette bienveillance, il en est qui ne sont pas encore réalisées et d'autres dont les résultats sont demeurés bien loin de ce qu'on devait attendre. Ainsi, les entrepôts créés dans les deux villes principales sont à peu près demeurés stériles, parce que les lois de douanes, méticuleuses et restrictives, ont éloigné les étrangers de nos ports, qui ne leur présentaient que de faibles avantages, tandis qu'on aurait pu, au moyen de ces entrepôts établis sur le pied de ceux de la métropole, créer un marché général pour les deux Amériques. Du reste, Monsieur le gouverneur, ces améliorations sont de celles dont on complète la prospérité d'un pays, mais elles ne peuvent l'y faire naître quand les bases principales de son existence et de sa richesse sont, les unes anéanties, les autres sans cesse menacées d'une complète subversion.

« Nous avons vu avec étonnement dans vos paroles l'assurance d'une prochaine solution de la question qui nous préoccupe si vivement. Nous croyons encore que l'exemple des colonies anglaises, que les rapports des hommes éclairés dont le ministère a réclamé les lumières, que les protestations unanimes et énergiques des Conseils coloniaux, détermineront le gouvernement du roi à abandonner la voie périlleuse ouverte par une nation voisine, dont les habitudes politiques et commerciales doivent toujours exciter notre défiance; mais si nous devions perdre cette dernière espérance, si le gouvernement ne s'affranchissait pas de la fatale influence du philanthropisme, que la responsabilité lui en reste tout entière, il aura consommé le plus grand désastre dont la France ait été atteinte, depuis le jour où sont territoire fut envahi par l'étranger. »

Par ce que l'on vient de lire, on voit que le Conseil colonial n'est pas satisfait; aussi, pourquoi cette manie de réglementation dans laquelle la règle est tout, et l'homme, rien! Cependant il faut dire que la loi du 25 juin, relative au régime financier, n'était pas une attaque à celle du 24 avril 1833, puisque ce n'est qu'une forme de compte rendu des dépenses faites par la colonie; mais le Conseil ne voulait pas que l'on touchât, même indirectement, à la loi du 24 avril; il avait raison.

Quant aux plaintes contre la loi sur les sucres, le Conseil avait le droit et le devoir de les faire entendre : un impôt aussi monstrueux sur le sucre colonial était révoltant pour tout le monde ! Comment, une denrée de consommation usuelle paie 49 fr. 50 les 100 kilog. qui ne se vendent pas 60 fr. dans les ports français, c'était un impôt de 83 pour cent, c'est-à-dire prohibitif.

1843. Le gouverneur Duval-d'Ailly ayant été prévenu de l'épouvantable catastrophe produite à la Guadeloupe par le tremblement de terre du 8 février, en donna connaissance aux habitants de la Martinique. Il les prévient, dans une proclamation écrite avec l'effusion du cœur, que le moment était arrivé d'être reconnaissant envers leurs frères de la Guadeloupe, qui étaient venus à leur secours lorsque la ville de Fort-de-France fut bouleversée aussi par un tremblement de terre en 1839.

Aussitôt que l'événement fut connu, les habitants de St-Pierre et de Fort-de-France s'empressèrent d'envoyer des approvisionnements de toutes espèces sur le navire la *Doris* avec une députation de trois habitants, MM. Montès, Ruez et Beissac, chargés de la répartition des secours envoyés à la Pointe-à-Pitre et de s'informer de la situation et des besoins des habitants. En même temps, la frégate à vapeur le *Gomer*, qui se trouvait de passage, chargea tout ce que les magasins de la marine pouvaient fournir, et appareilla le 10 février au matin, pour se rendre à la Pointe-à-Pitre où les besoins étaient urgents. Le contre-amiral de Moges partit aussi avec tous les bâtiments de sa division, afin de porter secours en hommes et en vivres à la Guadeloupe.

Les habitants ne se bornèrent point à l'envoi de ces secours, ils ouvrirent une souscription dont la direction fut confiée à un comité qui devait régulariser les effets de cet élan généreux, et les maires et curés des communes se chargèrent de recevoir les offrandes des souscripteurs.

Les secours en nature étaient reçus dans les entrepôts de la douane à St-Pierre et à Fort-de-France.

Tout cela fut ordonné et exécuté avec zèle et dévouement, comme s'il s'était agi d'une ville de la Martinique.

On était naturellement avide de détails sur cet événement extraordinaire, qui était venu frapper d'une manière aussi terrible qu'imprévue une population amie avec laquelle on était lié d'intérêts et de sentiments.

On avait bien éprouvé à diverses époques des tremblements de terre, mais jamais on n'en avait vu un pareil dans les deux colonies. Celui de la Martinique en 1839 avait été terrible; il n'était resté aucun abri aux habitants de Fort-de-France, qui avaient tout perdu, et 500 personnes avaient péri sous les décombres : mais, du moins, on n'avait pas été dévoré par un second fléau, le feu. Le tremblement de terre de la Guadeloupe ne peut être comparé qu'à ceux de Lisbonne et de Lima, au Pérou, en 1746.

Bientôt les journaux, les lettres apportèrent des détails concernant la Pointe-à-Pitre, ville de commerce et d'affaires, comme St-Pierre ; elle n'existait plus : il ne restait pas pierre sur pierre ; 3,000 personnes avaient péri par le double effet des secousses successives et du feu qui s'était mis à dévorer les ruines, et les personnes enfouies dessous. Que de malheurs, grand Dieu ! accumulés sur un pays en si peu de moments, et qui aurait pu prévoir une semblable catastrophe dans la saison paisible où l'on se trouvait? Voilà une ville riche en relations avec le monde entier, disparue du sol sur lequel elle vivait joyeusement ; qu'elle leçon de l'adversité ! Dans cette situation, on espérait que le gouvernement de la métropole, le roi et la France entière viendraient secourir tant d'infortunes, pour relever de ses ruines un pays si durement éprouvé.

Eh bien ! pendant que toutes ces misères s'accomplissaient dans ces climats de la zone torride où l'homme est riche aujourd'hui, pauvre demain, par l'effet de la puissance des éléments, on discutait froidement à la Chambre des députés, si l'on accorderait aux colons des moyens d'existence suffisants ou s'il ne fallait pas protéger celui-ci au dépend de celui-là. On rompait sciemment le pacte passé avec les colonies ; on s'engouait d'une production factice à laquelle il fallait accorder une protection aux dépens du trésor public, en lui accordant d'abord 750 fr. par hectare cultivé en betteraves, puis 330 fr. Et une Chambre de députés où le bon sens et l'équité auraient dû dominer, sanctionnait cette situation, sans faire attention que l'agriculture des colonies repose uniquement sur la production du sucre, tandis que les betteravistes peuvent changer la nature de leur culture en produisant des céréales ou des graines oléagineuses.

Maintenant on revient à la Martinique où le gouverneur Duval-d'Ailly ouvre la session du Conseil colonial, le 6 novembre 1843, par un discours dont on extrait les passages les plus saillants :

« Messieurs, les circonstances se sont encore opposées à l'ouverture de la session avant l'époque de l'hivernage. Cette mauvaise saison étant heureusement traversée, je me suis empressé de vous réunir, et je viens vous demander votre concours éclairé pour assurer les divers services en 1844.

« L'ordre continue à régner dans les villes et sur les habitations rurales, il est constaté que jamais dans une année, il n'y a eu moins de pertes de travailleurs, moins d'évasions à l'étranger. Il faut attribuer cet état de choses à la bonne discipline des ateliers, à la bienveillance des maîtres et à la louable soumission des serviteurs. Les esclaves comprennent que si, bravant la loi et les périls de la mer, ils trouvent à quelques lieues d'ici une liberté mal acquise, ils y rencontrent la misère, ils perdent le bien-être matériel que procure le travail et la satisfaction intérieure que donne la pensée d'avoir accompli ses devoirs envers Dieu et envers les hommes.

« La loi sur les sucres, que les colonies attendaient avec anxiété, et qui seule pouvait arrêter la ruine dont elles étaient menacées, a été votée par les Chambres. Il est regrettable que les combinaisons proposées par le gouvernement du roi n'aient pas prévalues ; qu'ainsi les colons ne puissent arriver que progressivement à une égalité de taxes conforme à l'équité et dont la nécessité a été reconnue. Mais la confiance que la loi votée doit inspirer dans l'avenir, les lumières que la discussion a répandue sur toutes les questions coloniales, le talent remarquable avec lequel la cause des colonies a été défendue par les ministres et par les premiers orateurs dans les deux Chambres, enfin la pensée qu'il n'entre pas dans la politique de la France de sacrifier aucun grand intérêt quel qu'il soit, telles sont les consolations qui vous sont offertes ; et le courage avec lequel les habitants de la Martinique ont traversé tant de jours de privations et de souffrances, ne me laisse aucun doute sur les efforts qu'ils tenteront pour soutenir avantageusement la concurrence qu'il leur est imposée. »

Ce discours ne pouvait rester sans réponse de la part du Conseil colonial, et dans la situation où l'on se trouvait, il répondit d'une manière amère, faisant de justes reproches à la Chambre des dépu tés qui manquait d'équité envers les colonies, en rompant la balance du marché en faveur d'une industrie factice, que l'on protégeait en accablant les colonies à sucre d'impôts, sans tenir compte de la marine, de l'intérêt des ports et d'un mouvement de fonds de 115 millions.

1844. M. le capitaine de vaisseau Mathieu est nommé gouverneur de la Martinique, par ordonnance du roi. Arrivé à Fort-de-France sur la corvette l'*Aube*, le 1er décembre 1844, le gouverneur Duval-d'Ailly lui fait la remise de son service, et annonce aux habitants l'arrivée de son successeur par une proclamation dont voici quelques passages :

« En appelant au gouvernement de votre pays M. le capitaine de vaisseau Mathieu, si honorablement connu dans la marine française, le roi a donné une nouvelle marque de sa haute protection ; car les intérêts commerciaux que la marine est appelée à défendre sont étroitement liés aux intérêts coloniaux, à la conservation et à la prospérité des colonies. Ayez donc confiance entière dans votre nouveau gouverneur et prêtez-lui le loyal concours que vous avez bien voulu m'accorder.

« Au moment de me séparer de vous, qu'il me soit permis de vous dire combien j'ai été touché des sentiments exprimés dans les adresses de vos représentants et de vous remercier encore d'avoir facilité, par votre bon esprit, l'accomplissement de la mission que le roi m'avait confiée. »

Les relations de service de ce gouverneur avec le Conseil colonial et les habitants avaient été excellentes pendant son séjour. Il avait cherché à se rendre utile par la reconstruction de Fort-de-France et les travaux publics ; il eut à soutenir le courage des habitants, à les exciter à la patience après le vote de la loi sur les sucres qui ne favorisait pas immédiatement leurs intérêts, et laissait le pays dans la misère.

Le nouveau gouverneur, M. Mathieu, convoque quelques jours après son arrivée le Conseil colonial pour s'occuper des affaires du pays. Il prononce un discours d'ouverture dont on donne quelques extraits :

« Messieurs, en mettant le pied sur cette terre si belle, mais éprouvée il y peu d'années par une cruelle catastrophe, et encore agitée par des émotions si diverses, je comprends tout ce que ma mission a de grave et les obligations qu'elle m'impose.

« Suivant l'exemple de mon digne prédécesseur, j'arrive au milieu de vous avec l'affection d'un père, alliant la conscience du devoir à la sollicitude la mieux sentie, prêt à faire tout ce qui dépendra de moi pour contribuer au bonheur de ce pays.

« Pour atteindre ce but, j'ai besoin du concours de chacun de vous, et j'y compte. Quant à moi, j'y consacrerai tout ce que Dieu a daigné me départir de fermeté, d'énergie, d'expérience, de capacité.

« Témoin de l'intérêt dont le gouvernement est

animé pour les colonies, dépositaire de sa pensée, je suis heureux en prenant l'administration de la Martinique de vous porter les paroles les plus bienveillantes. Le gouvernement marche dans une voie de progrès ; mais dans toutes les mesures qu'il prendra, et ainsi qu'il l'a hautement proclamé, une sage lenteur, une justice rigoureuse présideront à ses actes, etc. »

Après le discours du gouverneur qui a été parfaitement accueilli par le Conseil colonial, le bureau a été formé : M. Lepeltier-d'Aunay a été nommé président et M. Bernard-Poissac, vice-président.

En annonçant que le gouvernement marche dans une voie de progrès, le gouverneur voulait dire que le moment de l'émancipation des noirs approchait et que l'on devait s'y préparer d'avance, parce que c'était une affaire arrêtée en principe, et qui devait s'exécuter avec le temps.

Peut-on contester à la race noire l'aptitude à la civilisation ? Ce serait peut être donner un démenti à l'histoire ; car des savants anciens, Hérodote et Diodore de Sicile, prétendent que la Société égyptienne a eu pour berceau l'Ethiopie, et Volney a dit : « que penser de cette race d'hommes aujourd'hui notre esclave. » Mais il faut convenir que depuis ce temps les choses sont bien changées au détriment de cette race dont on paraît s'engouer, comme on s'est engoué des grecs.

L'Angleterre, qui a donné l'élan de l'émancipation, pour satisfaire ses intérêts, aurait bien dû regarder de plus près et donner d'abord 500 millions pour affranchir les 5,000,000 d'Irlandais qui croupissent dans la misère et la servitude ; ce sont cependant des chrétiens catholiques, formant un peuple intelligent, digne du plus grand intérêt ; mais elle préfère les traiter comme des parias des Indes ! Honte pour elle, de tourmenter ainsi un peuple qui vaut mieux que des nègres vicieux et mal préparés pour jouir de la liberté !

Le régime de l'esclavage s'est singulièrement amélioré depuis un demi-siècle. Les prescriptions du code noir sont tombées en désuétude ; tout a marché dans la civilisation : les colons ont amélioré leur situation morale, et sont atteints de cette philanthropie qui gagne tous les peuples ; ils font profiter ceux qui les entourent de l'adoucissement des mœurs et de ce libéralisme qui circule partout en portant l'homme à avoir de l'humanité pour son semblable.

Les créoles élevés en France reçoivent une éducation distinguée, ils ne conservent guère de leurs préjugés coloniaux que celui de l'épiderme. Il en résulte entre les deux races une confiance affectueuse qui amène même un sans gêne de la part du noir envers le maître, quelquefois risible. La confiance est si grande que l'on vit sans précaution contre les noirs, sur l'habitation, et cependant ils sont toujours armés du coutelas nécessaires à la culture.

Les colons peuvent dire hardiment que la condition matérielle des noirs est meilleure que celle de nos ouvriers des villes et des campagnes ; car ceux-ci ont beaucoup plus de peine à vivre en travaillant que l'esclave. Il est connu de tout le monde que nos paysans travaillent 15 heures en été et 10 heures en hiver, ce qui fait une journée moyenne de 12 heures et demie, et le nègre lui ne travaille que neuf heures, quelquefois onze pendant la fabrication du sucre.

L'esclave intelligent peut tirer bon parti du samedi et du dimanche pour se procurer une nourriture variée et revendre au marché l'excédant du produit avec un bénéfice de cinq à six cents francs par an. Un ouvrier en France peut-il arriver à ce résultat ?

Ce qu'il y a de mauvais dans la condition du noir, c'est d'être une chose dans les villes et un immeuble dans les campagnes, de ne pas s'appartenir, et de ne pas savoir à qui il appartiendra demain. Il est exposé pour une faute à recevoir une punition, et ce qui est pis encore, à voir punir ceux qu'il aime ; heureusement que les punitions corporelles sont défendues et que le maître ne peut plus infliger que la prison. Il est juste de faire sortir ces hommes de leur position infime ; mais avec le temps et non pas brusquement, en commençant par une jeune génération que l'on formerait pour la civilisation et successivement. On pourrait les instruire en religion, en morale ; leur faire apprendre à lire, à écrire et à exercer une profession pouvant les faire vivre en liberté.

Le noir aime son maître, il reconnaît en lui une supériorité morale dont il a conscience, il sent qu'il doit l'obéissance à celui qui l'a élevé depuis sa naissance, qui le nourrit, le soigne dans la maladie et pourvoit à ses besoins dans sa vieillesse.

1845. Après des débats sérieux à la Chambre des députés et à la Chambre des pairs sur le régime des esclaves, le gouvernement a promulgué la loi le 18 juillet 1845.

Cette loi de transition est destinée à modifier profondément la forme de l'esclavage ; au lieu de condamner l'individu à être possédé légalement, elle ne constitue que le droit au travail en faveur du maître. Ce sera une espèce de servage, a dit M. Passy, tel qu'il existe encore en Russie.

La nouvelle loi accorde deux facultés à l'esclave : la première, c'est le droit de posséder légalement ; la seconde, c'est de pouvoir acquérir la liberté.

Jusqu'ici il avait la jouissance de ses épargnes, mais elle ne lui appartenaient que par tolérance du maître. Désormais il pourra posséder légalement des meubles et immeubles. Il pourra aussi employer ses épargnes à se racheter ainsi que les siens, en obligeant le maître à y consentir. Le rachat forcé est donc la seconde base de cette loi.

Cette loi a encore pour objet de déterminer toutes les obligations des maîtres envers leurs serviteurs en échange du travail que ceux-ci leur doivent. Ainsi elle règle la nourriture, l'entretien, le régime disciplinaire des ateliers. Elle donne au noir le moyen de cultiver, un jour entier, le terrain donné par l'habitation outre le dimanche (1).

Malheureusement, elle établit une sanction pénale contre le maître beaucoup trop forte, et les cas en sont trop multipliés, ce qui affaiblira inévitablement l'autorité morale dont il doit jouir.

En somme, cette loi contient des principes féconds qui devront produire des effets avantageux dans son application à la classe noire.

Dans le mois de juin, on s'est occupé des élections des conseillers coloniaux ; à quelques noms près, les électeurs avaient renommé les mêmes membres du Conseil colonial.

Puis après le gouverneur Mathieu a réuni le Conseil en session, le 5 août 1845, en prononçant un discours d'ouverture dans lequel on remarque les passages suivants :

« L'ordre règne partout. De grandes améliorations se créent pour la fabrication du sucre. Des proprié-

---

(1) Depuis longtemps le noir pouvait disposer du samedi et du dimanche dans nos colonies.

taires se sont imposés des sacrifices pour introduire le système avantageux de la vapeur dans les usines. Nous ne resterons pas en arrière du perfectionnement que de toutes parts la science apporte dans les différentes branches de l'industrie, et je vous félicite d'entrer si franchement dans cette voie salutaire.

« J'ai visité plusieurs quartiers de l'île ; partout j'ai été reçu avec une hospitalité patriarcale, et dont je garde un profond souvenir. J'ai vu les améliorations apportées au régime disciplinaire des ateliers, à la tenue des hôpitaux et au logement des esclaves. J'ai été témoin de l'instruction religieuse que vos femmes donnent elles-mêmes aux enfants, des soins maternels qu'elles prodiguent aux esclaves dans la maladie, les pensant de leurs mains, les consolant, les encourageant : l'âge ni la maladie ne ralentissent point leur charité. J'ai admiré ce dévouement, et je remercie celles qui m'ont donné un si noble et si touchant spectacle.

« Une loi nouvelle sur le régime législatif des colonies vient d'être votée par les deux Chambres et ne tardera pas à recevoir la sanction royale (1). On doit l'exécuter franchement, avec respect et soumission. Le gouvernement du roi en suivra l'accomplissement avec sagesse, justice, énergie et persévérance.

Le Conseil a répondu à ce discours, en protestant

(1) Loi du 18 juillet 1845 sur le régime des esclaves des colonies.

contre l'utilité de la loi dont il est question ci-dessus ;
on donne une partie de cette réponse :

« Monsieur le gouverneur, nous sommes reconnaissants de la justice que vous rendez publiquement à l'administration paternelle des colons sur leurs habitations.

« Ce témoignage est d'autant plus apprécié par eux, que récemment encore cette administration a été attaquée et calomniée, ce qui a profondément affligé nos cœurs.

« Nous aussi, représentants du pays, nous avons été calomniés : on a fait un crime aux Conseils coloniaux d'avoir résisté à cette influence fatale qui pousse les colonies dans l'abîme ; l'expérience viendra prouver que seuls ils comprenaient la défense des intérêts qui leur étaient confiés ; et quand les colonies auront cesser d'exister, on reconnaîtra trop tard le mérite de cette résistance.

« Une loi que rien ne rendait nécessaire, une loi désastreuse, va bientôt briser tous les liens qui font encore sous vos yeux des colons et de leurs esclaves une même famille.

« Cette loi nous est imposée malgré nos incessantes protestations, malgré l'injustice qu'elle consacre; nous nous y soumettons néanmoins, soutenus par la conviction que la France, un jour désabusée, reviendra sur l'erreur qui nous a livrés, nous, Français, à des tribunaux d'exception. Ne nous a-t-on pas dit que ce que la loi avait fait la loi pouvait le défaire ?

« Monsieur le gouverneur, ce n'est pas en vain que vous aurez fait appel à notre patriotisme, nous tenterons de surmonter le profond découragement qui accable tous les esprits ; mais la part réservée aux Conseils coloniaux dans l'exécution de la loi qui nous préoccupe est bien restreinte. »

CHAPITRE XVII.

1846. On élève un monument à la mémoire du capitaine Déclieux. — Libération des noirs du domaine de l'Etat. — 1re session du Conseil colonial. — 2e session du Conseil colonial. — Troubles occasionnés par l'émancipation. — 1847. Marche suivie pour la transformation de l'esclavage. — Subvention créée pour rachat. — Immigration de travailleurs européens. — 1re session du Conseil colonial. — Pétitions et discussions contre l'esclavage. — 2e session du Conseil colonial. — 1848. Le gouvernement royal est renversé. — La république est proclamée. — Décret du 4 mars contre l'esclavage. — Le général Rostalan est nommé gouverneur. — Commission pour l'abolition de l'esclavage. — Troubles à St-Pierre. — Emancipation des esclaves. — Arrivée de Périnon, commissaire général. — Situation du travail. — Election de trois représentants. — Le commissaire général Périnon est nommé représentant à la Guadeloupe. — L'amiral Bruat le remplace.

1846. Il est juste d'honorer la mémoire des hommes qui ont bien mérité de leur pays et de l'humanité ; dans ce nombre on doit compter le capitaine Déclieux qui naturalisa, en 1723, le caféier aux Antilles, et fit ainsi la fortune de ces îles pour lesquelles le café est un des principaux éléments de richesse. Homme simple et bon, Déclieux vécut et mourut oublié ; et ce ne fut que longtemps après que l'on pensa à lui élever un tombeau, dont il ne reste plus aujourd'hui que l'emplacement sur lequel on doit ériger un monument digne du service que cet homme de bien a rendu à son pays.

Le gouvernement de la métropole ayant pris, devant les Chambres, l'engagement de réaliser dans un délai de cinq ans, la libération des noirs appartenant au domaine colonial, il s'est mis d'accord avec les colonies pour commencer cette libération dès 1846, en affectant à cet objet une somme représentant le revenu des noirs sur les habitations domaniales ; mais en ne présentant, toutefois, à la libération que des individus réunissant des conditions de conduite, de travail et de moralité.

En tenant compte de ces considérations, les gouvernements de la Martinique et de la Guadeloupe n'en ont présentés que 26, dont 4 pour la Martinique et 22 pour la Guadeloupe.

La session ordinaire du Conseil colonial est ouverte, le 14 mai 1846, par M. le capitaine de vaisseau Mathieu, gouverneur, qui a prononcé un discours d'affaires dont on rapporte les passages les plus importants :

« Messieurs les conseillers, les prévisions rassurantes que je vous exprimais avec une intime conviction lors de l'ouverture de la dernière session se réalisent.

« La loi nouvelle sur le régime législatif des colonies, protectrice de tous, régularisant un mode général et uniforme, étant bien expliquée et bien comprise, a reçu son exécution sans trouble et sans secousse. Je ne saurais m'arrêter à quelques manifestations rares et isolées dépourvues de consistance, réprimées sans effort dès qu'elles ont apparues, et qui ne se sont plus renouvelées.

« La tranquillité la plus complète règne dans la colonie, le travail est bien organisé, et un échange mutuel de bienveillance du maître, et de soumission ainsi que de dévouement de la part de l'esclave, consolide l'ordre et lui donne une nouvelle force.

« Que rien ne trouble un état de choses aussi satisfaisant ! Prouvons à la France, qui a les yeux fixés sur nous, que nous comprenons les pensées et les nécessités de l'époque, et que marchant avec le siècle, nous ne sommes en arrière de rien de ce qui est noble, humain et généreux !

« Le projet de la nouvelle organisation municipale si impatiemment attendu vous sera représenté. Il est vivement à désirer que la colonie possède promptement une législation complète, qui aplanira les difficultés qui naissent de l'état transitoire où se trouve en ce moment cette importante branche du service. »

Les intérêts engagés dans la tranformation du régime des esclaves, en exécution de la loi du 18 juillet 1845, ont exigé la convocation extraordinaire du Conseil colonial pour en obtenir des fonds, le 17 août 1846.

M. le gouverneur Mathieu expose succinctement l'objet de cette convocation, en disant que la loi du 18 juillet 1845, rend nécessaire divers décrets d'urgence, à la confection desquels il appartient au Conseil de procéder, parce qu'ils donnent un surcroît de dépenses pour lesquelles les fonds sont demandés.

Le Conseil colonial répond au gouverneur qu'il examinera les projets de décrets, mais qu'il ne peut promettre d'avance de faire peser sur les contribuables de nouveaux impôts, dans un moment où la production est profondément atteinte.

Les lois des 18 et 19 juillet 1845 (1) établissaient des ateliers de discipline, voulaient une noble émulation pour les esclaves, le travail libre et salarié des nouveaux affranchis, en leur imposant un engagement de cinq années.

Aucune de ces prescriptions justes, mais insuffisantes compensations, n'a été accomplie, malgré les fonds spéciaux votés par les Chambres. Les ordonnances des 18 mai, 4 et 5 juin 1846 ont été, seules, promulguées avec une précipitation que rien ne commande, et cependant jamais mesure n'a demandé plus de réserve et plus de prudence.

Dans plusieurs communes, des troubles ont éclaté et la fermentation règne partout ; une force d'inertie,

---

Voici l'énoncé de ces lois : du 18 mai, sur l'instruction religieuse des esclaves ; du 4 juin, sur le régime disciplinaire des esclaves ; 5 juin, concernant la nourriture et l'entretien des esclaves.

contre laquelle la loi est impuissante, paralyse le travail sur les habitations et l'on craint qu'il ne soit refusé par les noirs.

Cette situation est la conséquence des dernières ordonnances qui désarment le propriétaire sans armer le magistrat d'une manière suffisante, et le Conseil colonial finit par dire qu'il repousse la responsabilité des actes qui s'accomplissent, puisqu'il n'y a point coopéré.

On voit d'après cet exposé que les propriétaires étaient loin d'être satisfaits des mesures prises par le gouvernement de la métropole pour garantir la paix publique et le travail ; et cela devait être ; les noirs ne pouvaient supporter l'esclavage, sentant que l'on voulait les faire sortir de leur situation.

A cette époque de crise pour les colonies à esclaves, il est bon de mettre sous les yeux du lecteur un extrait du rapport fait au roi, le 24 mars 1847, par le ministre de la marine et des colonies, M. Makau, sur la marche suivie pour la transformation de l'esclavage, depuis que les lois des 18 et 19 juillet 1845 y ont été mises en vigueur.

Le ministre dit : que la tranquilité a été générale, l'agitation partielle de quelques ateliers a été promptement réprimée et n'a fait que mieux ressortir le calme et la sécurité qui ont caractérisé la conduite de la population noire, et l'attitude des propriétaires pendant cette période d'épreuve et de transition.

Il signale comme un bienfait la concession d'un jour de travail par semaine faite aux noirs en échange de la nourriture et de l'entretien ; mais cela avait lieu généralement sur les habitations de la Martinique et de la Guadeloupe ; en ce cas on a bien fait de généraliser la mesure.

En ce qui touche au régime disciplinaire, l'ordonnance du 4 juin 1846 a été un bienfait pour les noirs comme pour les blancs, en supprimant, en principe, les châtiments corporels. Du reste, il y avait peu d'habitations où cela se pratiquait, et s'il arrivait qu'un maître fut obligé d'en venir au châtiment corporel, ce n'était qu'envers des sujets incorrigibles par d'autres moyens.

Quant à l'instruction religieuse et élémentaire des esclaves prescrite par l'ordonnance du 18 mai 1846, il fallait, pour en exécuter les détails, un personnel nombreux en prêtres et en sœurs, ce qui était difficile à obtenir. On ne va pas volontiers risquer sa vie aux colonies pour la satisfaction d'instruire quelques négrillons sauvages. C'étaient encore les maîtres qui se chargeaient des soins religieux à donner, tâche véritablement ingrate.

L'institution des caisses d'épargnes pour la formation du pécule était une excellente chose pour donner au noir le moyen de se racheter.

On avait pensé que les affranchis devaient contracter un engagement de travail de cinq ans ; mais le rapport déclare que c'est un tort, de sorte qu'ils pouraient s'y refuser et se livrer au vagabondage auquel ils sont enclins. Pour parer à cet inconvénient, on veut créer des ateliers de travail où ils seront employés ; voilà une contradiction.

L'Etat a créé une subvention de 400,000 fr. pour rachats d'esclaves; cette somme a été répartie ainsi : Martinique, 122,000 fr.; Guadeloupe, 149,000 fr.; Guyane française, 23,000 fr., et Bourbon, 106,000 fr. Esclaves rachetés, savoir : Martinique, 284 ; Guadeloupe, 462; Guyane française, 20, et Bourbon, inconnu. Moyenne du prix d'un noir, 384 fr. pour les trois colonies connues.

Pour attirer les travailleurs européens dans les colonies, un autre fonds de 120,000 fr. a été mis à la disposition du ministre pour être consacré à l'émigration ; mais vainement, car sur la somme précitée, on n'a pu employer que 16,400 fr. pour le passage de 53 travailleurs : trois pour la Martinique et 50 pour la Guadeloupe, et la majeure partie des engagements ont été résiliés.

Ce rapport résume bien ce qui a été fait depuis deux ans par les Chambres, le département de la marine et des colonies. La participation des Conseils coloniaux n'a pas toujours été aussi complète qu'on pouvait l'espérer, dit le ministre, qui parle à son point de vue, sans tenir compte des intérêts attaqués, des préjugés existants, d'une situation économique bouleversée, du mécontentement du présent et de l'incertitude de l'avenir.

Cependant, il faut dire que les procédés employés pour le changement de régime valaient encore mieux que ceux d'une libération immédiate et sans préparation aucune ; ceux qui voulaient agir ainsi étaient des esprits spéculatifs et à illusions qui n'entendaient rien aux intérêts de l'humanité ; fallait-il donc sacrifier les intérêts respectables de quatre-vingt mille Français des colonies à 376,000 noirs esclaves ? On ne le pensera pas.

La session coloniale ordinaire est ouverte, le 7 juin, par M. Mathieu, nommé récemment contre-amiral. Il prononce un discours plein d'énergie pour répondre à des attaques parties de la Chambre des députés contre le régime colonial, en voici le résumé :

Il s'applaudit de ce qu'un changement se soit produit dans l'ordre économique, sans que l'ordre publique, le travail et la discipline des noirs eussent été sensiblement atteints.

Depuis la dernière session, le gouverneur a parcouru les communes en visitant les habitations, il a entendu les maîtres et parlé aux esclaves ; il a examiné les rapports des inspecteurs, et il atteste que les esclaves jouissent des améliorations que la loi leur accorde. Si des manifestations ont eu lieu, elles sont aujourd'hui rares. Le calme règne dans la colonie.

Le ralentissement des travaux ne sera que momentané, les lois et ordonnances répondent au vœu du législateur. Le temps, la sagesse des maîtres, le sentiment du devoir achèveront heureusement l'œuvre de transformation commencée.

Il proteste contre la solidarité qu'on a voulu établir entre les auteurs de quelques faits et les fonctionnaires dont il est le chef, ou la population qu'il administre.

« Le sentiment du devoir comme ceux de l'humanité ne sont pas de ceux que l'on perd en traversant les mers ou dont on soit privé en naissant sur le sol des colonies.

« Respect à la loi, justice pour tous : tels sont les principes qui ont inspiré ses actes dans le passé et qu'il maintiendra dans l'avenir. »

Le gouverneur, après avoir si bien exprimé ses sentiments sur la situation présente et ses espérances sur l'avenir, aborde ensuite les affaires courantes du pays.

Il expose divers projets dont il espère un vote favorable. Des fonds seront demandés pour l'établissement d'ateliers à créer concernant le régime disciplinaire des esclaves, et l'administration demandera le rétablissement des impôts sur les bases qui étaient établies avant le désastre de 1839.

Le Conseil colonial, plus animé encore que le gouverneur contre les attaques venus de la Chambre des députés, répond à son discours par des paroles amères en disant que les séances des 24 et 26 avril de la Chambre, les ont saisis d'émotion : des faits horribles, la plupart inventés, tous puisés à des récits calomnieux, et donnés comme nouveaux, tous exceptionnels et généralisés : voilà le masque hideux sous lequel la société coloniale tout entière a été livrée aux répulsions et à l'indignation de la Chambre.

« Faut-il s'étonner qu'au milieu de cet entraînement de passions, l'intimidation et l'outrage aient été employés contre le clergé, l'administration et les magistrats ; faut-il s'étonner que l'on ait oublié que les colonies ne sont pas une conquête, mais une grandeur de la France ! »

Le Conseil colonial dit encore que c'est à tort qu'il a été signalé comme opposé aux lois et ordonnances ; il ne cessera, au contraire, d'en demander au gouvernement l'application. Les travailleurs libres et les travailleurs esclaves mêlés ensemble et concourant au même but ; le travail de la terre ainsi enseigné et réhabilité, voilà la moralisation de l'esclavage et sa sérieuse initiation à une liberté qui, dans d'autres conditions, ne pourrait être que désastreuse.

Et enfin, le Conseil ajoute qu'il sera bien difficile de faire peser de nouveaux impôts sur le pays au moment où les rades sont dépourvues de navires, les denrées invendues et avilies ne pouvant trouver d'écoulement.

Voici maintenant ce qui avait occasionné une protestation de la part du gouverneur et l'indignation du Conseil colonial :

Des pétitions, sous l'influence du clergé, avaient été présentées à la Chambre des députés contre l'esclavage, elles contenaient plus de 11,000 signatures recueillies dans toute la France. M. de Gasparin, député, fut nommé rapporteur, et l'affaire discutée dans les séances des 24 et 26 avril 1846.

Les pétitionnaires demandaient l'émancipation des esclaves, ne croyant pas à l'efficacité des moyens employés par le gouvernement et au concours empressé des colonies pour mener à bonne fin cette œuvre. Ils rappellent que dans les colonies anglaises, on a voulu procéder aussi par mesures préparatoires; que le refus de concours des colonies a annullé l'effet de ces mesures, et que force a été de rapprocher le terme de l'émancipation.

Le rapporteur dit à la Chambre que la Commission en adhérant aux sentiments exprimés, ne pouvait admettre à *priori* de pareilles craintes sur l'exécution des lois, et que si en Angleterre les mesures préparatoires avaient été brusquement interrompues, le mouvement de l'opinion publique y avait aussi puissamment contribué par le défaut de concours. Puis il ajoute: quel que juste que soit un devoir, il faut les moyens matériels de l'accomplir, or la situation financière ne le permettait pas.

Un député, M. Jollivet, homme de talent, connaissant parfaitement la marche et la situation des choses, eut le courage de prendre la défense de la transition qui s'exécutait, en combattant l'impatience des abolitionnistes qui voulaient l'émancipation à jour fixe.

Après lui, M. de Lasteyrie vint raconter des histoires impossibles sur la cruauté des créoles envers leurs esclaves ; il cherche à produire de l'effet sur la Chambre par des peintures exagérées sur le sort des noirs, et réussit à l'attendrir. Enfin Ledru-Rollin et d'autres vinrent encore augmenter son attendrissement ; pour cette cause, et malgré les explications données par le ministre de la marine et des colonies, M. Makau, qui prit l'engagement de conduire la transformation de l'esclavage à bonne fin, la pétition fut prise en considération.

A cette époque, la France et l'Angleterre étaient travaillées par les efforts et les écrits de gens demandant sur tous les tons l'abolition de l'esclavage, en proposant des moyens plus ou moins impraticables. C'était plus affaire de sentiment chez eux que de raison ; mais ces hommes n'avaient pas besoin d'aller bien loin pour exercer leur bonne volonté ; que ne regardaient-ils autour d'eux ? Est-ce que l'état militaire n'est pas un esclavage de sept ans ? Est-ce que nos ouvriers, nos paysans ne sont pas les esclaves forcés du travail, et souvent, hélas ! de la misère ?

Une session extraordinaire du Conseil colonial eut

lieu, le 21 décembre 1847, ayant pour objet de modifier plusieurs articles du budget des recettes, pour augmenter les impôts et les mettre au niveau des dépenses ; le ministre de la marine et des colonies ayant refusé de continuer la subvention qui était faite à la colonie.

Le Conseil colonial représente au gouverneur que, malgré les malheurs des temps, on s'est efforcé de satisfaire aux besoins des services publics, en votant à la session précédente une augmentation d'impôts. C'était pour eux une mission douloureuse ; mais en l'accomplissant, ils espéraient que le gouvernement leur en saurait gré en accordant la subvention demandée.

1848. Les destinées de la France sont changées, le 24 février 1848, par l'effet de l'imprévoyance et de la faiblesse du gouvernement du roi Louis-Philippe, et par suite de l'instabilité du caractère national qui préfère renverser ce qui existe plutôt que de chercher à le modifier dans l'intérêt général.

Depuis quelque temps, l'agitation des esprits prépare une crise imminente, des banquets de gardes nationaux s'organisent à Paris, les journaux de l'opposition et les ennemis du gouvernement s'apprêtent pour faire un coup de main, la population ouvrière, les étudiants sont surexcités et crient vivent la réforme ! On fait des barricades. Pendant ce temps, les Chambres délibèrent sur des futilités, et le pouvoir s'efface devant les agitateurs qui osent l'attaquer dans la rue et le chasse des Tuileries.

Le 24 février, la Chambre des députés est envahie par la foule : un avocat, Ledru-Rollin, s'empare du pouvoir et y proclame un gouvernement provisoire composé de Dupont (de l'Eure), Lamartine, Crémieux, Arago, Ledru-Rollin, Garnier-Pagès et Marie.

Le gouvernement républicain est proclamé sur tous les points de la France, et le pays entier se trouve livré entre les mains de quelques hommes, qui ne pensaient pas être appelés à une pareille fortune.

Le gouvernement provisoire rend un décret, le 4 mars, dans lequel il déclare que nulle terre française ne peut porter des esclaves, et institue une commission pour préparer l'acte d'émancipation des esclaves dans les colonies françaises. Cette commission est composée des citoyens Schœlcher, président, Mestro, Périnon, Gatine et Gaumont (1).

Le même jour, le ministre de la marine et des colonies, Arago, écrit une lettre circulaire aux gouverneurs des colonies pour leur faire connaître l'existence de cette commission, et les informer qu'il se prépare un acte d'émancipation en faveur des esclaves.

L'île Bourbon reprend son nom de Réunion, et

---

(1) Schœlcher était sous-secrétaire d'Etat de la marine et des colonies ; Mestro, directeur des colonies ; Périnon, chef de bataillon d'artillerie de marine ; Gatine, avocat ; Gaumont, ouvrier.

Fort-Royal de la Martinique celui de Fort-de-France.

Lorsque l'on fut informé dans cette île de ces circonstances politiques, on s'empressa de faire acte d'adhésion au nouveau gouvernement, les uns par crainte et les autres dans l'espoir d'une légitime libétion de l'esclavage, et la république fut reconnue, le 26 mars, par les autorités civiles et militaires et les habitants.

Le contre-amiral Mathieu, conformément aux instructions du ministre de la marine et des colonies, remit le gouvernement de l'île entre les mains du général Rostaland, commandant militaire, et quitta la Martinique.

La commission nommée pour s'occuper de l'abolition de l'esclavage ne perdit pas de temps, elle se mit à l'œuvre immédiatement pour traiter cette question qui touchait à tant d'intérêts. En effet, elle embrassait la transformation de la société coloniale qui rentrait dans le droit commun ; l'abandon du monopole commercial ; on touchait à la propriété, à l'organisation politique, et l'on mettait les colonies au pouvoir de commissaires généraux.

Dans ce rapport étendu où les principes d'humanité dominent, sans tenir compte de la situation créée par l'État, représentant la société, on tranche à grands coups de plume tout ce qui avait été reconnu légale, et avait joui d'une certaine grandeur pendant plusieurs siècles. Les malheureux colons devaient être bien fatigués, dégoûtés même de leurs propriétés et des reproches qu'on leur adressait au sujet de l'esclavage, comme s'ils étaient les auteurs d'un état social qui durait depuis des siècles. Ils étaient comme ces malheureux suppliciés, attendant avec angoisse le coup de grâce qui doit finir leurs maux.

Le rapport part de ce principe brutal que l'affranchissement se pose et ne se discute pas. Le gouvernement provisoire pouvait dire aux esclaves : *Soyez libres* ; mais il fallait que ce grand acte fut accompli de la manière la plus profitable aux victimes d'un crime de lèze-humanité. L'esclavage ne pouvant plus être maintenu, il ne faut plus d'ajournement qui soulèverait les nègres comme à St-Domingue. Le rapport reproche à l'esclavage d'avoir paralysé le travail, et de maintenir l'agriculture et l'industrie dans un degré d'infériorité, en employant à peine la charrue, et en ne tirant de la canne à sucre que cinq à six pour cent, qui en contient 17 à 18.

On avoue que le travail perdra des bras par la liberté ; mais que le nègre reviendra là où il a sa case et sa famille, à moins qu'il ne trouve son avantage ailleurs. Le rapport aurait dû ajouter que ce moment doit amener une désorganisation générale des ateliers, et qu'il sera fort difficile de traiter raisonnablement avec les nègres nouvellement affranchis.

L'esclavage est aboli de droit deux mois après la

publication du décret du gouvernement provisoire ; ce délai est dans l'intérêt des incapables : vieillards, femmes et enfants qui se trouveraient privés de soins.

Le sol des colonies sera purifié, et le Français, de quelques pays qu'il se trouve, doit abdiquer le honteux privilége de posséder un homme : la qualité de maître devenant incompatible avec le titre de citoyen. Il paraît d'après cela qu'on ne voulait plus de hiérarchie sociale : en théorie, c'est un mal ; en pratique, c'est tout bonnement absurde ; nous avons tous besoin des uns des autres, à quelque titre que ce soit.

Pour faire jouir les colonies d'une vie plus large, on propose la suppression des Conseils coloniaux et des délégués, qui seraient remplacés par des députés à l'Assemblée nationale.

En acceptant l'émancipation, les maîtres demandaient une indemnité et une loi organisant le travail ; mais la commission ne reconnaît pas la possession de l'homme par l'homme, elle ne voit dans l'esclavage qu'un désordre social et un crime que l'État a autorisé ; elle réserve la question de dédommagement pour l'Assemblée constituante. Quant à l'organisation du travail des esclaves, elle ne l'admet pas ; le progrès n'est possible qu'avec la liberté entière. Le colonnage partiaire trouve faveur parmi les affranchis, on recommande ce système aux colons sans l'imposer.

Le travail libre a été une des pensées dominantes de la Commission, et pour le régler, elle s'est engagée dans une série de mesures réglant les rapports du propriétaire et de l'ouvrier, réprimant le vagabondage, l'intempérance, et favorisant l'éducation pour amener chez les noirs l'amour de l'ordre et de l'économie.

Ces projets, au dire de la Commission, n'imposent point de charges nouvelles à l'Etat ; la réduction des garnisons et la suppression de l'esclavage amèneront des économies. On soutiendra l'agriculture, l'industrie et le commerce par l'introduction de travailleurs libres.

La terre étant grevée d'hypothèques dans les colonies et dépassant la valeur territoriale, on propose d'appliquer, comme remède, l'expropriation forcée, si on veut rendre au travail son énergie et sa fécondité.

C'est bien là cette plaie funeste qui ronge les colonies depuis de longues années et sous tous les régimes. Les malheureux habitants de ces pays sont accablés de calamités inconnues dans nos climats : les ouragans, les tremblements de terre, les épidémies, moins funestes encore que les impôts énormes, et le manque de liberté, de transactions. On parle de liberté partout et eux n'ont pas même celle de fabriquer quoi que se soit, celle de raffiner le sucre qu'ils produisent ! Et l'on s'étonne que les propriétés sont grevées d'hypothèques et tombent en ruines, ce serait le contraire qui étonnerait. L'ignorance et la mauvaise foi ont été les deux plus grands ennemis des colonies.

On revient au rapport : l'Etat doit assurer le travail à celui qui en demande et avoir des ateliers nationaux offrant un salaire réduit au travailleur qui manque d'ouvrage. Il doit aussi protection à tous ; réprimer le vagabondage, la mendicité, l'abus de la part du nègre d'aller s'établir sur la terre d'autrui.

Pour prévenir le mal, il faut éclairer les esprits en leur enseignant leurs droits et leurs devoirs. On propose donc que l'instruction soit accessible à tous et obligatoire pour les enfants avec des cours facultatifs pour les adultes.

Il faut aussi prévenir le vice de l'intempérance, fort commun par le bas prix des liqueurs fortes ; les liquides seront frappés d'un impôt qui en élèvera sensiblement le prix, et pour que l'individu trouve l'emploi de son argent, on instituera des caisses d'épargne.

Il y existe une chose très-dépréciée, avilie même aux yeux du nègre, c'est le travail de la terre, c'est un stigmate, il faut au contraire en faire un signe d'honneur. Il faut que l'homme sache qu'il a reçu la liberté de Dieu pour l'employer au profit de son semblable et de lui-même ; que ceux qui accomplissent le mieux ce devoir social et humain doivent être placés au premier rang de la société. C'est d'après cette idée que la Commission propose d'instituer une fête du travail, usage emprunté à l'antiquité ; mais salutaire aussi de nos jours.

En résumé, c'est tout une nouvelle organisation sociale et économique que contient ce rapport, dont l'ensemble et les détails sont expliqués clairement. Il est suivi d'une série de décrets et d'instructions qui sont tous exécutoires dans les colonies, et portent l'approbation du gouvernement provisoire (1).

Dans la situation où l'on se trouvait, il fallait à la tête de chaque colonie un homme ferme, éclairé, et ayant l'habitude des affaires, pour mener à bonne fin une transformation où les difficultés ne manqueraient pas. Le ministre de la marine et des colonies fit choix du citoyen Périnon, pour la Martinique, en qualité de commissaire général de la République, par un arrêté du 27 avril 1848.

A l'époque du mois de mai, l'impatience gagnait l'esprit de ces hommes à qui on avait promis la liberté, et qui craignaient un retour vers le passé. La ville de St-Pierre, contenant 15 à 16,000 noirs, était particulièrement agitée par une sourde rumeur, et il se préparait un orage populaire qui pouvait éclater d'un moment à l'autre. Les habitants avaient

---

(1) Ce rapport et les décrets sont insérés au *Moniteur* du 3 mai 1848.

le cœur serré par les symptômes effrayants qui se manifestaient de tous côtés ; le Conseil municipal était rassemblé pour délibérer sur l'émancipation, et l'on attendait avec inquiétude sa décision. Dans cette grave situation, le Conseil municipal, s'inspirant du danger que courait la ville, prononça une émancipation générale et immédiate.

Aussitôt que cette mesure est connue des masses noires, une immense explosion de joie éclate et retentit partout, aussi bien dans la ville que dans les campagnes. De tous côtés on jette les armes pour les remplacer par des rameaux de paix, pour commencer une fête en l'honneur de la liberté.

Le lendemain, il fut décidé que, pour consacrer le jour de l'émancipation, des arbres de la liberté seraient plantés avec le concours des autorités et de la religion à la batterie d'Enotz, où la bénédiction fut donnée par l'abbé Poncelet, qui prononça un discours de circonstance ; puis deux autres arbres furent plantés au mouillage et au fort avec la même cérémonie. Après la bénédiction, des discours furent aussi prononcés par MM. Sauvignan, adjoint, Agnès et Meynier, président de la cour d'appel et membre du Conseil municipal.

Le commissaire général de la République, Périnon, étant arrivé dans les premiers jours de juin, prit le gouvernement en main et promulgua les actes officiels de la métropole concernant l'abolition de l'esclavage, qui était déjà aboli de fait, par ce que l'on vient de voir ; il chercha à faire cesser la désorganisation qui avait lieu, en expédiant sur différents points de l'île des agents chargés d'expliquer aux nouveaux affranchis leurs droits et leurs devoirs d'hommes libres.

Le commissaire général se transporta lui-même dans la commune du Prêcheur, qui avait été le théâtre de douloureux événements, parla aux noirs rassemblés, et il obtint d'eux qu'ils reprendraient leurs travaux de culture.

L'ordre et le travail reprenaient partout ; les travailleurs montraient une tendance à l'association. Le salariat était tantôt une prestation en argent, tantôt en nature ; quelquefois ces systèmes étaient combinés.

Quant à l'association, elle se résumait dans le tiers du produit brut, quelquefois dans la moitié, les frais du travail étant partagés avec les travailleurs. La bonne foi et la facilité de ces conventions prouvent que l'abolition de l'esclavage ne pouvait être la destruction du travail. Il est arrivé que sur des habitations abandonnées par les maîtres, le travail avait repris sous la direction du commandeur seulement.

Maintenant on va voir par un extrait du rapport du commissaire général, adressé au ministre de la marine et des colonies, le 9 octobre 1848, qu'elle était la situation générale à cette époque.

Il venait de parcourir la plupart des exploitations agricoles pour se rendre compte à lui-même des effets du travail libre, et il commence par déclarer que les résultats en seront supérieurs à ceux de l'esclavage. Entrant dans les détails, il dit que le vice général git dans l'inexactitude des heures du travail et aux jours déterminés, sauf quelques rares exceptions. La somme normale du travail n'est pas fournie par les travailleurs ; mais on reconnaît que 6 heures ou 6 heures et demie du travail actuel sont plus productives que 9 heures de travail d'autrefois.

Quelques ateliers d'élite fournissent au delà des heures fixées, bien que leur travail soit parfait. Le citoyen Cazalès, cultivateur béarnais, donne un bien bon exemple en conduisant lui-même la charrue sur ses terres, relevant ainsi ce qui était méprisé.

Le commissaire général pense que l'introduction sur les habitations de travailleurs européens produira un bon effet. Ces populations étant impressionnables, susceptibles d'amour propre, possèdent l'esprit d'imitation, et serait pénétrées des avantages du travail agricole en le voyant recherché par des gens venus du dehors.

On est arrivé à une époque intéressante, celle des élections des trois députés à l'Assemblée nationale et de leurs suppléants. On s'y prépare d'avance par des réunions préparatoires et des écrits où les passions politique se livrèrent à des emportements regrettables, qui furent tels, que le gouverneur s'empressa de rappeler la population aux sentiments de paix et de concorde.

Le nombre des électeurs se composait de 5,000 blancs et de 25,000 hommes de couleur. Les voix populaires donnèrent la majorité à Bissette, mulâtre, Pory-Papy, avocat à St-Pierre, et Schœlcher, sous-secrétaire d'Etat au ministère de la marine ; deux suppléants sont aussi élus à la suite, ce furent Mazuline, homme de couleur, et France.

Les élections des représentants de la Martinique furent validées par l'Assemblée nationale le 11 octobre ; Bissette donna sa démission.

Les élections venaient d'avoir lieu aussi à la Guadeloupe où le commissaire général de la Martinique, Périnon, fut élu par 16,233 voix. Cette distinction politique flatteuse, dont il est l'objet, le porte à accepter la mission de représenter la Guadeloupe à l'Assemblée nationale, et il demande à être remplacé dans son poste de gouverneur.

Ce fut l'amiral Bruat qui fut désigné pour lui succéder (1), et à son arrivée à Fort-de-France, le commissaire général Périnon informa les habitants de son départ par une proclamation, dans laquelle il leur dit que, dans l'état actuel des choses, sa présence à l'Assemblée nationale sera plus utile aux intérêts coloniaux, que de continuer à les gouverner.

(1) L'amiral Bruat est nommé, par arrêté du pouvoir exécutif du 28 septembre 1848, gouverneur de la Martinique.

Voici un passage plein de feu qui donnera une idée de son langage expressif :

« Travailleurs ! c'est à vous que sont dus ces excellents résultats, à votre bon esprit, à votre intelligence du bien, à la confiance que vous avez accordée sans réserve à mon dévouement éprouvé. Je vous en remercie ! C'était la plus noble récompense que vous puissiez me donner pour le peu de bien que j'ai pu vous faire.

« Je remercie également les hommes éclairés et purs, les propriétaires généreux et intelligents, les fonctionnaires et autres citoyens de tous ordres qui ont su comprendre le grand acte de la transformation de notre société et coopérer à son succès. Grâce à ce concours salutaire ma tâche laborieuse a pu s'accomplir ! »

CHAPITRE XVIII.

1849. L'Assemblée constituante fait une constitution. — Militaires congédiés employés à la culture. — Election de deux représentants. — Nouvelle organisation dans les commandements aux Antilles. — Indemnité accordée aux propriétaires d'esclaves. — Commission pour étudier le travail libre. — Demande de travailleurs européens. — 1850. Bissette, représentant, est attaqué par le procureur général de la colonie pour diffamation. — Loi sur la presse dans les colonies. — Etat des esprits. — 1851. Le contre-amiral Vaillant est nommé gouverneur. — Grandes dépenses de l'Etat pour l'Algérie et parcimonie pour les autres colonies. — Loi sur les sucres. — Banques coloniales. — Loi organique des colonies.

1849. La France venait de sortir de sa situation provisoire en novembre 1848 ; l'Assemblée constituante avait fait une constitution qui établissait un gouvernement républicain démocratique, basé sur la liberté, l'égalité et la fraternité. Elle créait un pouvoir législatif et un pouvoir exécutif à la tête duquel était placé un président élu pour quatre ans.

Cette nouvelle forme politique, qui rappelait une autre époque, fut accueillie avec joie dans les départements et aux colonies, ainsi que l'élection de Louis-Napoléon Bonaparte comme président de la nouvelle république.

Le général Cavaignac, qui était chef du pouvoir exécutif depuis quelques mois, quitte loyalement le pouvoir pour rentrer dans la vie privée.

Ces heureux changements produisirent un bon effet à la Martinique, où l'on prévoyait une reprise dans les affaires commerciales, et l'espoir de revoir des jours de prospérité que la politique avait fait perdre.

Le contre-amiral Bruat s'occupait avec zèle et intelligence de la création de quelques établissements agricoles dirigés et cultivés par des militaires congédiés, qui avait librement consenti à seconder ses efforts. L'ardeur de ces nouveaux colons est extrême, et ils prouveront bientôt que les européens peuvent, avec un avantage remarquable, s'occuper de la culture coloniale.

La Constituante, après avoir organisé le gouvernement républicain, fait une loi électorale qui détermine le mode et l'époque des élections, et se retire, son mandat étant achevé.

Le suffrage universel étant la base fondamentale admise par la loi, pour la nomination des représentants, on se prépare partout à suivre les prescriptions qu'elle impose et à voter librement. C'est l'introduction de l'égalité dans la vie politique; suivant les formes déterminées par une loi spéciale, elle exigeait qu'un citoyen eût 21 ans d'âge et qu'il jouit de ses droits civils. C'était peu exiger pour des droits aussi importants, la garantie morale était insuffisante et la garantie matérielle nulle. Pour des hommes nouvellement appelés à la liberté, on aurait dû établir des exceptions ; à tort ou à raison on ne le fit pas. La jouissance d'un pareil droit devait égarer le faible jugement des noirs, qui n'y étaient pas préparés.

Aussitôt que ces dispositions sont connues de la masse d'électeurs de la Martinique, elles produisirent une surexcitation fébrile et donnèrent de l'inquiétude à l'autorité qui craignait de voir éclater des troubles, et comme les élections devaient se faire les 24 et 25 juin, on prit le parti de les avancer en les fixant au 9 du même mois. D'après la loi électorale du 15 mars 1849, l'île avait droit à deux représentants, c'était donc sur ce nombre que devait se faire les élections des 23 communes.

Le procès-verbal qui fut rédigé, après les opérations, constata que sur 29,841 votants, Bissette a obtenu 16,327 suffrages ; Pécoul 13,482 ; Schœlcher 3,617 et Pory-Papy 556.

Il est à remarquer que M. Schœlcher a essuyé un revers dans cette affaire importante. Les noirs, qui le considéraient l'année dernière comme un ami, l'ont délaissé pour un M. Bissette. On l'a représenté comme ennemi de Dieu, de la famille et de la liberté ; ce qui prouve combien la popularité est passagère et qu'elle rejette le lendemain ce qu'elle carressait la veille; car ce candidat à la représentation était, après tout, un homme de cœur, de talent et de conviction qui avait travaillé à l'émancipation de la race noire.

Lors de la vérification des pouvoirs des représentants de la Martinique à l'Assemblée nationale, la situation personnelle de Bissette ne parut pas très-nette, et provoqua bien des objections; enfin Pécoul et lui furent admis dans la séance du 22 juillet 1849.

Une nouvelle organisation dans les commandements des Antilles fut adoptée. Un arrêté du Président de la République, en date du 12 mars 1849, décide que le contre-amiral Bruat sera gouverneur général des Antilles françaises, et que le gouverneur de la Guadeloupe exercera, sous cette direction supérieure, les pouvoirs et attributions déterminés pour la législation coloniale; et, par ce même arrêté, M. Favre, capitaine de vaisseau, est nommé gouverneur de la Guadeloupe, en remplacement du colonel Fiéron, rappelé en France.

Les élections de cette île devaient se faire les 24 et 25 juin, et Bissette avait la prétention de se faire nommer une seconde fois; il quitte la Martinique pour se rendre à la Pointe-à-Pitre, et se met à parcourir les quartiers de l'île pour se faire agréer par les nouveaux libres formant la masse des électeurs; il est rejeté partout avec mépris, insulté et menacé, on lui préfère Schœlcher et Périnon qui furent élus représentants. Des troubles eurent lieu à Marie-Galande, entre les noirs et les blancs où l'autorité fut obligé d'intervenir avec la force.

L'Assemblée nationale s'était enfin occupée de l'indemnité à accorder aux propriétaires dépossédés de leurs esclaves. Par la loi du 30 avril 1849, il est accordé une rente de six millions, cinq pour cent, en exécution des décrets du gouvernement provisoire des 4 mars et 27 avril 1868.

La répartition était ainsi faite ; pour la Martinique, 1,507,885^f,80 c. ; pour la Guadeloupe, 1,947,164^f,85 c. Il a été également accordé une indemnité en numéraire de six millions, à payer dans la même proportion que ci-dessus. On devait nommer des commissions qui seraient chargées d'établir les droits et les sommes revenant aux colons dépossédés.

Une commission fort utile fut instituée sous la présidence de l'amiral Bruat, gouverneur, pour étudier la question du travail libre. Dans la situation des esprits du moment c'était une question fort délicate.

Elle était chargée de constater l'état de culture et de faire connaître les améliorations qui pourraient être introduites, soit au point de vue matériel, soit au point de vue moral, pour initier les cultivateurs aux bienfaits comme aux devoirs de leur vie nouvelle.

Pour arriver à se renseigner exactement, on fit un certain nombre de dossiers correspondant aux communes et à des habitations importantes, ce qui permit de faire des observations sur 6,000 travailleurs environ.

Il résulte que le travail au salaire est celui qui est le plus généralement adopté comme s'harmonisant le mieux avec les idées actuelles des cultivateurs. C'est donc de lui seul qu'il serait permis d'attendre de sérieux éléments de culture, quoique présentant des inconvénients.

Le système de l'association paraît être une dépendance pénible au cultivateur, et présente des difficultés dans la pratique où l'inertie joue le rôle principal; mais il apprend au cultivateur à aimer la culture, à s'y intéresser. Le contrat qui le lie ne lui permet pas d'abandonner les champs arrosés de ses sueurs, il s'y attache et lui deviennent précieux par le résultat qu'il en espère ; par là il s'initie à des qualités morales d'ordre et d'économie ; seulement, il faut arriver à lui donner une part équitable dans les produits.

Les propriétaires demandent la création d'usines centrales pour la fabrication du sucre et l'immigration d'européens pour les adjoindre aux cultivateurs indigènes ; dans cette position ils offriraient des exemples d'industrie et d'activité pouvant amener une émulation salutaire dans la population noire aimant l'inertie et le far-niente.

Les bras font défaut sur les exploitations par suite du dédain du travailleur pour la terre ; c'est la conséquence du travail forcé ; mais il faut espérer que le temps viendra où il y aura un changement dans l'esprit des affranchis, et qu'ils sentiront le besoin du travail.

Tous les contrats stipulent que la journée sera de 9 heures, et l'on parvient à obtenir des travailleurs, avec peine, seulement 6 à 7 heures, ce qui est préjudiciable aux propriétaires. Depuis l'émancipation, le noir emploie de préférence son temps à cultiver son jardin et à se reposer, il se détourne de l'objet principal pour obtenir un produit particulier qui rapporte immédiatement. En effet, les produits du jardinage, la volaille, le poisson se vendent bien et cher au marché, il en est de même de la viande de bœuf et de porc dont l'élevage est très-facile.

Maintenant il travaille quand cela lui plaît, il est son maître, l'égal de son voisin, le blanc dont il dépendait hier. Naturellement fier, hautain dans sa liberté, c'est à peine s'il salue M. de St-Félix lorsque l'occasion se présente. Cependant ce vieux maître a été bon, généreux pour le pauvre esclave : il était traité avec familiarité à la maison. Lorsqu'il est venu au monde, il l'a fait baptiser, il a été soigné par Mme St-Félix qui soignait aussi sa mère ; plus tard on lui apprit à lire, à écrire, son cathéchisme, ses prières, comme aux enfants de l'habitation du maître. On l'a soigné dans la maladie, on était heureux de le voir revenir à la santé. Enfin on l'aimait pour son caractère et les services qu'il rendait. Mais la liberté est venue, elle lui a fait oublier le passé, cette vie simple et douce, ces liens d'attachements qui unissaient les cœurs les uns aux autres ; elle lui a fait même oublier le respect dû à son ancien maître, car c'est à peine s'il le salue lorsqu'il le rencontre dans le chemin.

Voilà la situation morale du noir à qui la civilisation a tranché brusquement les liens qui l'unissait à la famille, aux champs, à la fortune du maître. La nouvelle vie qu'il mène le rendra-t-il meilleur et plus heureux ; en devenant homme libre saura-t-il remplir ses droits et ses devoirs de citoyen ? Le doute est permis. Il fallait exiger un noviciat, un apprentissage, il fallait lui apprendre à se conduire en liberté, à gagner sa vie, à vivre convenablement ; mais la plupart entendant la liberté à leur manière se sont cantonnés dans les montagnes et dans les bois, il en résulte que la société ne tire presque aucun avantage de cette liberté accordée sans discernement.

1850. L'année dernière, M. Bissette avait été admis représentant à l'Assemblée nationale où des discussions s'élevèrent à son sujet. Une demande en autorisation de poursuites fut formée par le procureur général près la Cour de la Martinique et discutée le 3 juillet.

Cette plainte reposait sur un fait qui s'était accompli au commencement de juillet 1849. A cette époque, on aurait parodié la scène de 1824 dans laquelle ce citoyen avait été marqué lors de sa condamnation pour crime politique, et relevé depuis par la Cour de cassation ; et, sans égards pour ses souffrances, on lui fit cet outrage pendant qu'il était à la Guadeloupe pour les élections.

A son retour, il écrivit au *Courrier* de la Martinique, et des lettres en réponse vinrent désavouer la parodie, et faire croire que ce n'était qu'une invention qui n'avait pas même le mérite de la vraissemblance ; et, par suite, un réquisitoire pour diffamation a été dressé contre lui ; mais la discussion qui eut lieu confondit les auteurs de cette attaque ; car la Commission chargée de cette triste affaire conclut au rejet de la demande, *qui fut approuvé*.

Dans la correspondance du gouveneneur général avec le ministre de la marine et des colonies, la presse des Antilles est représentée comme l'un des plus puissants aliments d'agitation des esprits. Son langage incisif reflète des opinions antigouvernementales, livrant des attaques incessantes contre les actes de l'administration locale et envers tous les fonctionnaires, dès qu'ils ne suivent pas la direction qu'elle entend imprimer.

Jouissant d'une liberté illimitée qu'elle n'avait jamais connu jusqu'ici, elle usait et abusait du droit de tout dire, soit envers les personnes, soit sur les choses ; il en résulte que la population, peu familiarisée avec une polémique aussi ardente, s'impressionne et s'agite sous cette influence nouvelle. On lui reproche de créer et d'entretenir des désordres préjudiciables aux intérêts généraux, comme aussi d'entretenir entre particuliers d'opinion opposée des rencontres produisant des collisions et des duels souvent funestes.

Le gouvernement local, éloigné de 1800 lieues de la mère patrie, a besoin d'une force morale qui ne soit nullement contestée. Mais il faut laisser à la presse une liberté juste et convenable pour rendre compte des affaires journalières, apprécier, critiquer les actes de l'administration ; elle doit instruire et éclairer les hommes et non les insulter.

En France, on l'avait déjà réglementée par le décret du 11 août 1848 et la loi du 27 juillet 1849, il était temps d'agir aussi dans les colonies et de réprimer la licence. C'est dans ces vues que le ministre de la marine présenta à l'Assemblée nationale une loi qui fut discutée et votée, le 8 août 1850. Elle était en partie calquée sur celle de la métropole, et en outre appropriée aux pays où l'esclavage avait régné ; il y avait des cas punissables de 500 à 4,000 fr. d'amende.

L'état des esprits tendait cependant à s'améliorer. On commençait à comprendre qu'il fallait vivre avec la situation nouvelle, faite par les événements, qui retombait de tout son poids sur la race blanche.

Il y avait une manière de sortir de ce gâchis, elle dépendait de la métropole ; c'était la diminution de la taxe des sucres, qui n'était rien moins que favorable à la production, et par conséquent au travail. On pourrait reprendre sérieusement les plantations et faire cesser le vagabondage des nouveaux affranchis, et cette plaie du moment finirait par se cicatriser.

Heureusement qu'à la tête du gouvernement local se trouvait un homme supérieur, ferme, équitable, jugeant bien l'état des choses et épargnant par sa prudence les sévérités de l'état de siége auquel il a fallu avoir recours à la Guadeloupe pour ramener au devoir une population égarée par l'esprit politique et une liberté accordée sans discernement.

1851. Le contre-amiral Bruat était gouverneur général des Antilles françaises. Depuis près de quatre ans, il avait traversé heureusement une période de transformation de la société coloniale, dans laquelle il avait déployé de rares qualités de caractère. Mais tout à une fin dans ce monde, et les hommes se fatiguent promptement dans ces climats brûlants de la zone torride ; c'est pourquoi il demande au gouvernement à rentrer en France ; et, par un décret du Président de la République, en date du 11 avril, son remplacement a lieu par le contre-amiral Vaillant, nommé avec les mêmes pouvoirs pour gouverner et administrer ces pays.

Vers cette époque, il est fait un rapport à l'Assemblée nationale par le représentant Lestiboudois, dans lequel on voit que l'État fait de grandes dépenses pour l'Algérie. Un crédit énorme de cinquante millions avait été voté pour l'organisation de colonies agricoles. Avec ces fonds on avait construit 42 villages, peuplés d'abord de 20,000 émigrants, qui ont été réduits à 10,000, les autres ayant disparu peu à peu pour différentes causes, du sol africain. Cependant, les fonds dépensés ne suffisent pas pour achever l'œuvre, il est demandé un nouveau crédit de 300,000 fr. qui est accordé par les représentants.

Il ressort naturellement une remarque importante de cet état de choses : que l'on favorise la colonisation du sol africain, que l'on y dépense de l'argent, c'est logique, puisque la France veut garder sa conquête ; mais en cherchant à favoriser une colonie, il ne faut pas laisser ruiner les autres qui méritent d'être considérées pour leur patriotisme, leur attachement éprouvé, leurs productions particulières qui ne se trouvent pas en Afrique, et enfin pour les intérêts moraux et matériels qui relient ses habitants à ceux de la mère-patrie, et en outre par la gêne et les souffrances morales endurées par suite de la liberté accordée aux noirs.

La question importante des sucres ayant fait son apparition à l'Assemblée nationale, au mois de juin, fut un sujet de discussions passionnées.

En effet, cette loi était pleine de difficultés, par l'importance des intérêts qu'il s'agissait de régler : ceux du sucre colonial, du sucre indigène, de la marine et des ports, de la raffinerie, et enfin ceux des consommateurs. Il fallait un examen attentif, sérieux, pour résoudre cette affaire compliquée et qui devait être considérée sous trois rapports : l'équité, le droit et la raison.

La situation malheureuse des colonies méritait d'être prise en considération, sous peine de voir le travail libre, qui commençait à s'organiser, rester dans l'abandon. Il en était de même à l'égard de la navigation et du commerce des ports. La culture de la canne étant la ressource principale de ces pays qui sont forcés de recevoir les produits de la métropole, il était juste d'en tenir compte. Quant au sucre indigène, il était assez soutenu par ses partisans pour que l'on ne croie pas devoir diminuer sa production qui coûtait à la France 300 millions, suivant MM. Ste-Beuve et Jarrel ; une protection aussi coûteuse aurait dû disparaître pour faire place à l'égalité entre les deux produits ; mais on était flatté en

France d'avoir du sucre indigène, il fallait bien payer l'entretien de cet enfant gâté.

Dans le cours de la discussion, on trouva convenable de changer la base de l'impôt ; il fut décidé que ce serait la richesse sacharine contenu dans chaque espèce de sucre qui servirait à l'avenir à déterminer le droit à payer, et une échelle graduée était imaginée pour en connaître la valeur. Ainsi le sucre indigène était coté à 95 degré, le sucre colonial et étranger à 90 degré.

La loi a été promulguée le 30 juin pour être exécutoire le premier janvier 1852. On rapporte ici l'article relatif au paiement des droits, et qui est ainsi rédigé (1) :

« Les droits à acquitter sont fixés ainsi qu'il suit :
« Pour cent kilogrammes de sucre pur indigène,
« 50 francs. Le sucre colonial acquittera pendant
« quatre ans, à partir de la promulgation de la pré-
« sente loi, 6 francs de moins par cent kilogrammes
« que le sucre indigène.

« Le sucre étranger acquittera 11 francs de plus par
« cent kilogrammes que le sucre indigène. »

Pendant la discussion à l'Assemblée nationale on a estimé que la consommation de la France était de

---

(1) M. Burguot était le rapporteur de cette loi, qui fut vigoureusement attaquée et défendue. MM. Schœlcher et Périnon soutinrent les intérêts coloniaux.

120 millions de kilogrammes, que les colonies en fournissaient 50 millions et que le reste provenait de la France et de l'étranger.

Il est incontestable que Cuba et Porto-Rico pouvait fournir des sucres 15 francs moins cher que les nôtres, et, par l'effet de cette différence, ils trouvaient facilement des débouchés dans nos ports.

Il faut se rappeler que cette loi ne change rien au système existant, que le pacte colonial n'est pas rompu ; car il impose l'obligation à la métropole de recevoir toutes les productions coloniales, et aux colonies d'accepter en échange tous les produits de la France. Il faut espérer que le temps viendra modifier cette situation et rendra à chacun sa liberté d'action.

Il a été dit que la loi ne serait exécutée qu'à partir du 1er janvier 1852 ; en attendant, et pour régler la situation jusqu'à cette époque, il a été décidé qu'à partir du 15 juillet 1851, la taxe des sucres sera établie ainsi qu'il suit :

Sucre indigène, 47^f,50 par 100 kilogrammes ;
Sucre étranger, 58^f,00 par 100 kilogrammes.

Le sucre colonial acquittera 5 francs de moins par 100 kilogrammes que le sucre indigène.

C'était un soulagement accordé à nos possessions d'outre-mer, mais était-il suffisant ?

Maintenant il fallait attendre pour juger de l'effet de la loi nouvelle sur le travail des plantations, et si elle pouvait redonner la force et la vie à une industrie qui se mourait.

Il est certain que le travail a diminué de moitié, cela était inévitable dans la transformation ; personne n'a pu penser que des hommes esclaves la veille travailleraient le lendemain.

Après avoir voté la loi sur les sucres, l'Assemblée s'est occupée du crédit des banques coloniales en remaniant leur organisation pour qu'elle puisse avoir un caractère d'utilité qu'elles n'avaient pas.

Le capital de chaque banque était porté à trois millions de francs ; l'État fournissait deux millions et le reste était demandé à des souscripteurs volontaires.

La banque pouvait émettre des billets au porteur de 500 francs, 100 francs et 25 francs, remboursables à vue et reçus comme monnaie légale dans les établissements publics et par les particuliers.

Tout propriétaire qui voudra emprunter de la banque sur cession de sa récolte pourra en faire la déclaration au receveur d'enregistrement un mois à l'avance.

Ces établissements pouvaient donc rendre d'utiles services au commerce, à la navigation et à l'agriculture, qui sont dans les colonies, comme partout, les éléments indispensables de l'existence d'une société organisée convenablement.

La constitution de 1848, tout en consacrant le droit des colonies à la représentation nationale, n'avait pas moins déclaré qu'elles seraient régies par des lois particulières jusqu'au moment où une loi organique les placerait sous le régime qui leur était propre.

Le gouvernement de la métropole, d'accord avec la Commission coloniale, le Conseil d'État et l'Assemblée nationale, a produit cette loi qui renferme six titres dont voici le sommaire :

1° Le pouvoir législatif se réserve les lois civiles, criminelles et politiques ;

2° Le commandement général et l'administration sont confiés à un gouverneur qui rend des arrêtés et des décisions. Un conseil privé et placé près de lui pour l'éclairer ;

3° Il y a dans chaque commune une administration composée du maire, des adjoints et d'un conseil municipal.

Le maire et les adjoints sont nommés pour trois ans par le gouverneur ;

4° Un conseil général, composé de 24 membres, est institué dans la colonie, leur nomination est faite par les conseils municipaux auxquels sont adjoints des électeurs désignés par les assemblées électorales, dans la proportion d'un électeur pour cent habitants ;

5° Il est pourvu aux dépenses par des crédits ouverts au budget général de la métropole. Toutes les autres dépenses demeurent à la charge de la colonie ;

6° La présente loi est applicable aux iles de la Martinique, de la Guadeloupe et de la Réunion (1).

Par l'effet de cette loi, le suffrage universel, la grande affaire politique du temps, sans être supprimé, est restreint ; il nomme toujours les représentants à l'Assemblée nationale ; mais il n'entre que pour une petite part dans la nomination des membres du Conseil général, ainsi que cela est dit à l'art. 4, et il participe toujours au vote essentiel des conseillers municipaux chargés des intérêts de la commune.

(1) Cette loi a pris la date du 30 juin 1851.

CHAPITRE XIX.

1852. Coup d'Etat du 2 décembre, — Il est accepté en France et à la Martinique. — Décret réglant les rapports des propriétaires avec les travailleurs. — Décret sur la presse coloniale. — Décret sur les immigrations. — Mouvement d'émigration en Angleterre et en Allemagne. — Livrets d'ouvriers délivrés aux cultivateurs. — Rétablissement de l'Empire. — Fête du travail à la Martinique. — 1853. Les autorités rédigent des adresses à l'occasion du rétablissement de l'Empire. — Arrivée à la Martinique de 313 Coolis. — Le comte Gueydon, capitaine de vaisseau, est nommé gouverneur. — Il fait une proclamation. — 1854. L'assistance publique à la Martinique. — Sénatus-consulte sur la législation coloniale. — Décret sur les conditions relatives au Conseil général. — Décret organisant le Comité consultatif près le ministre de la marine. — Appréciation sur la forme gouvernementale. — 1ʳᵉ Session du Conseil général. — Discours du gouverneur. — Adresse du Conseil général au gouverneur. — 1855. Creusement d'un canal pour amener des eaux potables. — Composition du Comité consultatif des colonies. — 1856. Pose de la première pierre de la statue de l'Impératrice Joséphine. — Inauguration de la conduite des eaux. — Etablissement de l'hôpital de la Pointe-de-Bout. — M. Fitte de Soucy, général de division, est nommé gouverneur de la Martinique.

1852. En France, et vers la fin de l'année dernière, l'esprit public n'était plus avec la République et encore moins avec les républicains. Les querelles de partis à l'Assemblée nationale, dans la presse et ailleurs, ôtaient la confiance dans l'avenir : ces causes et bien d'autres empêchaient la République de se naturaliser dans l'esprit de la nation qui rêvait une autre forme de gouvernement.

Le suffrage universel lui-même, quoique enfanté par le régime républicain, ne semblait pas pouvoir vivre longtemps tel qu'il était organisé.

Enfin, le 2 décembre 1851, un coup d'Etat est tenté par le Président de la République, qui décrète la dissolution de l'Assemblée nationale, l'état de siége de Paris et fait un appel au peuple.

Il soumet en même temps les bases fondamentales d'une constitution, comprenant : 1° un chef responsable élu pour 10 ans ; 2° des ministres dépendant du pouvoir exécutif ; 3° un Conseil d'Etat formé d'hommes distingués ; 4° un corps législatif discutant et votant les lois, nommé par le sufrage universel ; 5° une seconde assemblée formée de toutes les illustrations du pays, c'est-à-dire un sénat.

Pour s'aider dans le gouvernement, il nomme une Commission consultative, un nouveau ministère et convoque le peuple dans ses comices pour le 14 décembre 1851, et lui soumet un plébiscite concernant les pouvoirs nécessaires à donner au Président pour former la nouvelle constitution.

A la suite de ces changements dans l'ordre politique, des troubles eurent lieu à Paris et dans quelques départements ; on devait s'y attendre, car ceux qui aiment l'anarchie et fondaient leur espoir sur elle se trouvaient déçus ; et ils en furent pour leurs peines, la France désirant l'ordre et la paix.

Le suffrage universel accepte à une grande majorité les propositions du plébiscite qui autorise le Président à faire une constitution et à fonder un gouvernement stable.

On comprend sans peine que ces changements furent accueillis avec satisfaction dans nos colonies où le gouvernement républicain s'était conduit si maladroitement, en ruinant le travail, le commerce et la navigation, sans s'inquiéter du trouble qu'il faisait naître par une trop grande précipitation à changer l'ordre social qui y avait toujours existé. Il était évident que l'émancipation devait s'exécuter ; mais on devait considérer avant tout l'état de misère des colonies anglaises ruinées dans l'espace de cinq ans, pour éviter le même sort aux nôtres ; et malheureusement, c'est ce qu'on ne fit pas.

Aussitôt ces événements connus, des proclamations ont été publiées par les autorités et des adhésions sont arrivées en foule de tous les points de l'île pour approuver ces changements survenus dans la mère patrie ; l'enthousiasme a été d'autant plus grand qu'on avait des appréhensions pour la fin de la quatrième année du Président.

Lorsque l'esclavage a été aboli en 1848, les décrets qui ont consacré cet acte l'ont accompagné de mesures destinées à donner aux autorités les moyens de surveiller le travail rural et la répression du vagabondage. Une expérience de quatre années en a démontré l'insuffisance, et, aujourd'hui, il est nécessaire de régler d'une manière plus efficace les rapports des propriétaires avec les travailleurs.

D'un autre côté, l'Etat voulait faire appel aux travailleurs du dehors pour établir une concurrence à la main-d'œuvre agricole et contribuer à la réhabilitation du travail de la terre, resté si longtemps le partage de la servitude.

Dans ce but, un projet a été préparé par la Commission coloniale et le Conseil d'Etat pour être converti en décret, portant la date du 13 février 1852.

Jusqu'ici l'immigration des travailleurs avait été à peu près nulle, excepté à Bourbon où la proximité de l'Inde permettait un recrutement qui avait produit 20,000 travailleurs indiens.

D'après ce décret, les fonds de l'Etat et ceux du service colonial pourront concourir aux dépenses d'immigrations et du rapatriement. L'engagement qui lie le maître et l'ouvrier sera d'un an au moins. Des dispositions de police et de sûreté sont prises contre ceux qui abandonneraient ou feraient abandonner les ateliers de travail, les vagabonds et les mauvais sujets.

Tels sont les motifs en substance qui ont donné lieu au décret sur les immigrants (1).

(1) Voir le *Moniteur* du 17 février 1852.

La presse, qui avait été réglementée en France par le décret du 17 février 1852, devait aussi l'être aux colonies où elle avait joué un rôle très-actif pendant les premières années de la République. Un décret fut rendu à cet effet trois jours après la date ci-dessus, et dont on rapporte l'article principal :

« Le gouverneur surveille l'usage de la presse, commissionne l'imprimeur, donne l'autorisation de publier les journaux, et les révoque en cas d'abus.

« Aucun écrit autre que les jugements, arrêts et actes publiés par l'autorité de justice ne peut être imprimé sans sa permission. »

Un décret du 27 mars 1852, vient compléter celui des immigrations qu'on a vu plus haut, en déterminant les règles suivant lesquelles auront lieu pour les émigrants les engagements, le transport, la nourriture à bord des bâtiments, le séjour dans les colonies et le rapatriement.

A ce sujet, il est bon de mettre sous les yeux du lecteur ce qui se passe à l'étranger en fait d'immigration. On verra avec quelle largeur ces opérations se font maintenant.

Un des caractères des plus remarquables de ces temps-ci, c'est le mouvement d'émigration qui se manifeste en Angleterre et en Allemagne. En Irlande, par exemple, il semble que les paysans aient perdu tout espoir d'améliorer leur condition présente, qu'un découragement complet se soit emparé de leur esprit, qu'ils ne voyent point de terme aux charges exorbitantes qui pèsent sur eux, tandis que tout leur paraît beau dans l'avenir en Amérique : les hauts salaires qu'on y perçoit, les richesses acquises par ceux qui y ont séjourné sont les plus actifs stimulants pour les partants et forment un si grand contraste avec ce qui se passe ordinairement, qu'il n'est pas surprenant de voir des masses de personnes se diriger vers des pays meilleurs.

Il résulte d'un rapport sur l'émigration effectuée par les soins du gouvernement anglais, que dans le mois de juillet 1851, il est parti du port de Liverpool 21,385 émigrants, et dans le mois d'août de cette année 21,907, ce qui accuse une augmentation de 522 personnes. Ce mouvement qui emporte les hommes loin de leur patrie est commencé depuis plusieurs années, mais il n'avait pas encore été aussi considérable que maintenant.

Les émigrants se rendant en Amérique sont des Irlandais et des Allemands. Les Écossais préfèrent l'Australie, pour les pâturages et la recherche de l'or.

Il faut quitter ces grandes choses pour revenir à de plus petites. Le ministre de la marine, M. Ducos, prescrit, par un décret du 13 février, l'usage des livrets pour tous les ouvriers. A la Martinique, la remise de cette pièce utile fut faite aux cultivateurs par les autorités d'une manière satisfaisante et sans opposition de la part des noirs.

Dans un voyage célèbre à travers la France, et dans un discours plus célèbre encore prononcé à Bordeaux, le Prince président déclare que l'Empire c'est la paix. A partir de ce moment le doute n'est plus permis : la dynastie du Charlemagne moderne est rétablie sur le trône de France.

Depuis le vote du plébiscite qui avait donné une majorité de 7 millions cinq cent mille voix, des adresses venant de toutes les autorités et des cris d'enthousiasme demandaient un changement politique ; il fallait en finir avec la situation gouvernementale ; la logique et le vœu populaire exigeaient le rétablissement de l'empire.

Le peuple français est convoqué de nouveau dans ses comices, le 21 novembre, et se prononce pour le plébiscite qui rétablit la dynastie de Napoléon Ier, dans la personne de Louis-Napoléon Bonaparte. Le nombre des votants était de 8,140,000 ; les adhésions de 7,824,000, et contre 253,145. Le résultat a été une majorité puissante et indiscutable.

La France venait de prouver une fois de plus qu'elle n'était pas pour le gouvernement républicain, mais bien pour le système monarchique qu'elle préférait comme s'adaptant mieux à son génie, à son passé et à ses sentiments.

Le 2 décembre fut le jour consacré à la reconnaisnaissance officielle du gouvernement impérial, et l'on peut dire hardiment qu'à cette époque, il fut acclamé par toute la France avec un grand enthousiasme ; il n'y avait qu'un petit nombre d'opposants à ce changement pour faire ombre au tableau.

— A la Martinique, ce jour-là, on a célébré, à Fort-de-France, la fête du travail avec beaucoup de pompe et d'éclat, au milieu d'un grand concours de population. Le gouverneur a remis lui-même quatre médailles d'or à autant de cultivateurs, et il avait laissé aux municipalités la distribution des autres récompenses. Chaque commune possède ainsi des cultivateurs qui ont reçu cette distinction, et c'est pour l'agriculture une cause d'émulation.

1853. A la nouvelle du rétablissement de l'empire, les autorités, les conseils municipaux et la population se réunirent pour célébrer un événement aussi considérable ; ils rédigèrent des adresses de félicitation à la France et à l'empereur Napoléon III, pour exprimer leur satisfaction de voir le gouvernement remis entre ses mains.

On a vu par le décret du 13 février 1852, que le gouvernement désirait introduire des travailleurs dans les colonies, et que des fonds étaient destinés à ce recrutement.

Le gouverneur de la Martinique, le contre-amiral Vaillant, informe le ministre de la marine et des colonies, le 27 mai, que le navire l'*Aurélie*, appartenant à la compagnie Chauvet, de Nantes, a débarqué des Coolis au nombre de 313, venant de la côte de

Coramandel. Un seul décès a eu lieu pendant le voyage. Après leur débarquement, ils ont été placés chez les planteurs qui en ont fait la demande.

Leur dissémination dans l'île a eu un avantage incontestable : c'est de généraliser l'effet moral qu'on devait attendre de leur arrivée sur l'esprit si impressionnable des noirs de la campagne. Cet effet n'a pas manqué de se produire, et il donne une force morale considérable aux propriétaires, qui avaient sans cesse à lutter contre eux dans l'exécution des travaux de culture.

L'introduction de l'usage de la charrue chez les cultivateurs de cannes, et le recrutement des travailleurs au dehors, produisaient, avec l'emploi des engrais, une augmentation proportionnelle dans les récoltes. D'un autre côté, si l'on joint à ces moyens le perfectionnement des machines à fabriquer le sucre, on arrivera nécessairement à des résultats supérieurs en qualité et en quantité.

C'est au gouvernement à prodiguer les encouragements nécessaires pour que cette intéressante industrie se développe largement, et donne tout ce qu'elle peut produire.

Par un décret du 15 juin 1853, M. le comte Gueydon, capitaine de vaisseau, est nommé gouverneur de la Martinique en remplacement du contre-amiral Vaillant, qui a bien mérité du pays par les circonstances difficiles qu'il eut à traverser ; il y avait tout à refaire :

la question des sucres, l'organisation du travail, du gouvernement de 1852, la presse, les immigrations, les travailleurs étrangers et autres questions relatives à la colonie, et surtout l'apaisement des esprits si prompts à s'enflammer. Tout cela a été conduit et dirigé à bon port par cet officier général.

Le nouveau gouverneur, à son arrivée, publie une proclamation à la date du 24 septembre 1853, dont voici les principaux passages :

« Habitants de la Martinique, appelé à l'honneur de gouverner votre beau pays, cette île qui fut le berceau de l'Impératrice Joséphine, dont la mémoire est chérie de tous les Français, j'arrive au milieu de vous plein de foi dans l'avenir, fermement résolu à travailler sans relâche à réaliser les vues grandes, généreuses de Napoléon III, à consolider sur des bases nouvelles la seule propérité qui ne soit pas éphémère : celle qui se manifeste par le bien-être de tous et pour la satisfaction générale.

« Renseignez-moi sur le degré réel de votre prospérité, sur vos besoins, sur les améliorations à introduire, sur vos moyens de culture et de fabrication, ces éléments unique de l'existence du pays ; aidez-moi, en un mot; l'initiative doit venir de vous, la bienveillance du gouvernement ne vous fera pas défaut. Guidé par le ministre habile que l'empereur a placé à la tête de notre département, je réussirai, j'en ai la confiance, à développer de plus en plus l'esprit de famille et l'amour du travail régulier, ces deux sources certaines d'une félicité qui fermera toutes les plaies et effacera jusqu'au souvenir de l'esclavage. »

Tous les gouverneurs, en arrivant dans les colonies, ont d'excellentes intentions, comme on voit ; ils voudraient pouvoir faire le bonheur de tous les habitants : c'est une utopie bien excusable, mais qui ne peut durer en face de la réalité des choses. Etant obligés de conformer leur conduite aux lois et aux volontés du ministre de la marine et des colonies, ils ne peuvent rien changer à l'édifice colonial dont ils contemplent les nombreux défauts sans pouvoir y remédier.

1854. Les mœurs et les usages des colons en général ne les portent guère à plaider leurs intérêts devant un tribunal. Le peuple, composé de gens de couleur et de noirs, recourt plutôt à la raison du plus fort, aux duels qu'à la justice. Il est à désirer que le décret du 16 janvier 1854, sur l'assistance judiciaire, modifie les idées qui ont prévalu jusqu'à ce jour, mais il faudra bien longtemps pour changer les mœurs et l'habitude.

L'article 1er, qui comprend tout ce qu'il est utile de connaître est ainsi conçu :

« L'assistance judiciaire est accordée aux indi-
« gents à la Martinique, à la Guadeloupe et à la
« Réunion, dans les cas prévus par le présent règle-
« ment.

« Quiconque demande à être admis à l'assistance
« judiciaire, doit n'être pas imposé, et prouver qu'il
« est dans l'impossibité d'exercer ses droits en jus-
« tice, étant sans moyens d'existence. »

Après avoir établi la constitution de 1852 et les lois organiques nécessaires à la France, le gouvernement jugea qu'il était utile de fixer les bases de la législation coloniale par un sénatus-consulte en date du 3 mai 1854, que l'on trouvera au *Moniteur* de cette année.

Un décret, rendu le 24 juillet 1854, règle les conditions relatives au Conseil général de chaque colonie; il fixe à 24 le nombre de conseillers, le mode d'élection, la durée des sessions, la nomination des président, vice-président et secrétaires, ainsi que d'autres détails se rapportant à la formation et aux fonctions de ce rouage administratif pour satisfaire au sénatus-consulte.

Un autre décret du même jour, faisant suite au précédent, organise le comité consultatif des colonies près du ministre de la marine, à Paris, conformément à l'art. 17 du sénatus-consulte.

Les membres du Comité nommés par l'empereur peuvent être désignés parmi les fonctionnaires auxquels les attributions et leur séjour à Paris permettent de donner un concours gratuit. Quant aux délégués des Conseils généraux, ils doivent recevoir une indemnité que le ministre porte à 8,000^f par an.

Ainsi, l'organisation d'une colonie est déterminée : au sommet, le gouverneur ; plus bas le Conseil privé pour l'éclairer de ses lumières et le couvrir d'une responsabilité morale ; puis vient le Conseil général qui diffère profondément de l'institution qui porte ce nom en France : car il est nommé moitié par l'empereur et l'autre moitié par les Conseils municipaux, qui sont nommés par le gouverneur. Cet ensemble forme une réunion purement officielle où ne pénètre nullement la volonté du pays.

Il y aurait de l'injustice à nier que dans ces conseils, on ne trouvât pas réunies la compétence, l'honorabilité et même l'indépendance ; le gouverneur ne prend pas plaisir à mal choisir ses conseillers ; l'opinion publique, la notoriété locale lui imposent des nominations. Néanmoins, des conseils ainsi composés sont obligés à la déférence et à la docilité, et il en sera toujours ainsi quand le fonctionnaire choisira lui-même son contrôleur.

Tôt ou tard on réclamera trois réformes : l'élection des Conseils municipaux, des Conseils généraux et la représentation au corps législatif. Ces demandes paraissent naturelles et trop justes pour qu'elle ne soient pas adoptées, même dans l'intérêt du pouvoir qui doit chercher à diminuer sa responsabilité dans les détails de la vie sociale.

Les conseillers municipaux sont les gérants de la fortune collective, c'est la base de la vie commune dans tous les pays civilisés ; on ne peut priver les colons du droit d'élire leurs conseillers municipaux. Les mêmes principes s'appliquent aux Conseils généraux, il est juste qu'ils tiennent leurs pouvoirs de ceux dont ils sont les mandataires.

Les colons sont-ils donc des mineurs, des incapables ou des révolutionnaires pour qu'ils soient pourvus d'un espèce de Conseil judiciaire au lieu d'un Conseil général élu comme en France ?

Quant à l'élection de députés au corps législatif, si les colonies jouissaient d'une espèce d'autonomie législative, comme certaines colonies anglaises qui disposent de leur destinée, on comprendrait que les députés fussent inutiles ; mais il n'en est pas ainsi, la métropole ne se dessaisissant jamais de son autorité dans les questions importantes. Avec le régime des Conseils généraux, dont le rôle est limité par la loi, il est nécessaire que les colonies soient représentées au parlement où se discutent les lois générales et même les lois locales qui peuvent atteindre leurs fortunes. On ne peut leur reprocher d'être étrangères au budget, car elles y figurent pour une somme qui est de 30 à 40 millions de francs, par les sucres et autres objets imposés. Quel est donc le motif qui les fait repousser de la Chambre ?

L'ouverture de la première session du Conseil général a eu lieu le 2 octobre 1854, par M. le capitaine de vaisseau de Gueydon, gouverneur, ayant à ses côtés son état-major et les principaux administrateurs.

Dans un discours nerveux et intéressant, il dit aux conseillers qu'il travaille à la prospérité du pays et que la sollicitude de l'empereur et du ministre de la marine, M. Ducos, est grande pour tout ce qui touche aux intérêts coloniaux ; que les questions d'impôts sont à l'étude. L'Administration locale a préparé des règlements qui lui paraissent de nature à combattre de mauvais instincts, à encourager le travail et à assurer la plus équitable répartition des charges coloniales. Elle fait tous ses efforts pour entraver la funeste tendance à se retirer dans un coin de terre pour vivre isolément.

Il faut que les hommes de labeur comprennent que la culture des denrées d'exportation est la seule source de prospérité ; que, si la petite propriété mérite tout l'appui du gouvernement quand elle est dans des mains laborieuses et industrieuses, elle cesse d'avoir droit à son intérêt quand elle n'est plus qu'un lieu de refuge où la paresse s'isole.

Partout, en effet, où les travailleurs se sont isolés, ils ont fait place à des bras étrangers et ils sont allés s'éteindre dans la misère.

Que l'exemple de l'île Maurice, de la Trinité leur soit profitable ; que l'union se resserre entre les hommes : leurs concours réciproque assurera la paix, la prospérité, la richesse même de cette belle colonie.

La cession a duré 8 jours, pendant lesquels le Conseil général a pu émettre des avis utiles sur les projets déposés par le gouvernement.

Il a pourvu à la nomination du délégué de la Martinique au comité consultatif à Paris ; le choix est tombé sur M. de Fougainville.

Avant de se séparer, il s'est rendu chez le gouverneur, et son président lui a présenté une adresse exprimant ses sentiments d'estime, de respect et dont voici le sens :

Le Conseil vient vous exprimer sa reconnaissance pour tout le bien que vous avez fait à ce pays.

Dès votre arrivée, l'agriculture était encouragée, les budgets revisés, les travaux publics exécutés avec une stricte économie, et le recouvrement de l'impôt, naguère si incomplètement perçu, rétablissait l'équilibre entre les recettes et les dépenses.

Votre sollicitude ne s'est par bornée là, les divers projets de décrets que vous avez présentés au Conseil sont la preuve de votre infatigable ardeur pour l'amélioration de nos institutions. Nous espérons que l'immigration indienne, cet objet de nos vœux, régénérera cette colonie, en introduisant de nouveaux éléments de travail et de prospérité.

Poursuivez votre œuvre sur le régime des écoles, la perception de l'impôt et la réglementation du travail, ce seront des monuments impérissables de votre passage sur cette terre de la Martinique où vous ne resterez jamais assez longtemps.

Le Conseil général a montré dans cette occasion une confiance et une sympathie qui ont dû toucher fortement le gouverneur. Le pouvoir doit être heureux d'entendre de telles expressions de ses administrés, qui ont plus souvent la critique à la bouche que la reconnaissance dans le cœur ! C'était du reste un juste hommage rendu à ses efforts pour améliorer la situation du pays.

1855. La question de l'approvisionnement et de la distribution des eaux est toujours épineuse pour certaines villes, en exigeant de grands travaux et de grandes dépenses.

Un problème du genre de celui-ci a été heureusement résolu à Fort-de-France cette année. Diverses administrations précédentes s'en étaient occupées sans succès. En 1779, on dépensa cent mille francs pour cet objet, et l'on n'eut que de l'eau médiocrement salubre, provenant de la rivière Levassor. Il était réservé à l'administration du contre-amiral Gueydon d'ordonner l'exécution des travaux nécessaires à cette amélioration capitale, dans un pays où il est difficile d'obtenir des eaux fraîches et salubres.

Après une étude intéressante, faite par le commandant du génie Scheffler, un canal de 3,500 mètres fut entrepris, sous sa direction, pour amener à Fort-de-France un volume d'eau considérable et d'excellente qualité venant de la rivière de Case-

Navire, qui prend sa source au centre de l'île, dans les montagnes appelées les Trois-Pitons.

Ce beau travail a exigé le percement d'un tunnel de 160 mètres de longueur et a été exécuté par des militaires ainsi que le canal lui-même. On y a aussi employé avantageusement des prisonniers qui sollicitaient ce genre d'occupation avec ardeur.

Ce monument impérissable marquera avantageusement le passage dans ce pays de l'amiral Gueydon comme gouverneur (1).

D'après le sénatus-consulte du 3 mai 1854, le Comité consultatif des colonies doit se composer de sept membres : quatre sont nommés par l'empereur et trois par les Conseils généraux de la Martinique, de la Guadelouppe et de la Réunion. Un décret du 26 juillet 1854 constitue ce Comité comme suit : le ministre de la marine, président ; Dariste, sénateur, vice-président ; Bédier, commissaire général ; de Beausire, juge ; marquis de Fleury. Les délégués sont, pour la Martinique : le vicomte de Fougainville ; pour la Guadeloupe, le comte de Bouillé ; pour la Réunion, M. Manès, ancien maire.

1856. Depuis quelque temps on se préoccupait partout dans l'île de la pose de la première pierre de la statue de l'impératrice Joséphine, cette noble aïeule de l'empereur Napoléon III. C'était un hom-

---

Le commandant Scheffler, habile officier du génie, est mort lieutenant-colonel, après un long séjour à la Martinique.

mage rendu par l'amour de la population à la mémoire d'une princesse qui était l'expression de la bonté et des grâces créoles, et qui fut l'ornement du plus grand trône de l'époque.

M. le comte Gueydon, gouverneur, s'est fait un devoir de hâter la pose de la première assise du monument à ériger, et le 12 juillet a été fixé pour célébrer cette touchante cérémonie.

Ce jour-là, toutes les autorités civiles et militaires, les maires des communes, le clergé et la marine, ayant à sa tête le contre-amiral Hernoux, commandant la station des Antilles, se sont réunis avec toute la population pour assister à la bénédiction de la première pierre qui contenait une boîte de plomb renfermant des médailles et une inscription commémorative, envoyées de Paris par le comte Tascher de la Pagerie, président de la commission chargée de l'exécution du monument et parent de l'impératrice Joséphine.

Tout n'était pas fini : le lendemain, 13, une autre cérémonie a lieu pour l'inauguration de la conduite des eaux de la rivière de Case-Navire à Fort-de-France.

La population allait être pour la première fois témoin d'un spectacle qui émeut et se grave profondément dans le souvenir, et qui était dû à la persévérante sagacité du service du génie militaire, lequel avait eu à vaincre bien des difficultés pour conduire cette entreprise à bonne fin, ainsi que cela a été dit précédemment.

Le gouverneur et les autorités étant réunis au point où devait jaillir l'eau, monseigneur Leherpeur a appelé la bénédiction du ciel sur une œuvre des plus utiles pour le bien de l'humanité ; et sur l'ordre donné, on vit jaillir du flanc de la montagne une masse d'eau énorme, pure comme le cristal de roche et roulant en cascades bruyantes, écumeuses jusqu'au pied de la montagne. C'est alors qu'on entendit les cris de surprise et d'enthousiaste d'une population impressionnable, saisie d'admiration pour un semblable spectacle. Partout des cris enthousiastes, vive le comte Gueydon ! se faisaient entendre pour exprimer la reconnaissance publique.

Le soir, la ville et le Château-d'Eau furent illuminés, et jamais on ne vit une population plus satisfaite et sympathique circuler dans les rues de la ville.

Les créations utiles à l'humanité, comme les faits des hommes, sont aussi du ressort de l'histoire, c'est pourquoi on inscrit ici ce qui a rapport à l'établissement d'une succursale de l'hôpital de Fort-de-France.

Non loin de la ville, au fond de la baie, il existe une langue de terre abritée des ouragans et de la pluie pendant l'hivernage, c'est sur cet espace qu'on a établi l'hôpital de la Pointe-du-Bout. C'était d'abord un simple poste militaire où les médecins de régiment envoyaient en changement d'air les militaires relevant de maladies graves.

L'autorité médicale reconnut bientôt les avantages que pouvait procurer cette localité pour l'entier rétablissement des malades et demanda la création de bâtiments nécessaires à cette destination.

La température de la Pointe-du-Bout est constamment peu élevée, son sol est sablonneux et madréporique. Les pluies y sont rares, parce que les grains qui passent suivent la crête des mornes. On y jouit d'un ciel parfaitement pur, alors que dans le Nord et dans le Sud de l'île la pluie tombe en abondance.

Tous ces avantages ayant été reconnus, le génie militaire a été chargé d'élever des bâtiments nécessaires à un hôpital qui rendra de grands services à la garnison.

M. le comte Gueydon, gouverneur, est rappelé en France sur sa demande, et il est remplacé dans ses fonctions par le comte Fitte de Soucy, général de division, en vertu d'un décret du 16 août 1856.

Pendant le temps de son gouvernement, le comte Gueydon a rendu des services très-utiles à la colonie. Il organisa l'assistance publique ; la législation coloniale ; l'application de plusieurs décrets importants réglant le Conseil général et les Conseils municipaux ; la création d'une conduite d'eau à Fort-de-France et d'un hôpital militaire. Il sut aussi administrer et diriger vers le bien une population jalouse de ses droits et de sa liberté.

On limite à cette année l'histoire de la colonie. La marche régulière des affaires ayant succédé à une situation troublée par les événements et le calme s'étant fait dans les cœurs, doivent nécessairement faire naître un avenir meilleur. Il est bien temps que nos deux colonies des Antilles soient délivrées de ces fluctuations nuisibles à leur prospérité. Il y a peu de pays qui aient éprouvé des tourments comme ceux-ci, par l'effet de parti pris et de préjugés contre les hommes. Rien n'a manqué à leurs malheurs, les hommes comme les éléments se sont souvent déchaînés contre les habitants : ouragans, tremblements de terre, désastres, la peste, les maladies, la conquête, des impôts exorbitants sur la production, enfin l'anéantissement momentané du travail par l'émancipation des noirs. Il a fallu à ces habitants du cœur, du courage, une forte volonté pour traverser de pareilles situations et avoir foi dans l'avenir, dans les ressources du pays et la justice du gouvernement de la métropole.

Sous ce ciel de feu, la race blanche est plutôt faite pour diriger les hommes et les choses que pour se livrer à l'exécution d'un travail manuel dans lequel s'épuisent la santé et les forces physiques, son rôle est tout tracé. D'un autre côté, il est incontestable que les mulâtres ou gens de couleur et la race noire sont ceux qui réussissent le mieux dans ce pays ; les premiers se tireront toujours d'affaire par leur intelligence et l'amour de leur intérêt, dans le commerce et la culture ; mais le noir, moins intelligent et moins travailleur, ne réussira pas aussi facilement. Il reste à dire un mot des travailleurs étrangers que l'on fait venir à grand frais de la côte d'Afrique et de l'Inde et qui s'engagent pour un temps déterminé et retourner ensuite dans leur pays. On devrait chercher à les retenir pour augmenter la population, qui est faible par rapport à l'étendue du sol.

CHAPITRE XX.

Des variations de l'atmosphère. — De l'hivernage et de la belle saison. — De la population. — Des plantations et des habitations. — De la canne à sucre, du tafia et du rhum. — Du caféier. — Du cacaotier. — Du cotonnier. — Des végétaux alimentaires. — Des fruits, des confitures et liqueurs. — Des forêts et bois. — Des reptiles et insectes du pays. — Conclusion.

Avant de parler des habitants, des habitations et des productions du pays, il est utile de faire connaître ce qui est relatif aux vents, aux saisons, à la température, à la météorologie, enfin.

Aux colonies, les vents Nord-Est sont constants pendant les premiers mois de l'année, et modèrent la chaleur du jour ; c'est la plus belle saison. Vers la mi-juillet vient la saison de l'hivernage ; c'est l'époque des grandes chaleurs, des tempêtes, des ouragans, des pluies abondantes, torrentielles parfois. La mer se gonfle et forme des raz de marée redoutables aux navires et aux côtes. L'abondance de l'électricité atmosphérique et l'influence des vapeurs solaires tendent à produire des effets très-énergiques dans ces pays. Alors il se produit des tremblements de terres qui causent de grandes catastrophes.

Après l'hivernage, qui finit à la mi-octobre, vient

une température fraîche et supportable produite par le vent du Nord. Les hommes et les végétaux renaissent à la vie, l'esprit se tranquillise par l'espérance de ne plus voir la nature tourmentée par les ouragans pendant quelques mois. Il résulte de là qu'il y a quatre mois de pluie et huit mois de sécheresse. On estime qu'il tombe un mètre d'eau pendant la saison des pluies, c'est juste le double de ce qu'il tombe à Paris.

Le thermomètre a des allures très-variables : le matin il s'élève à 20 degrés, à midi il marque 40 degrés, et le soir il descend à 30 degrés pendant la saison de l'hivernage qui est la plus chaude de l'année.

Pendant la belle saison, le ciel de ce beau pays est le plus radieux du monde ; celui tant vanté de l'Italie ne peut en donner qu'une faible idée. Des nuages aux ailes légères ne flottent que passagèrement dans une atmosphère limpide et transparente. Le lever du soleil est précédé d'un fuseau lumineux éclatant d'or et de pourpre ; bientôt l'astre puissant lance ses rayons de tous côtés pour dorer tous les objets : c'est un effet magique et merveilleux. Son coucher est plus beau encore par les effets de lumière qui se produisent dans les nuages et sur la mer. Tout est grand, tout est magnifique dans ce tableau de la nature !

Passons maintenant à une exposition moins poétique et plus positive. On sait que la population est composée de blancs, de mulâtres et de noirs, et contrairement à ce qui se passe en France, la mortalité est en excès sur les naissances ; d'après des observations, les naissances donnent 2,77 pour cent et la mortalité 2,86. Il existe un rapprochement avec ce qui se passe en France où les naissances sont de 2,87 et les décès 2,77. Ces nombres sont pris dans l'annuaire du bureau des longitudes, page 241 de l'Année 1872. En 1835, on a calculé que les pertes de la population se répartissaient ainsi : créoles libres 4 0/0, noirs esclaves 17 0/0, militaires 20 0/0. Les militaires étaient donc ceux qui étaient les plus éprouvés par le climat. Les maladies les plus communes sont : la fièvre jaune, le vomito-négro des Espagnols, le tenesme, la dyssenterie, la syphilis, les maladies de peau et l'horrible éléphantiasis, qui attaque principalement la race noire.

Parmi les habitants, on distingue au premier plan la race blanche pure, qui tire son origine d'Europe, celle de sang mêlé à différents degrés et la race noire venant des côtes d'Afrique. Il existe aussi une population flottante qui se renouvelle par des arrivées et des départs de navires ; elle appartient à la marine militaire et marchande, au commerce, à l'état militaire et en général à l'ordre civil.

La race blanche possède la majeure partie des terres, des capitaux, des maisons et, en général, les immeubles. Le commerce et l'industrie du pays sont dans ses mains. Les gens de couleur ou de sang mêlé forment l'espèce la plus vivace des colonies ; elle tend à s'augmenter par le croisement des races. La plus grande partie habite la ville pour y exercer un commerce ou une profession. C'est une classe d'hommes qui est ambitieuse, économe, rangée ; l'avenir lui appartient. La race noire avant d'être libre n'exerçait aucun droit civil, cependant ceux de cette catégorie pouvaient acquérir des valeurs immobilières et en avaient la jouissance ; maintenant qu'ils sont libres, ils peuvent posséder au même titre que les autres habitants.

Les européens, après un séjour de quelques années, voient leur état physique changer par l'effet du climat et sont atteints d'anémie ; on est continuellement en transpiration dans ce pays toujours en feu, on ne trouve de fraîcheur que le soir et la nuit, et, à la longue, ils succomberaient à cette débilité, s'ils n'observaient une vie sobre et régulière.

Tout individu né dans les Antilles, de quelque couleur qu'il soit, est appelé créole ; mais le blanc de race pure jouit d'une suprématie que l'éducation, la moralité et les préjugés maintiendront toujours. C'est une espèce de noblesse que d'être blanc, et les autres classes reconnaissent cette suprématie dont elles subissent l'influence.

Le créole blanc a le teint pâle, il est d'une taille mince et souple. Il a d'excellentes qualités : l'imagination est ardente, l'esprit vif et pénétrant ; mais son caractère est impétueux, énergique et violent. Lorsqu'il a reçu une bonne éducation, il devient un homme remarquable, et peut prétendre à tout. Il a de l'aptitude pour les arts d'agréments, la gymnastique, les armes et la chasse. Au moral c'est un homme de cœur, bon, affectueux ; c'est un ami franc et dévoué.

La femme créole a un teint de lys et une grande délicatesse de traits ; la douceur est répandue sur son visage, qui a une expression de finesse charmante. Elle est bonne, douce, sensible et d'un abord agréable ; elle a une taille gracieuse et svelte unie à une indolence et à un laisser-aller qui répand un charme agréable sur sa personne. Familière avec ses égales, elle devient hautaine et exigeante avec les serviteurs. Dans le jour elle vit retirée dans un appartement frais et orné de fleurs, étendue sur un lit de repos ou dans un hamac dans lequel elle se balance mollement. On peut dire que les femmes créoles ont un sentiment de délicatesse qui les poétise ; leur cœur déborde d'affection, d'attachement sincère dans l'amitié et dans l'amour. Beaucoup de choses ont été dites et écrites contre les créoles en général ; et bien, ceux qui ont répandu de semblables écrits étaient ou de mauvaise foi ou des ignorants, et blâmables dans les deux cas.

Il n'y a point de luxe chez les habitants des colonies. On n'a point de maisons montées, point d'équipage somptueux, la parure et les vêtements sont modestes, comme il convient à des gens sérieux. Les hommes et les femmes voyagent à cheval, il n'y a point de voitures pour cela. Dans les familles on vit simplement, le temps est employé dans les affaires de commerce ou bien à la surveillance de la culture des terres de l'habitation.

Maintenant, on cesse de s'occuper des personnes pour parler des choses importantes qui constituent l'intérêt général du pays.

On appelle plantation l'ensemble des terres formant la propriété d'un colon. Ordinairement la maison d'habitation est placée à proximité d'un petit cours d'eau. Une avenue de tamarins indique la direction à suivre pour y arriver. Deux rangées de cases à nègres sont placées à droite et à gauche de la maison du maître, et le tout est entouré d'arbres donnant de la fraîcheur et de l'ombre ; derrière la maison et les cases, il existe des jardins donnant des fruits, des fleurs et des légumes. Le tout forme un paysage agréable à l'œil. Mais ce qui est triste dans ce tableau, c'est un poteau fascinateur, enfoncé en terre au milieu de l'espace séparant les cases à nègres ; il était placé là pour avertir les gens qu'il fallait se conduire régulièrement, s'ils ne voulaient être fouettés par le commandeur. Quand l'esclavage existait, l'avertissement et la punition étaient de plein droit, un maître pouvait disposer de son esclave dans la limite du code noir. Mais il faut dire bien vite qu'il était rare qu'on fît usage de ce terrible poteau. Il y avait un autre genre de punition qui était employé et qu'on appelait le quatre piquets. Pour administrer cette punition, le commandeur, qui est ordinairement un homme de couleur, enfonçait quatre piquets en terre, le nègre se mettait à plat ventre, et on l'attachait aux piquets par les poings et par les pieds ; puis le commandeur lui lançait 29 coups de fouet sur le postérieur. Après quoi le malheureux esclave allait se faire panser. La punition avait généralement pour motif le vol, l'abandon de l'atelier ou la paresse.

Il n'entre dans les idées de personne de faire l'apologie de l'esclavage, qui est la négation de l'individu et de l'humanité : mais il fallait bien une certaine discipline pour conduire et diriger cette masse d'hommes chargés d'exécuter les travaux agricoles. Il y avait des habitations sur lesquelles vivaient et travaillaient 200 et même 300 esclaves, au milieu desquels se trouvaient quelques blancs abandonnés à la merci de cette foule ignorante et grossière ; il fallait donc se faire respecter, montrer le droit qu'on avait sur eux, et faire acte d'autorité quand les circonstances l'exigeaient.

Puisque l'on vient de parler de l'habitation des maîtres et des esclaves, il faut aussi dire quel parti on tire des terres et la manière de les cultiver.

Tout le monde, aujourd'hui, prend du café avec

du sucre, les délicats prennent du chocolat et l'on porte des effets de coton ; mais combien de personnes ignorent comment on obtient ces produits ? On croit donc être utile en donnant des explications à ce sujet, et l'on commencera par la canne à sucre.

Les champs de cannes ont la même origine, l'emplacement a été une forêt dont les arbres ont été abattus et brûlés, puis on a procédé à la plantation par boutures. Les ouvriers, avec des houes et des plantoires, font des trous pour y placer des bouts de cannes qu'on recouvre de terre. On donne après cette opération un sarclage ou deux et l'on abandonne ensuite la plante à elle-même. La maturité arrive à dix-huit mois ; c'est le moment de couper la tige pour la porter au moulin où l'on extrait le jus que l'on transforme en sucre terré ou brut.

Après cette première récolte, il se produit des tiges qui se développent à leur tour. On peut ainsi faire des récoltes pendant une dizaine d'années. Au bout de ce temps, les tiges pourissent et le labourage devient possible ; mais la terre étant épuisée, il lui faut de l'engrais. La canne coupée donne par hectare deux à trois mille kilogrammes. Le résidu de la canne à sucre étant distillé fournit un liquide nommé *tafia*, espèce d'eau-de-vie blanche recherchée par les noirs et les gens de couleur, qui y prennent un goût irrésistible. Le rhum est préparé avec des mélasses et les écumes de sucre étendues d'eau que l'on fait fermenter et distiller ensuite, le rhum et le tafia se ressemblent beaucoup ; ce dernier est plus délicat, lorsqu'il a vieilli en tonneau.

On a vu que la canne à sucre est originaire des Indes Orientales, qu'elle fut introduite dans cette île par le gouverneur Duparquet. Avant ce temps on ne cultivait que le petum ou tabac et des plantes alimentaires.

A présent que l'on sait comment se font le sucre, le tafia et le rhum, il faut faire connaître une production intéressante, celle du café.

Le caféier est un charmant arbrisseau toujours vert produisant un fruit de la grosseur d'une cerise, d'un rouge foncé, ayant une saveur douçâtre et contenant deux noyaux formant deux grains de café. Voilà donc la fève par excellence qui réjouit le cœur et fortifie l'esprit. On sait le goût pour le café de Voltaire, de Fontenelle et de bien d'autres à l'esprit cultivé. Nos pères aimaient le vin, nous préférons cette boisson stimulante à celle qui allourdit la tête : chacun son goût, le meilleur est celui que l'on aime. Mais revenons à notre arbrisseau.

On sème la graine en pépinière et un mois après les graines lèvent ; les plans sont placés en quinconce. Trois ou quatre ans suffisent pour donner des fruits. Les caféiers fleurissent toujours et présentent à la vue un charmant coup d'œil. Les fruits sont cueillis à la main à mesure qu'ils murissent. On fait passer ensuite la cerise dans une machine à décortiquer qui la sépare de sa pulpe sans enlever la pélicule qui l'enveloppe. Dans cet état, on fait sécher le grain au soleil et on le livre au commerce sous le nom de café fin vert de la Martinique.

On rappelle que ce précieux arbuste est originaire de l'Arabie, et qu'il a été apporté à la Martinique par le capitaine Déclieux en 1727, sous le règne de Louis XV.

Maintenant on va faire connaître un produit qui a bien sa valeur alimentaire. C'est celui du cacaotier. Cet arbuste est indigène du continent américain. On a commencé à le cultiver dans cette île vers 1659, sous le gouverneur de Tracy ; puis il s'est répandu dans les Antilles comme la canne à sucre et le caféier. Cet arbre exige une terre légère; on le plante en compagnie de bananiers pour abriter sa jeunesse contre les rayons solaires.

On sème la graine de cacao sur place pour que la racine résiste au vent. Il commence à fleurir à trois ans, mais ne donne de récolte qu'à cinq. Il faut l'étêter pour le maintenir à trois ou quatre mètres de hauteur ; sa récolte se fait en décembre. Chaque arbre donne trois à quatre livres d'amandes sèches. Une terre de cacaotiers bien tenue est d'un bon rapport; les frais de cultures étant payés par les bananiers et les patates qu'on plante dans les intervalles.

L'aspect d'un champ semblable, étalant son feuillage verdoyant et fourni, frappe la vue et les idées du spectateur qui est étonné de voir la richesse de la végétation tropicale.

Voici une autre culture aussi intéressante, celle du coton.

Il y a diverses espèces de cotonniers, la variété en est très-grande ; mais on ne cultive dans nos Antilles que deux espèces différentes : le coton à longue soie et à courte soie, le premier sert à confectionner les tissus fins, la courte soie aux étoffes grossières.

On choisit un sol meuble pour le semer en quinconce, dans des trous de $0^m,30$ de profondeur et d'un mètre d'écartement. Au bout de huit jours le cotonnier lève et l'on fait un sarclage ; au second sarclage on arrache les plants faibles. Quand les plants ont $0^m,33$ de hauteur, c'est le moment du pincement des tiges et l'on continue de sarcler jusqu'à ce que le cotonnier soit en fleur ; il s'écoule ordinairement 70 jours. Au bout de ce temps la capsule est ouverte, le coton s'en échappe en une touffe blanche comme la neige, se balançant gracieusement sur sa tige ornée de feuilles vertes.

Le cotonnier arrivé à maturité a $1^m,50$ de hauteur environ. La cueillette se fait par la main des femmes et des enfants en tirant ce joli flocon blanc que l'on dépose dans des corbeilles pour le faire sécher, après quoi on peut le livrer au commerce. Il y a encore d'autres végétaux que l'on tire de cette terre féconde, et qui sont fort utile aux créoles en servant à leur alimentation. Ainsi la banane longue, qui se mange accommodée de biens des façons ; la figue banane, qui diffère de la précédente, est excellente à manger à la main ; elle a la couleur et la consistance du beurre et une saveur sucrée. La racine de manioc ou cassave dont on fait une excellente farine ; elle est la base de la nourriture des gens du pays. La patate, espèce de pomme de terre sucrée ; on la fait cuire pour la manger. L'igname, grosse racine qui se mange cuite en guise de pain. On y récolte aussi de bon tabac dans un quartier particulier appelé Macouba.

Il y a aussi des fruits dont la variété n'est pas très-grande. En voici la liste : la pomme d'avocat, d'un goût agréable, ayant un gros noyau qu'on appelle procureur ; on mange l'avocat et l'on jette le procureur à la porte, disent plaisamment les gens du pays. La goyave, au parfum délicieux ; la sapotille, poire fine et délicate ; la pomme rose, joli petit fruit ; la pomme d'acajou, d'un rouge vif, renfermant une amande ; le mangot, fruit bilieux ; le corossol, gros fruit d'une agréable fraîcheur. Terminons cette énumération un peu sèche par le plus beau fruit de la colonie, j'ai nommé l'orange, qui est d'un gros volume ; elle est douce, sucrée et rafraîchissante ; puis le coco dont on boit le lait d'abord pour manger ensuite l'amande. Il y a encore le citron qui pousse dans les halliers, il est si commun qu'on n'y fait pas attention.

Avec la plupart de ces fruits ont fait d'excellentes confitures qui sont très-recherchées par les Européens ; il existe des maisons spéciales qui font et expédient des produits dignes des bouches les plus délicates ! Les liqueurs de la Martinique jouissent aussi d'une réputation justement méritée.

Le créole à la tête d'une plantation, aime ses champs de cannes à sucre, de caféier et le reste. Il est attentif à ce que les travaux agricoles s'exécutent convenablement. Pour cela, il est obligé à une grande surveillance pour que les ateliers d'ouvriers exécutent les ordres donnés et le travail à faire. Maintenant qu'il est obligé d'employer des ouvriers libres, qui peuvent accepter ou refuser son salaire, il s'ensuit que le colon est quelquefois dans leur dépendance. Les anciens noirs ont presque tous abandonné les habitations en recevant la liberté dans la crainte d'être repris pour le travail forcé ; c'était un sentiment puéril que leur ignorance fait excuser.

Pour combattre cet inconvénient on a fait venir, avec l'aide du gouvernement, des Indiens, des Chinois, des noirs de la côte d'Afrique ; mais il ne paraît pas que ce système de recrutement de travailleurs ait produit de bons effets. Cependant la culture des denrées coloniales a besoin de se développer dans l'intérêt de tout le monde. Il faut une force vive pour remplacer celle qui a été perdue.

On vient de voir ce qui a rapport aux productions

agricoles et alimentaires, leur utilité et les ressources que les colons savent en tirer. Pour compléter ce qui précède, il est nécessaire de faire connaître les grands végétaux qui ornent et couvrent le sol des Antilles.

La difficulté d'établir des chemins praticables dans les montagnes, les ravins et les précipices, a été pour ces grands arbres une garantie d'existence. Réunis et serrés en épaisses forêts, reliés entre eux par des lianes sarmenteuses flexibles et souples comme des serpents dont elles ont l'aspect, ces arbres semblent défier la hache de l'homme. Tout est étrange et singulier dans ces pays des tropiques, l'homme, le sol et les bois.

Ces forêts couvraient entièrement ces îles, lorsque Christophe-Colomb les découvrit. Il est rapporté dans Namoz, historien espagnol, qu'elles étaient si remplies d'arbres qu'on ne voyait pas le terrain. Elles contiennent des essences précieuses pour les constructions civiles et navales ; le gayac pour les navires, le courbaril et le balata pour la charpente, l'acajou et le bois de rose pour les meubles. Le bambou au feuillage léger et gracieux pousse dans les lieux humides en compagnie de l'aloës. Enfin, le tamarin qui a un bel aspect et qu'on emploie à orner et embellir les avenues ; les gousses de cet arbre contiennent une espèce de gelée astringente.

Tous ces bois sont habités par des êtres inombrables inconnus à l'Européen ; les serpents jaune et noir à tête trigonocéphale tiennent le premier rang par leur longueur, qui varie de un à deux mètres ; les couleuvres, beaucoup plus petites ; des lézards inombrables, mais inoffensifs ; l'agouti, à qui l'on fait la chasse comme gibier ; l'innocente sarigue, cachant ses petits dans sa poche du ventre, et de grandes quantités de gros rats qui servent de pâture aux serpents. Dans le pays on dit : « là où il y a des rats, serpents il y a. »

Les serpents sont redoutés des habitants à cause du venin qui provient de leur morsure et qui occasionne souvent la mort. Deux sapeurs du génie, employés à des travaux, furent mordus à des époques différentes, l'un mourut de sa blessure, et l'autre fut sauvé par des soins immédiats. Lorsque ces reptiles veulent s'élancer sur leur proie, ils se roulent en spirale, puis se servant de l'extrémité de la queue comme point d'appui, ils s'élancent avec la vitesse de la flèche. Le gosier se dilate de manière à leur permettre d'avaler une poule. Le [petit lézard ou anolis recherche plutôt l'homme que de le fuir ; il est très-commun dans les Antilles ; au soleil il a des reflets métalliques agréables à l'œil. Il y a encore un autre grand lézard inoffensif qu'on appelle iguane qui devient très-rare. Les blattes, ravets ou kakerlacs sont des insectes immondes, se glissant partout dans les armoires, les tiroirs, les malles, les livres, les papiers, rongeant tout ; c'est un fléau de ces pays. Les fourmis sont aussi très-communes ; elles dévorent le pied des cannes à sucre et attaquent la volaille. A côté de ce genre d'insecte il existe le pou de bois, espèce de fourmi blanche et d'une activité dévorante ; elle attaque les vieux arbres, les masures, malheur à l'objet de leur convoitise, il faut brûler l'arbre ou la maison, il est impossible de les chasser autrement.

Il existe un insecte hideux de forme : on le trouve sur les arbres ou par terre, on l'appelle spectre ou phasme ; cet être singulier ressemble à une petite branche d'arbre sèche avec ou sans feuilles ; il marche ou vole à volonté ; mais quand il entend du bruit, le spectre fait le mort ; si l'on veut le prendre il s'envole. La mouche à feu surprend le voyageur attardé dans une nuit de printemps, il en voit des myriades comme des feux follets, se croisant dans tous les sens, montant et descendant dans l'espace. On se croirait dans une forêt enchantée. La première impression dans ce pays de serpents, est la crainte ; mais l'illusion cesse en sortant du bois où elle s'est produite.

On donne le nom de moustiques à des espèces de cousins armés de dards pour aspirer le sang des animaux. On les rencontre par nuées à l'embouchure des rivières et dans les endroits marécageux. Pour s'en garantir la nuit, on emploie une gaze légère qui couvre le lit ou le hamac.

La chique est un insecte redoutable aux habitants,

sa grosseur est celle d'un céron ; elle s'introduit dans les chairs et cause des démangeaisons douloureuses ; elle s'attache au-dessous des ongles de pied, en y pratiquant un nid entouré d'une peau mince de la grosseur d'un petit pois ; il est utile d'enlever ce petit sac sans le crever et de remplir le trou de cendre de tabac qui fait périr les œufs, s'il en reste. La chique attaque de préférence les nègres, à cause de leur manque de soins de propreté.

La scolopondre ou bête à mille pieds, est un insecte hideux par sa forme ; il a 15 à 20 centimètres de long et une multitude de pieds ; il se meut très-vivement ; sa tête est armée de deux crochets très-forts, sa morsure produit un peu de fièvre. Il a beaucoup d'ennemis qui lui font la guerre, notamment les poules qui le tuent à coups de bec pour le séparer en morceaux et les avaler ensuite.

Tout a une fin, il faut terminer ce livre, qui paraîtra peut-être bien long. Pourtant, il fallait remplir le cadre tracé par le sujet : décrire les événements, parler des hommes et des choses ; faire connaître la luxuriante végétation tropicale, les êtres singuliers qui habitent ce climat de feu ; et il n'a été question ici, que de ceux que l'on voit journellement, que serait-ce donc s'il eut fallu entrer dans le détail des infiniment petits ? C'est le pays du soleil, de l'équateur, il courbe tout à sa loi par la double influence de la chaleur et de l'électricité ; il répand à profusion ses rayons brûlants et rend la terre vingt fois plus féconde qu'en Europe. Ce sont des sources inépuisables de richesses pour des hommes intelligents et laborieux, elles valent mieux que les mines d'or qu'on exploite aujourd'hui et qui cesseront demain de payer les peines du mineur ; tandis qu'au contraire, les terres fécondes récompenseront toujours l'homme laborieux. C'est donc dans le travail que le colon doit trouver l'aisance et le bonheur ; c'est une vérité qui est de tous les temps et de tous les pays.

Les colonies qui nous restent doivent donc être protégées sérieusement par la métropole, comme ces enfants éloignés de la famille pour chercher fortune, et auxquels le sentiment intime de la patrie reste gravé dans le cœur ; car il faut qu'on le sache : plus on est éloigné et plus ce sentiment grandit en nous. Cet attachement est un effet psycologique qui se fait sentir sur notre âme ; il fortifie le lien moral de l'homme qui s'éloigne, et auquel le désir du retour s'impose naturellement.

TABLE DES MATIÈRES.

CHAPITRE I.

Des colonies de la France. — Leur importance comparée aux colonies anglaises. — L'Algérie ne peut les remplacer. — Leur utilité pour le commerce, la marine militaire et commerciale. La mauvaise politique nous les a fait perdre en partie. — La France sait coloniser comme les autres nations. 7

CHAPITRE II.

Situation géographique des Antilles. — Leur découverte en 1492. — Les naturels. — La Martinique. — Son administration. — Les villes de Fort-de-France, St-Pierre, la Trinité et autres. 15

CHAPITRE III.

1626. Dénambuc colonise St-Christophe. — 1635. Colonisation de la Martinique. — 1638. Duparquet, gouverneur. — 1642. Edit sur les colonies. — 1646. Duparquet mis en prison, mécontentements, révolte, combat et amnistie. — 1647. Le général de Thoisy est chassé de la Guadeloupe, revient à la Martinique, embarqué pour St-Christophe. — 1650. Duparquet achète la Martinique, de Poincy St-Christophe. — Introduction de la canne à sucre. — Les engagés et la traite des noirs. 23

CHAPITRE IV.

1654. Les Caraïbes. — Leur genre de vie. Les missionnaires. — Guerre entre les colons et les Caraïbes. — Descente à St-Vincent. — Massacre horrible, vengeance. — La paix. — 1657. Mort de Duparquet. — Le gouvernement revient à sa veuve. — Sédition à St-Pierre. — Madame Duparquet dépossédée et réintégrée. — Sa mort. — 1659. Guerre entre les colons et les Caraïbes. — Fuite de ceux-ci. — 1660. On fait la paix. — Les Caraïbes se retirent à St-Vincent et à la Dominique. — Mort du gouverneur de Poincy. 37

CHAPITRE V.

1663. Les gouverneurs exigeants. — 1664. Les colons endettés. — 1665. Insurrection de nègres. — 1674. La compagnie des Indes occidentales est dissoute. — Attaque de Ruyter repoussée. — 1685. Le Code noir. — 1690. Guerre contre l'Angleterre et la Hollande. — 1693. Ravages causés par la flotte anglaise. — 1697. Paix de Riswick. — 1700. Plusieurs gouverneurs. — Guerre de la succession. — 1705. Esclaves libres. — 1713. Paix d'Utrecht. — 1715. — Mort du roi Louis XIV. — 1717. Renvoi d'un gouverneur. — 1727. Tremblement de terre. — Le capitaine Déclieux. — 1723. Changement de gouverneur. — 1736. Développement commercial. — 1739. Guerre contre l'Angleterre et la Hollande. 49

CHAPITRE VI.

1744. La Hollande nous fait la guerre. — La Bourdonnaie et Dupleix. — 1750. La France mal gouvernée. — 1755. Abandon des grandes Indes. — Les Anglais attaquent les Français. — Embargo sur les navires anglais. — 1757. L'Impératrice Joséphine. — Guerre continentale. — 1759. La marine et les colonies éprouvent des malheurs. Expédition anglaise repoussée. — 1762. Prise de l'île par les Anglais. — 1763. Traité honteux de Paris. — La Guadeloupe ne dépend plus de la Martinique. — 1765. La prospérité des îles revient. — 1771. Les Jésuites négociants. — 1772. Construction du fort Bourbon. — 1774. Mort du roi Louis XV. — 1776. Révolution des Américains. — Rupture avec l'Angleterre. — Les Américains ingrats. — 1777. Le général Bouillé et le comte d'Estaing. — On reprend plusieurs îles. — Combat entre Rodney et Guichen. 65

CHAPITRE VII.

1781. Fort-de-France bloqué. — Arrivée de la flotte française. — Elle se rend aux Etats-Unis. — 1782. Expédition contre St-Christophe. — Ruse de guerre de l'amiral Hood. — L'amiral de Grasse laisse échapper les Anglais. — Rodney vient les renforcer. — La flotte française part pour St-Domingue. — Elle est attaquée et battue par les Anglais. — L'amiral de Grasse conduit en Angleterre. — 1783. Paix signée à Paris. — La France n'en retire aucun avantage. — Les Etats-Unis sont reconnus. — 1784. Le vicomte de Damas est nommé gouverneur. 83

CHAPITRE VIII.

1789. Système politique d'alors. — 1,500,000 millions de déficit. — Les colonies désirent la liberté. — St-Pierre prend les trois couleurs. — 1790. Les soldats les prennent aussi. — Collision à St-Pierre. — Chaque colonie autorisée à faire connaître son vœu. — Damas est renommé gouverneur. — Importations et exportations de la Martinique. — On fait les élections. — Collision entre la milice blanche et noire à St-Pierre. — Celle-ci fait sa soumission. — Le parti de St-Pierre et celui des planteurs. — Troubles à St-Domingue. — Arrestations au sujet des troubles de St-Pierre. — On veut expulser les coupables de la colonie. — Les soldats demandent leur grâce. — Elle est refusée. — Le parti de St-Pierre et les soldats se révoltent. — Le colonel Chabrol et Dugommier à leur tête. — Les volontaires accourent des autres îles. — On délivre les prisonniers — L'autorité se retire au Gros-Morne. — Le conseil colonial formule sa déclaration politique. — Les deux députés de la Martinique à la Constituante. — Les deux députés du parti de St-Pierre. — Situation des deux partis. — Grave affaire de guerre du Lamentin. — Proclamation du gouverneur. — Ruste et Corio, députés, protestent contre. — Députés des autres îles venant concilier les partis. — Les insurgés se soumettent. — Arrivée de navires de guerre. — Personnes expulsées de l'île. — Etat de gêne et de souffrance. — La Constituante se fait rendre compte de la situation. — Barnave propose des mesures pour toutes les colonies des Antilles   91

CHAPITRE IX.

1791. Situation du roi. — Il accepte la constitution. — L'Angleterre attise le feu. — Deux partis dans les colonies. — Les gens de couleur deviennent citoyens. — Les blancs sont mécontents. — Arrivée de M. de Béhague et de quatre commissaires. — Tribunal de conciliation. — Départ des commissaires. — Les marins de l'*Embuscade* se révoltent. — 1792. La Législative succède à la Constituante. — Déclaration de guerre à l'Autriche. — Le roi forcé de se coiffer du bonnet rouge. — Journée du 10 août. — Le roi de Prusse pénètre en France. — Le maximum. — Guerre civile à St-Domingue. — Décret du 4 avril 1792. — Envoi de commissaires dans les colonies. — Emeute à Fort-de-France. — Arrivée de Rochambeau, il fait voile pour St-Domingue où il soulève la population contre le gouverneur. — Mission du capitaine Lacrosse aux îles du Vent.   107

CHAPITRE X.

1793. Abolition de la royauté. — Girondins et Montagnards. — Louis XVI mis à mort. — La guerre intérieure et extérieure. — Le gouvernement révolutionnaire. — Rochambeau revient à la Martinique. — Expédition contre St-Pierre. — Mort du général St-Cyran. — Expédition de l'amiral Gardner repoussée. — Misère et anarchie. — Décret déclarant les colonies en état de guerre. — 1794. La terreur redouble en France. — Le 9 thermidor. — Succès des armées. — Le calme renaît à la Martinique. — Expédition formidable de John Dervis. — Siége et prise de l'île. — Le général Prescott nommé gouverneur. — Répartition de la contribution de guerre. — La convention proclame la liberté des noirs................ 121

CHAPITRE XI.

1802. — Traité d'Amiens. — 1803. La paix est rompue avec l'Angleterre. — 1804. Napoléon 1ᵉʳ reconnu Empereur. — 1805. Les escadres de Missiessy et de Villeneuve aux Antilles. — 1809. Prise de la Martinique par les Anglais. — 1814. Paix avec l'Europe. — La Martinique est rendue à la France. — 1815. Les troupes de cette île veulent reconnaître Napoléon. — Arrivée des troupes anglaises. — Soldats français désarmés et transportés en Angleterre. — 1816. Situation financière. — Départ des Anglais. — Les royalistes et les bonapartistes . . . 133

CHAPITRE XII.

1818. — Le général Donzelot. — 1821. Epoque de travaux et formation de comités. — 1822. Conspiration de noirs esclaves. — 1824. Conspiration des gens de couleur. — Leur caractère. — 1825. Nouvelle organisation du gouvernement des colonies. — Ouragan du 26 août. — Reconnaissance de St-Domingue. — 1826. Le général Bouillé. — Les navires étrangers admis dans les ports des colonies..................... 155

CHAPITRE XIII.

1827. Le général Barré. — Modifications au gouvernement colonial. — 1828. Organisation judiciaire. — Introduction des cinq codes et autres ordonnances. — 1829. Régime hypothécaire. — 1830. Le contre-amiral Dupotet. — Révolution de juillet. — Mise en état de siège. — 1831. Révolte et incendie — Arrestation de 360 esclaves. — Affranchissement de 2,3̄0 esclaves. —

— 365 —

Les gens de couleur libres obtiennent les droits civils. — 1832. Affranchissements de 824 esclaves. — 1833. Loi organique. — Les gens de couleur obtiennent les droits politiques. — Diverses ordonnances. — Blocus de Carthagène 179

CHAPITRE XIV.

1834. — Trouble de la Grande-Anse. — Pillage d'une habitation. — La troupe s'empare de 86 mulâtres. — Licenciement et désarmement de la milice. — La chasse réglementée. — Conseil colonial. — Convocation et discours. — Départ du contre-amiral Dupotet. — Arrivée du vice-amiral Halgan. — Affaire de la Grande-Anse, 105 accusés. — 18 condamnations à mort. — 1835. Diverses ordonnances. — 1836. Le contre-amiral Makau. — Ouverture de la session coloniale. — Esclaves conduits en France. — L'Angleterre proclame l'abolition de l'esclavage. — La Chambre des députés et l'esclavage. — Le gouvernement veut la liberté partielle des esclaves. 197

CHAPITRE XV.

1837. — Session du Conseil colonial. — Duel à coups de fusil. — M. Makau est nommé vice-amiral. — Catastrophe de la Pointe-du-Prêcheur. — 2ᵉ session du Conseil colonial. — 1838. Le contre-amiral de Moges est nommé gouverneur. — Arrivée du prince de Joinville. — Session du Conseil colonial. — Affranchissement d'esclave depuis 1830. — 1839. Ravage de la fièvre jaune. — 1ᵉʳ tremblement de terre, le 11 janvier. — Recencement général de la population. — 2ᵉ tremblement de terre, le 2 août. — Dégrèvement du sucre. — 1840. Société d'agriculture. — M. Duval d'Ailly, capitaine de vaisseau, est nommé gouverneur. — Affranchissement d'esclaves depuis 1830. — Commission consultative des colonies. — Don de 30,000 francs fait par le comte Dourches. — Combat livré à un serpent de 7 pieds de long. — Lois sur les sucres. — Session du Conseil colonial, dissolution, élections et convocation 217

CHAPITRE XVI.

1841. Loi relative au régime financier des colonies. — Pénalité des esclaves. — Affranchissements d'esclaves depuis 1830. — 1842. Session du Conseil colonial. — 1843. Secours envoyés à la Guadeloupe. — La chambre des députés protège le sucre de betterave. — Session du Conseil colonial. — 1844. M. Mathieu, capitaine de vaisseau, est nommé gouverneur. — Session du Conseil colonial. — Sur l'émancipation des noirs. — 1845. Loi sur le régime des esclaves. — Election des membres du Conseil colonial. — Session du Conseil colonial.. 249

CHAPITRE XVII.

1846. On élève un monument à la mémoire du capitaine Déclieux. — Libération des noirs du domaine de l'Etat. — 1re session du Conseil colonial. — 2e session du Conseil colonial. — Troubles occasionnés par l'émancipation. — 1847. Marche suivie pour la transformation de l'esclavage. — Subvention créée pour rachat. — Immigration de travailleurs européens. — 1re session du Conseil colonial. — Pétitions et discussions contre l'esclavage. — 2e session du Conseil colonial. — 1848. Le gouvernement royal est renversé. — La république est proclamée. — Décret du 4 mars contre l'esclavage. — Le général Rostolan est nommé gouverneur. — Commission pour l'abolition de l'esclavage. — Troubles à St-Pierre. — Emancipation des esclaves. — Arrivée de Périnon, commissaire général. — Situation du travail. — Election de trois représentants. — Le commissaire général Périnon est nommé représentant à la Guadeloupe. — L'amiral Bruat le remplace. . . . .

CHAPITRE XVIII.

1849. L'Assemblée constituante fait une constitution. — Militaires congédiés employés à la culture. — Election de deux représentants. — Nouvelle organisation dans les commandements aux Antilles. — Indemnité accordée aux propriétaires d'esclaves. — Commission pour étudier le travail libre. — Demande de travailleurs européens. — 1850. Bisette, représentant, est attaqué par le procureur général de la colonie pour diffamation. — Loi sur la presse dans les colonies. — Etat des esprits. — 1851. Le contre-amiral Vaillant est nommé gouverneur. — Grandes dépenses de l'Etat pour l'Algérie et parcimonie pour les autres colonies. — Loi sur les sucres. — Banques coloniales. — Loi organique des colonies. 301

CHAPITRE XIX.

1852. Coup d'Etat du 2 décembre. — Il est accepté en France et à la Martinique. — Décret réglant les rapports des propriétaires avec les travailleurs. — Décret sur la presse coloniale. — Décret sur les immigrations. — Mouvement d'émigration en

Angleterre et en Allemagne. — Livrets d'ouvriers délivrés aux cultivateurs. — Rétablissement de l'Empire. — Fête du travail à la Martinique. — 1853. Les autorités rédigent des adresses à l'occasion du rétablissement de l'Empire. — Arrivée à la Martinique de 313 Coolis. — Le comte Gueydon, capitaine de vaisseau, est nommé gouverneur. — Il fait une proclamation. — 1854. L'assistance publique à la Martinique. — Sénatus-consulte sur la législation coloniale. — Décret sur les conditions relatives au Conseil général. — Décret organisant le Comité consultatif près le ministre de la marine. — Appréciation sur la forme gouvernementale. — 1re session du Conseil général. — Discours du gouverneur. — Adresse du Conseil général au gouverneur. — 1855. Creusement d'un canal pour amener des eaux potables. — Composition du Comité consultatif des colonies. — 1856. Pose de la première pierre de la statue de l'Impératrice Joséphine. — Inauguration de la conduite des eaux. — Etablissement de l'hôpital de la Pointe-de-Bout. — M. Fitte de Soucy, général de division, est nommé gouverneur de la Martinique. 319

CHAPITRE XX.

Des variations de l'atmosphère. — De l'hivernage et de la belle saison. — De la population. — Des plantations et des habitations. — De la canne à sucre, du tafia et du rhum. — Du caféier. — Du cacaotier. — Du cotonnier. — Des végétaux alimentaires. — Des fruits, des confitures et liqueurs. — Des forêts et bois. — Des reptiles et insectes du pays. — Conclusion. 343

Typographie de N. Collin, à St-Nicolas.

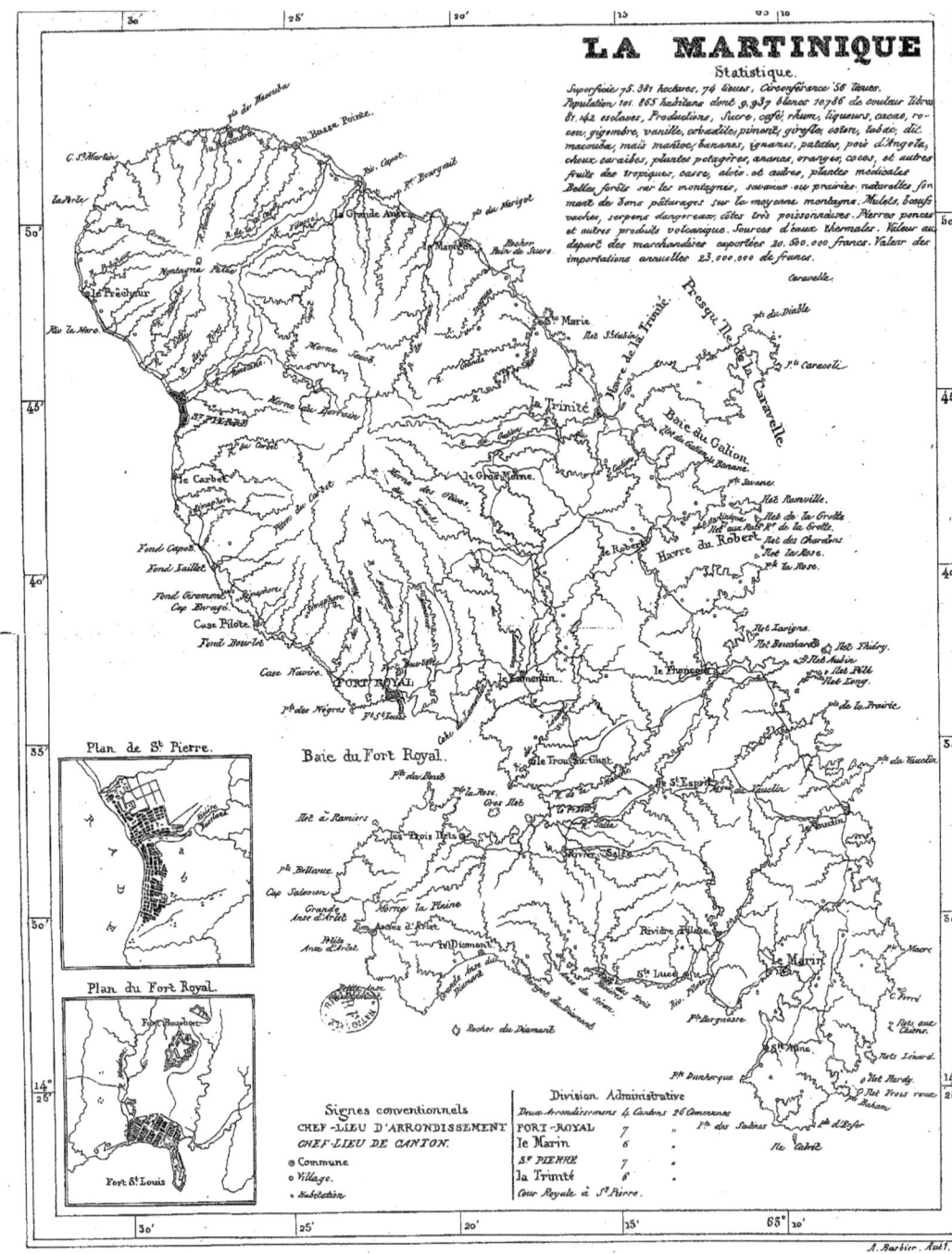

CARTE DES ANTILLES

www.ingramcontent.com/pod-product-compliance
Lightning Source LLC
Chambersburg PA
CBHW070452170426
43201CB00010B/1306